开合动桩功

李光昭◎著

华龄出版社
HUALING PRESS

图书在版编目（CIP）数据

开合动桩功 / 李光昭著 . -- 北京：华龄出版社，2025. 8. -- ISBN 978-7-5169-3052-6

Ⅰ. G852.11

中国国家版本馆 CIP 数据核字第 2025VY8021 号

策划编辑 董　巍　　**责任印制** 李未圻

责任编辑 杨久璋　郑建军　　**装帧设计** 华彩瑞视

书　名	开合动桩功	作　者	李光昭
出　版 发　行	华龄出版社 HUALING PRESS		
社　址	北京市东城区安定门外大街甲 57 号	邮　编	100011
发　行	（010）58122255	传　真	（010）84049572
承　印	运河（唐山）印务有限公司		
版　次	2025 年 8 月第 1 版	印　次	2025 年 8 月第 1 次印刷
规　格	710mm × 1000mm	开　本	1/16
印　张	26	字　数	280 千字
书　号	ISBN 978-7-5169-3052-6		
定　价	80.00 元		

总序

我的父亲李树田先后师从京城太极拳名家白旭华和徐岱山。白旭华得到杨健侯和杨少侯两代宗师的亲传；徐岱山乃杨少侯、杨澄甫（杨氏太极拳第三代传人）的入室弟子。

在杨氏太极拳这一脉传承体系里，我先后得到两位师父的传授：一位是父亲李树田，另一位是父亲的师兄张策（徐岱山的入室弟子）。现今唯一存世的《杨氏徐门手抄太极拳谱》，就是张策亲手交给我，并由我保存下来的。《杨氏徐门手抄太极拳谱》记载着徐岱山受业于杨少侯门下的时间、地点，并盖有徐岱山的印章。这份不可多得的珍贵史料，说明这一脉的杨氏太极拳属于正宗正门的杨家传承体系。

我在继承杨氏太极拳衣钵、吸收先辈们的拳修精华、结合自身六十余载修为实践的基础上，传承发展了传统太极拳的理法、心法等理论体系及功法体系，形成了具有鲜明特点的“光昭太极拳道”修为体系，这是我从“以拳证道”的角度提出来的反映传统太极拳修为本质特征的新概念。

记得父亲曾讲过，杨健侯传授太极拳的特点是先站桩后练拳。当年，父亲李树田先后拜白旭华和徐岱山为师学习太极拳，都是先学习站桩功，后练拳架。我跟随父亲习拳，也是先从桩功开始。

现在，我对外传授太极拳，一直遵守本传承体系的老规矩，先教桩功，后授拳架。我认为，桩功是基础，是直奔主题的内功修为。桩与拳，分为二，合为一。桩为拳之体，拳为桩之用；桩为拳之主宰，拳为桩之外显；拳静即桩，桩动成拳；桩无拳无用，拳无桩无拳。可以说，在传承、传授传统太极拳的实践中，“光昭太极拳道”沿袭了杨氏太极拳先辈创立的先桩后拳之路，成为这一脉杨氏太极拳传承体系的一大特点。

“光昭太极拳道”忠实地继承杨氏太极拳先辈们传承下来的理法、心法和功法，在传承、传授太极拳的实践中，坚持以明理为主导，将理法讲透彻，将心法讲明白，将功法讲具体，并且突出了理法、心法、功法三法合一。三法合一的特点是以心法统领理法和功法，以理法体现心法、指导功法，以功法贯穿理法和心法，使理法、心法、功法相互依存、互为一体。

我将自己研修理法、心法和功法的体悟心得，以及近十几年的授课资料整编成书，完善了“光昭太极拳道”之理法体系、心法体系和功法体系。

第一，理法体系。在太极拳领域首次提出了“拳知八纲”理论，对阴、阳、动、静、虚、实、刚、柔等八纲的内涵真义及相互关系做了辩证阐释，高度概括了“一须三要”这一理法纲领。一须：须知阴阳；三要：要明动静、要辨刚柔、要分虚实。我还对十七个拳修核心要素进行了系统化、理论化的解说，使玄妙深奥、晦涩难懂的拳经拳论变得通俗易懂。

理法体系强调以拳证道、以拳修道、拳炼自我、重塑新我为修为目标，以建立太极思维模式为拳修重点，继承发展了太极内功修为理论。

第二，心法体系。由“一个中心、三个基本点”“一求三修”等心法纲领构成。

“一个中心、三个基本点”，一个中心：中正安舒；三个基本点：静心凝神、呼吸自然、周身松通。

“一求三修”，一求：处处求中。中即道，道即中，故而求中乃合道之举。三修：反向修义、借假修真、层层修分。

“凡此皆是意”，既体现了内功心法的本质特征，又是内功修习的根本所在。

第三，功法体系。由静桩功、动桩功、太极摸手、太极拳架、太极散手和太极器械等组成。

修习主旨是“一拨三能”。一拨：四两拨千斤；三能：以静制动、以柔克刚、后发先至。

功法体系的修习路径是先静后动，先桩后拳，先摸手，后散手，再器械，循序渐进，遵道而为。

我们特别强调“明理就是练功”“练功先要明理”“明理是核心功夫”。

综上所述，“光昭太极拳道”修为体系的特征是以武演文、以拳入道、由拳悟道。拳修的主旨是以拳炼我、改造自我、返璞归真。

“光昭太极拳道”修为体系的特点是始于桩功，先桩后拳。桩即拳，拳即桩，拳桩为一。

“光昭太极拳道”修为体系的特质是创立了独具特色的理法、心法、功法三法合一的实修实证的教学模式。

这套“太极拳道系列丛书”各自独立成册，而理一以贯之，乃太极拳道修为不可多得的宝贵资料。希望能为传承传播太极内功、丰富发展太极文化做出应有的贡献。

李光昭

2024 年 5 月 26 日

目录

【下篇】 功法篇

第一部分 开合桩

开合动桩功修为的目标、方向，就是找到那个真“我”。开合桩的一个特点就是身形动起来了。开合桩的修为主旨，就是形的开合是在意的开合主导下。

在左右开合过程中，首先要遵循的要领，就是中正安舒、周身松通。按照要领来进行修为，我们才能不走样，才能在左

开合桩最终是要求得左右、上下、前后合到全开全合上。开合桩的核心主旨，就是要能够进入全开全合。对于全开全合，我们依然从形的开合开始，然后再到意的开合。

第二部分 抱三关

太极内功，特别是开合动桩功，其核心主旨是围绕着三关进行功法具体修为的。依然和开合桩一样，抱三关是以两臂环抱来展开的。在功法修为过程中，要求出一个内抱之意。通过抱三关功法的修为，就能够达到气血流注，最后得到真正内劲。

第三部分 四动功

步的四动是为了在四动中去体会四正手的变化，所以最终是手和步要相合。在四动的进退步过程中来体悟四正手掤捋挤按的变化。

前言

我所传承的太极拳，区别于其他，就在于我们的修为是以修内功为主，而内功修为的核心是桩功。从桩功开始习练太极拳是我们传承体系的一个重要特点。

桩功分为两大类：一类是静桩功，另一类是动桩功。它们都是桩，区别就在“动静”两个字上。离开了动静就没有太极内功的桩功。无极桩功和浑圆桩功属于静桩功。开合动桩功和内功八法属于动桩功。静桩功从外形形态来说，是静而不动的。在静桩中，我们不是为了练它的静止不变，而是为了在静止不变中找出能够让它灵变灵动的那个真正的内在动力，而动桩功顾名思义就是开始动起来了。如果说静桩功是以静为主，修出一个内动，主旨要求是静出动势，那么动桩功则是以动为主，修出来一个内静，主旨要求就是虽动犹静。当年我父亲跟我说：“拿住动静练桩功，一动一静妙无穷。”从桩功开始，就是要抓住一动一静，从动静中去体悟和把握拳里拳外分阴阳合太极的关系。

本书详解开合动桩功，内功八法作为动桩功的下篇另书出版。

开合动桩功不仅是太极内功修为体系中一个重要功法，更是内功修为中的一个看家本领。到现在为止，我所能够查到的资料、证据，都表明开合动桩功是我所传承的这个门派体系中的一个独门功夫。本次出版的《开合动桩功》，既有先辈们传承下来的“秘而不宣”的东西，也有我几十年来实修桩功的真实体悟，是本人长期传授太极内功的提炼和总结。书中从“形的开合”和“意的开合”两个维度详细剖解了开合动桩功所包含的三大功法：开合桩、抱三关、四动功（身手四动＋四正四动），并针对“为什么练、练什么、怎么练”三个问题翔实、完整地阐释了开合动桩功乃至整个太极内功修为所要遵循和把握的理法、心法和主旨要求。本书同时详解了开合动桩功与无极桩、浑圆桩、起/收势乃至拳架的关系，明确了开合动桩功在太极内功修为体系中所占据的重要位置，为广大太极拳爱好者找准自己习练太极的起点、明确修习的方向、把握修为的步骤和路径提供了拳理依据和功法指导。

开卷明理，合卷练功。书中我讲的，你练到身上了那就是你的功夫，没练到身上那还是我的。开合动桩功以至太极内功的修炼，与其说是拳脚功夫的修炼，不如说是一场身心双修的旅程、一种对生命本质的探索。让我们打开这本书，一起走进一处有一处开合、处处总此一开合的世界，开启一场身心的修行之旅，感受太极智慧的魅力，体验动静相济的和谐之妙。

上篇

理法篇

第一章　开合动桩功传承渊源

只有认识、理解了开合动桩功在修为体系中所处的位置，以及与无极桩功和浑圆桩功存在的内在联系，我们才能更好地掌握开合动桩功的修习要领。

我们学习开合动桩功，从三个方面展开：第一，要解决为什么练开合动桩功，了解开合动桩功在太极内功修为中处于什么重要位置。第二，还要从理上明白，什么是开合动桩功。第三，在这个基础上进一步弄懂怎么去练，也就是开合动桩功的修习要领及具体功法是什么。

一、本传承体系的独门功夫

开合动桩功不仅是我所传承的太极内功中重要的功法，还被视为一个独门绝技，过去叫看家本领。到现在为止，所能够查到的资料及见闻，都表明开合动桩功是我所传承的这个门派体系中的一个独门功夫。

开合动桩功这个独门功夫是如何得到了传承和发展的？下面重点讲两个内容：一是我所传承的太极内功修为体系。二是我所传承的太极内功谱系。

1. 内功修为的体系

为什么说开合动桩功是我所传承的太极内功不可或缺的一个重要功法？这要从我所传承的太极内功修为体系来进行讲解。只有认识、理解了开合动桩功在修为体系中所处的位置，以及与无极桩功和浑圆桩功存在的内在必然联系，我们在开合动桩功的修为和学习的过程中，才能更好地理解和把握。

（1）太极拳是内家拳

中华武学武术分为两家，一个是外家、一个是内家。所谓外家是以练外为主，所谓内家是以练内为主。内外两家的区别主要在于修为主旨、方向不同。

外家拳是修外为主。所谓的外，就是看得见摸得着的、有形的身体，所以外家拳以练外形为主。它练的是看得见摸得着的有形身体的力量、速度、灵活性，也就是在你有形身体的基础上不断地强化，让你有更大的力、更快的速度，身体反应更灵活。练有形、有象、有力量、有速度的身体本身的反应，是外家修为的主旨。

我们所传承的太极拳是内家拳，那么什么是内呢？内就是无形之心。内家拳，就是以练内心的修为为主。在杨氏太极拳老谱《人身太极解》中，有一句很重要的话："人之周身，心为一身之主宰。主宰，太极也。"也就是说，心是主宰着我们这个人的关键。这个心，是看不见摸不着的，是虚的、无的。太极拳的主旨是要练"无"。

外家拳所练的"有"是在有上练更有，在快上练更快，在力上练更大力，而内家拳练的"无"是要把无练出来有，要能够无而生有。把看不见摸不着的无形之心把握住，这样才能够主宰我们整个人的生命运行轨迹。这完全是两股道上的车。我所传承的杨氏太极拳，首先是修内功，所谓内功，即修心之功。

我所传承的太极拳内功修为的核心就是桩功。区别于其他太极拳或者门派传承的修为体系，就在于我们的修为是以桩功为主，是从桩功开始的。很多太极拳的传承没有桩功的修为，都是从拳架、架势开始。

（2）桩功的修为

具体到桩功修为，我们的修为体系分为两大类：一类是静桩功，另一类是动桩功。从这两大类的修为主体来看，它们都是桩，区别就在“动静”两个字上。桩功修为是通过桩来把握动和静两者之间的内在关系。离开了动、静就没有太极内功的桩功。

作为静桩和动桩来说，修为的主体是修为动和静。静桩修为的核心主旨是以静修动，是“静出动势”。

我所传承的开合动桩功，顾名思义要动了。静桩功表现出来的是静，但是求出来的是内动之势。开合动桩功依然是修为动和静两者之间的关系，修为的主旨是虽动犹静。

在我的传承体系中，有一句至理名言，叫作一动一静即是桩。桩就是一动一静。所以一定要明确静桩和动桩分有各自的修为主旨，一个是要在静中出动、一个是虽动了但是犹静，还是静的。

①静桩功

我所传承的静桩功有无极桩和浑圆桩。无极桩功修为的主旨是练形求意，是在有形的身体之内要分出十八个部位的意。也就是说，无极桩功求的是身内之意，以求身内意为主。

在无极桩功的基础上，静桩功的第二个功法，就是浑圆桩。浑圆桩与无极桩功不同之处，在于虽然都是修动静，但无极桩功求的是身内意，浑圆桩功则求的是身外意。无极桩功是以分为主，分出来三盘、九节、十八个部位，在分的过程中，求出来十八个不同的意。浑圆桩功是在分的基础上，把所有十八个部位的意合到浑圆一体、浑然一气。

浑圆桩是在无极桩分的基础上要合起来了。这好比盖一个大厦，要备齐木材、水泥、石头、砖瓦等原材料。但备料不是目的，盖房是目的。备好后，就可以用原材料，按照设计的标准，建成一个完整的大厦。无极桩功是以备齐原材料为主，是以分为主；浑圆桩功就是要建成一个完整的大厦，因此是以合为主。无极桩功是用意来分，浑圆桩功是用意来合。合出来一个什么样的意？把自己身内十八个部位的意合出来一个内意，同时还要求出身外意。身外须有意，这是浑圆桩功修为一个很重要的主旨。在身外求意的基础上，我们要身内意、身外意合成一个意，是内外合一，合出来一个浑圆一体、浑然一气的太极态。因此说，无极桩功是从无极修为开始，浑圆桩功是进入太极修为。

②动桩功

从修为体系来说，第一阶段修习的是静桩功，一个是无极桩、一个是浑圆桩，在这个基础上开始进入第二个阶段的修为——动桩功。动桩功包括两大具体功法，一个是开合动桩功，一个是内功八法。

从形上来说，开合动桩功是由静桩功转为动桩功的过渡功法。开合动桩功作为动桩功功法，在修习中须把握两个基本要领：一是保持两个不变。即无极桩功所修习的三盘九节十八个部位意的滋味不变，浑圆桩功所修习的九个功法最后合成的浑圆一体不变。二是遵循虽动犹静的修为主旨。在保持两个不变的基础上来修习开合动桩功，由静桩功的形不动转为身手小动、慢动，看似形在动，实则如如不动，重点修习的是内在的觉知、内在的不动之动。

动桩功的另一个重要功法是内功八法，称为桩功的终极功法。内功八法以抻、搓、转、抖、拍、荡、提、揉等八种动态修习太极内功。内功八法依然遵循虽动犹静的修为主旨，在动态中静为主宰、以内主外，重点修习动分静合、动中寓静、静中有动、动静分合而求中。

2. 内功传承的谱系

为什么叫传承谱系呢？因为传承要有谱。我们每个家庭都有谱，一代一代传到你这儿，它的谱系叫家谱。我所传承的太极内功也有它的谱，我们叫传承谱系。

（1）家传与师承

我所传承的太极内功源头是什么？答案非常明确，即：杨氏太极拳。杨氏太极拳传承谱系的开山鼻祖是杨露禅，一代一代地一直传到我这儿。

直接传给我的人，一个是我父亲李树田，一个是我的师父张策。我父亲和张策是师兄弟，他们共同的师父是我的师爷徐岱山（徐嵩霖）。张策是我父亲的师兄。在徐师爷门里面传承的徒弟中，关系最近的就是我父亲和张策，他们之间亲如兄弟。徐师爷最看中的徒弟也是父亲和张策，他把他能够传授的功夫都传授给了他俩。

我从小跟着父亲学习，后来长大一些，父亲就把我带到张策家，那个时候我十一二岁。他们三天两头都见面，互相切磋和交流。那时候我不太懂，就觉得好玩，每次我都主动跟着父亲去，看他们在一起切磋练功。他们两个人不但一起喝茶、谈拳论道，还一起相互切磋交流，他们叫摸手。我对他们之间的摸手印象很深刻，父亲后来给我讲:“你张师伯手上功夫比我强，他的手冷而脆。”这体现了太极内功一个很重要的内容，行话叫手脆。张师伯跟我说:“你父亲的功夫比我强，他的手比我黏。”这说明，他们从徐师爷那儿传承下来的太极内功各有特色。父亲的手黏，张师伯的手脆，所以他们两个人互补。两个人在互补性的摸手中充分地展现出他们自己的特色。我父亲说，他要向张师伯学习体会脆，张师伯则说，他要在脆中体悟什么是黏。

太极内功的修为既不是黏也不是脆，是脆中要有黏，黏中要能脆。那个时候，他们在互相摸手中交流、切磋，给我的印象非常深刻，对我影响非常大。后来我才明白，父亲是要把我交给张策，也就是等到时机成熟的时候，让我拜张策师伯为师父。因为过去武学在传承过程中，虽然有家传的渊源，但总要有一个师父。我后来才知道，在我很小的时候父亲和张策就已经商定了，由父亲和张策共同传授给我太极内功，让我既有家学渊源，又能够拜张策为师。他们是希望能够把太极内功的黏、脆，在我身上得到一个完美的统一，进入一个内功修为的高层次。

张策师伯是我的师父，他手里保存了几十年的、极为珍贵的杨氏徐门太极拳谱手抄本《内家柔术专门科》传给了我。“内家柔术”这四个字，在其他太极拳门派传承中，至今我还没有找到同样的提法。因此可以说，“内家柔术”是我所传承的杨氏徐门太极内功修为的核心主旨。

所以我从父亲是家传，从张师伯是师承。在我的身上，就体现了他们两个人所要传承的太极内功的核心主旨。作为传承谱系来说，我是父亲和张策师伯的传承弟子。

（2）杨氏徐门传承

开合动桩功，是由徐师爷传给了我父亲和张策师伯，再传到我这儿的。所以我所传承的开合动桩功中，既有父亲传授的功法、功夫，又有张策师伯传授的心血。他们两位传承给我的开合动桩功是由徐岱山师爷传授的独门绝技，传承中我们叫杨氏徐门。也就是徐师爷的这个传承体系。开合动桩功是杨氏徐门传承的一个门里秘笈，因为开合动桩功是杨少侯为徐师爷专门量身打造的独门功夫。

杨少侯为什么能传给徐师爷呢？我多次听到父亲和张师伯说到过，这些年我在太极拳传承的文献中也查到，杨少侯是徐师爷的师父，他们师徒二人关系甚密。杨少侯是杨氏的第三代传人，功夫非常高、脾气非常大，在授徒的时候，他更多的是以打代教，很多跟他学的学生学半截就被他打跑了，学不下去了。但是徐岱山作为杨少侯的入室弟子，不但没有被打跑，而且两个人的关系甚密。少侯爷非常欣赏徐师爷。据父亲和张策讲，少侯爷整天待在徐师爷的拳场，给徐师爷坐镇。他们两个人的脾气完全不一样。徐师爷是一个胖胖的、留着胡子的老头儿；少侯爷很瘦，平时不怒而威，总有一种非常威怒的神态。师徒二人性格迥异，但是两个人却相处得这么好，确确实实很多人不理解。父亲和张师伯说，他们都不知道徐师爷用什么样的妙招能够让少侯爷这么欣赏他。当少侯爷去世的时候，据我父亲和张策讲，徐师爷守孝三年。他们师徒之间的关系确实不一般。

杨氏太极拳传承谱系中第三代杨少侯、杨澄甫兄弟俩，是杨氏太极拳核心人物。徐师爷是杨少侯的入室弟子，也是杨澄甫的徒弟。在杨澄甫所传承的徒弟谱系中，徐师爷列在第九位。徐师爷是少侯爷的入室弟子，而记载是杨澄甫的徒弟，这是为什么？到底他是杨澄甫的弟子，还是杨少侯的入室弟子呢？在张策师伯传给我的徐师爷留下的拳谱中，记载着徐岱山师爷什么时间、在什么地点从学于杨少侯，记载得很清楚。这完全可以说明徐岱山是少侯的入室弟子。而徐岱山又是杨澄甫的徒弟，也是历史的事实。杨氏的传承有一个很重要的特点，就是为了能够把真的太极功夫一代一代传承下去，内部有一个统一的规定，杨少侯的徒弟，也是杨澄甫的徒弟。作为传承来说，杨澄甫的授徒受众更广，更有利于传承，所以记在了杨澄甫的名下，也表示了杨氏是一个统一的团结的传承体系。徐师爷作为入室弟子得到了少侯的真传，同时也是杨澄甫的徒弟之一。

很多人后来问我，开合动桩功既然是杨氏的传承，为什么杨澄甫传承的体系其他门派没有开合动桩功？现在问题的答案有了，就是因为开合动桩功是杨少侯为徐岱山这一门派量身打造的一个独门的功夫。所以说，开合动桩功是杨氏徐门传承体系中一个独具特色的看家功法。

（3）白旭华师爷的真传

我的传承中，除了有徐师爷，还有一位重要的人物，是白旭华师爷。父亲是白师爷的入室弟子。父亲跟白师爷学太极拳，怎么又给徐师爷磕头入室呢？把我父亲送到徐师爷那儿去的是白师爷。我父亲 22 岁的时候得了重病，大口吐血，那时候叫痨病，无药可医。为了活命，父亲在朋友的引荐下找到了白师爷，那时候父亲因为疾病瘦成皮包骨了。白师爷见到父亲的第一句话就是："你要活命，我可以救你，但是从今天开始，我怎么说，你就怎么做。"从那天开始父亲从学于白师爷，按照白师爷的要求认认真真地练。奇迹出现了，父亲的吐血止住了，面色红润了，人活过来了。白师爷给了父亲再一次生命，父亲视白师爷如再生父母。白师爷救了父亲的命，而且也传授给父亲功夫。1936年左右，父亲已经跟白师爷学了十年功夫，白师爷有一天跟我父亲说："我该教的都教给你了，我带你见一个人，他的功夫比我好，我领你去正式给他磕头，你要跟他学。"他就把我父亲领到了徐师爷那里，交给了徐师爷，徐师爷收下了我父亲这个徒弟。所以我的父亲得到两位师父的真传，一个是白旭华师爷，一个是徐岱山师爷。

白师爷是在北平警察厅工作时得到了健侯爷的真传。当时白师爷是警察厅消防队的消防员，健侯爷是警察厅聘请的总教练，那个时候白师爷和健侯爷学习太极内功。从传承来说，白师爷得到了健侯爷的真传，但是并没有拜健侯爷为师，是因为健侯爷不收徒。健侯爷把白旭华也推荐给了少侯。白师爷和徐师爷是在少侯那里建立起了密切的关系。所以，我的传承谱系很清楚，我得到了父亲和张策师伯的真传，父亲得到了白旭华和徐岱山两位师父的真传，白师爷和徐岱山师爷都得到了少侯的真传，白师爷同时还得到了健侯爷的真传。

二、贯穿理法、心法、功法的修为

学习太极内功，一定要知道太极内功的修为体系和传承的谱系，要知道自己是从哪儿来，在学什么，我们修为的过程是一步一步怎么进行的。

通过以上介绍，不但对我的传承谱系有一个认知，更主要的是对我们的修为体系有一个明确的认知，清楚地把握了太极内功、桩功都练什么，每步练的核心主旨是什么。同时要认识到开合动桩功，在整个太极桩功传承过程中的重要位置。当然我们在开合动桩功传承修习的基础上，还有一个动桩的功法，就是内功八法。我们桩功的修为体系非常清楚、非常明确。在整个修为过程中，我们始终要贯穿从理法到心法、到具体功法，最终达到三法合一的修为。

了解了传承谱系，也清楚知道了我们修为的体系，下一步我们要明开合动桩功的动功之理，也就是要明为什么要修开合动桩功，要明什么是开合动桩功。在明这两个理的基础上，我们才进入功法的学习，怎么练、怎么修，用什么样的功法，把开合动桩功完整地在自己的身心上得到实修实证的体悟。我们一定要遵循着修为的步骤、次第，一步一步进行。

很多修为的学员存在一个误区，就是把理法、心法、功法割裂开来，实际上理论的认知也是功法之一，还是法。不是说理论是理论，功法是功法。我们的功法实际上就是对理论的实践和验证；而我们的理论和思维，也需要通过在功法的修为中得到具体的验证和体悟。这两者是不能够分开的。理论思维的重要作用，我们一定要有足够的认识，绝不要轻视理论的认知、理论的把握、理论的修为。

我们所明的这个理论是太极的阴阳理论。通过这个理论指导下的修为，建立一套太极的思维体系，这是很重要的一步。因此开合动桩功的修为，依然是从明理和建立太极思维体系入手。

有一句哲学名言，一个没有理论思维的民族是不可能站在科学的最高峰的。借用过来，在太极内功的修为中，一个没有太极理论、太极思维的修为是没有希望的，是不可能达到修为的高度、修为的顶峰。所以首先还是要明理，不断地改变我们的思维。在太极思维的指引下，清醒地认知并把握什么是开合动桩功，为什么要练开合动桩功，从动静的角度，开合动桩功到底是修为什么。

问答

学员A：请教一下，老师刚刚说手脆和手黏，之前老师讲过粘黏连随，所以黏大概可以稍微想象一下，可不可以讲一下脆是什么样的感觉？

李光昭：脆和黏是表现出来的两个不一样的功夫，我给大家演示一下脆和黏这两者有什么不一样。

什么是黏？比如在摸手过程中，做四正手的推手，手跟手，手手不离，两个人谁也不离开谁，像黏住了一样。我这个手一直是不离的，这是黏。这个黏起了什么作用？化，化解，就是当他一来力以后，被黏化了。这个化不是躲、不是逃，是粘住了他，把他化掉了。这体现了黏的作用，就是化，化掉了。这个黏，永远是互相之间不离，神意气一直互相来黏住。在动的过程中始终是黏的。

什么是脆呢？当化的过程中需要发，也就是拿到手里把它扔出去的时候，一定要脆，迅雷不及掩耳，不能犹豫，如下山的猛虎一样。黏住他以后要发，肯定是要脆的。发的时候不能再黏了，再黏发不出去了。所以发的时候要冷、要脆。毫不犹豫，如猛虎下山，如水库开闸，一泻千里。发首先是蓄，蓄而后发。蓄好了以后，发的时候这个点不能散，就是脆，冷不防。不是偷袭，是蓄好了以后开闸放水。当开闸放水的时候，水一泻千里。化和打、蓄和发、冷和脆、粘和黏，在整个过程中该怎么用的时候就怎么用，该粘的时候一定要粘，能粘才能黏，该脆的时候一定要脆，那个时候就不能犹豫了。要把对手来力蓄到我这个水库中来，不蓄不能发。发的时候不脆发不出去。所以蓄而后发，要用冷、脆来发。蓄的时候，要粘住他，黏而蓄，曲蓄直发。一个脆、一个黏，体现在一蓄一发、一化一打，这在我们互相摸手的过程中要得到的一个真实的体悟。

你可以通过摸手去找到这种感觉，找到这种身上的体悟。不是为了争胜负，不是为了把谁打出去，是为了在两个人摸手的过程中、实践中，去体悟它内在的变化。黏和脆，都是开合动桩功修为的一个结果。

学员B：老师，我觉得太有趣了。可不可以请教，比如您刚刚和师兄摸手，师兄在蓄，准备发的时候，老师可以感受到他可能要发了吗？

李光昭：他是我最早的学生，他现在的功夫，身上的体悟都已经进入一个新阶段。他现在的蓄发，当然我能够感知到，但是一般人很难感知。往里蓄的时候，就是黏住对手，是随对手动。当我刚才要往里走的时候，他黏着我，等于把我粘到里面去了，他是松通的、虚空的，让我自己走进去。如果他离开了我、不粘黏着我，我会发现他离开了我，我马上有感觉，我就不走了。他粘黏着我走的话，我不知不觉被他的粘黏给领进去，等于是我自己流进去的。他只是需要通过粘黏以后把我引到他的空处，蓄到他的杯子里面，我像水一样就流到了这个地方。为什么能流动呢？他为什么能够粘住我流进去呢？因为他在我下面，他刚才整个松沉下来了、虚空了，我像水一样由高向低，高下相倾，自己就流进去了。所以说当功夫好的时候，只要粘黏住了对方，对方就会不知不觉地走到虚空中去，这就是太极内功所说的“引进落空”。当他如同水一样蓄满了虚空的杯子，这个时候不是把水留在杯子里面，是要把杯子里的水给泼出去，回到虚空中来。在泼的时候，毫不犹豫，很迅速地，全身像一个完整的杯子把里面的水一下泼出去了，所以泼的时候就很脆。这就是我们说的一冷一粘，一黏一脆，粘是引，黏是蓄，脆是发。一黏一蓄、引进落空，蓄而后发，这是一个动静开合的变化。

第二章　开合动桩功之理

明理即练功。欲要练好功，须弄清楚为什么练、练什么、怎么练。这三个方面是我几十年在太极内功修为过程中提炼和总结出来的。

修为开合动桩功，首先要明功理。很多太极拳爱好者，包括我的学生，总还存在着一个误区，就是重练功、轻明理。这是把明理和练功给割裂开了。其实明理是练功的首要环节。没有一个正确的理论指导，练功就如王宗岳在《太极拳论》中说的“差之毫厘，谬之千里”。所以练功首要在明理。

杨氏太极拳前辈杨澄甫在《太极拳之练习谈》指出：“太极拳，乃柔中寓刚、绵里藏针之艺术，于技术上、生理上、力学上，有相当之哲理存焉。”我们一定要从他这个角度去理解太极内功的修为。如果不明理，犹如盲人摸象，可以说是瞎练。练了半天没练真功，这是非常可悲的。

杨澄甫还说，如果不从艺术上、理论上去认知，“……谈论终日，思慕经年，一朝交手，空洞无物，依然是门外汉者”。所以一定要重视明理。很多同学也是嘴上说理论重要，但实际上往往重视不够。那种急切想赶紧练的心态，就表明他们忽略了明理的重要性。不管文化水平高低，都得要明理。如果一个人不从明理入手，那么他就是一个糊涂人。

明开合动桩功之理，要牢牢把握住三个方面：第一，为什么要练开合动桩功？开合动桩功练了以后要达到什么目的？第二，练什么？只有牢牢把握住练什么这个核心主旨，你才会不走偏、不走样。如果说为什么是明白方向、找准目标的话，那么练什么就是修路，就是找准路、找对路。我们从道的角度明白那个理，从理的角度去知这个道的话，就能通过理找到了一条能够通向这个大道的路。为什么是道理，练什么是道路，一个理、一个路，目标都是要去找这个道、合这个道。第三，怎么练？

为什么、练什么、怎么练是我几十年在太极内功修为过程中提炼和总结出来的三大要素，也可以说是三大法宝。我们明白了这个理，由这个理而知道。我们找到了这条路，由这条路能够通达这个道。路也找到了，方向也明白了，然后就要迈开自己的腿，沿着这条路，遵照这个理，向着目标一步一步地进发，用时间来换取结果，用汗水去得到收获。这三个要素非常重要，它不单纯是一个理论上的认知，更是通向大道的一把“金钥匙”。

一、为什么练开合动桩功

只有回答了这个问题，我们才能进一步从练什么去找准路，迈开自己的双脚，冲向大道的方向，一步一步地勇往直前。

我为什么要练开合动桩功，这个答案在我自己的体悟中。你们在参考的过程中，要去寻找自己的答案。因为只有知道了、明了这个理，只有你自己找到了答案，才能把它变成一种自觉。

有些学生，往往听课的时候热血沸腾、慷慨激昂，但是最后却没有能够一直坚持下去，就是因为他们没有把修身变成自觉。自觉非常重要，“自”是你自己，是你最本原、最自然、最自在的状态。要向着这个目标进军，你才能够觉悟。觉悟以后变成了自觉，不论刮风下雨、不论风吹雨打，你都能一步一步沿着这条路坚定地走下去。因为自觉了，就真的取得了自觉以后的收获。

道不远人，人远道。最后的收获一定是给那些自觉地下了功夫、朝着正确方向坚定不移迈进的前行者。

你要自觉，就要问自己为什么。这个答案我无法告诉你，我讲的是我自己觉知的结果，每个人的答案都要自己去找。我只是来启发你、引领你。把开合动桩功真正变成自己有为的功法，你必须要自觉地找到为什么练的答案。

为什么要练开合动桩功？答案只有一个，因为要改变、完善我自己。为什么要改变自己？因为在面对客观事物各种变化的时候，我们做不到《十三势歌诀》中的“因敌变化示神奇”。“奇”在能够随机应变、随势而为，因敌变化。这个你做得到吗？可以说，有时候也许做得到，但是很多时候做不到。做不到的原因是我们不能够向着这个目标来完善、改造自己，我们不具备这个能力。

什么是“因敌变化”呢？这个“敌”是对手，也是所有的客观事物，“我”之外都可以称作是我的对立面或我的另外一面。这里面包括来侵犯我的对手，也包括干扰我的各种各样外在的事物。我们要做到因外在变化而变化。比如我的大孙女说：“爷爷，您知不知道当今一句时髦的话，就是‘活在当下’、‘活出自我’？”我说：“当然知道，我就是活在当下、活出自我。”别看我七十多岁了，我依然是要活在当下、活出自我。你理解的自我、当下和我理解的自我、当下，可是完全不同的两个概念。我理解的活出自我，不是以我自己的想法，想怎么样就怎么样。这是你理解的自我，也是当今很多年轻人理解的自我。我所说的活出自我的标准是“要我怎么样，我就能怎么样”“需要我怎么变，我就能怎么变”，而不是“我想怎么样，我就怎么样”，这是自我完全不同的两个概念。恰恰太极内功的修为，就是要做到因敌变化，做到当需要我快的时候我就能够快、当需要我慢的时候我就能慢、当需要我进的时候我就能进、当需要我停的时候我就能停，这才是一个符合该怎么样就怎么样的完美的我。

现在很多人不但不明这个理，而且背道而驰，越发放纵自我，以为这才是真正的自我。最终受到惩罚的，就是自以为是、自我放纵，不遵循客观变化的规律来改变自己者。随机应变、顺势而为，客观需要我怎么样我就能怎么样。话说得容易，做得到吗？你做不到。让你停的时候你停不下来、让你放的时候你放不下、让你拿起的时候你拿不起来。这是需要通过修为自己、改变自己才能够得到的结果。太极内功的殊胜之处就在这儿。你做不到这个“因敌变化”，就不能够随着客观的需要，该怎么做就怎么做，你那个自我不是自然的、不是自在的、不是自由的、不是真正自我解放的。真正的解放是最自然的、最自由的，需要怎么做的时候就能怎么做，因为客观世界不以你的意志为转移，包括你的对手。你会遇上不同的对手，会遇上对手不断地变化，你无法主宰他怎么变，你只能做到因他的变来改变自己，通过改变自己解决对手对你的妨碍和侵害。可是很多人总是把功夫下在我怎么解决它，我怎么把他给治了。反了，这就是王宗岳说的“差之毫厘、谬之千里”。我们内修就是不管千变万化，都能够做到老子说的“独立不改”和黄帝说的“独立守神”。我们修为就是要让自己成为一个彻底解放的我，不管外界怎么变，我都能够以不变应万变。这才是我们修为的目标。开合动桩功就是要解决因敌、因外界变化的时候怎么做才能够做到当快则快、该慢则慢，该进则进、需要退的时候就退。

试手体验

我们不只是嘴把式。下面给大家演示一下没有能够解放的我是一种什么样的状态；在面对外在变化的时候能因敌变化是一种什么状态；能够独立守神、独立不改，真的大自在、大自由的我，又是一种什么样的状态。

现在我们两个人，一个他一个我，他要变，我现在不让他变，我要让他变不了。这个时候我如果不能够做到因敌变化示神奇，就会出现不是顶就是丢。或者是顶，或者是跑了，都以为这是因敌变化，这个不对。真正的因敌变化是什么？不管你怎么变，我都是能够自我调整以后，让你变不了。解决对方是结果，是因我变了，自己解决了对方的变化，这才是因敌变化。他想变，我根本不理他，我自己该怎么变就怎么变，他的变好像对我没有干扰。在这个过程中，我是变自己，他是变对方，这是完全不同的两种思维方式。

不是对抗、不是逃跑，而是完全通过改变自己把对方解决了，这才是因敌变化。这就是通过开合动桩功要解决的通过改变自己而出现的结果，更多的是要守住自己那种独立的状态。如果能够守住独立的我，他对我一点干扰都没有，那时候我才自在，我想怎么去就能怎么去，不受他的干扰。

为了解放自己、为了把自己变成一个独立的我，不受制于任何外在的干扰和变化，就要不断地调整自我、完善自我、改变自我，知道自己的长和短。内功就是修为这个。开合动桩功能够达到改变、完善和重塑一个新我，该怎么样就怎么样，能够上善若水。水利万物，水没有自己的想法，水是该怎么样就怎么样，它只遵循一个道，就是高下相倾、逢高就低。水痴心不改，一定是向低处流，才能蜿蜒千里直达大海。

我们修为就是要把自己化成水，朝着这个目标一步一步地去完善。我们练开合动桩功，就是这一个主旨。你找到了没有，你是不是改变自己，你能够回答自己为什么练，就找到了你的答案。

第一个问题就是要解决为什么，答案很明确。我为什么几十年来痴心不改，在这些功法上能够勇往直前，能够坚定不移，因为它在我心里面深深地扎了根。我改自己改了六十年了，我现在还准备再改六十年，我总有要改变自己的目标和内容。改起来以后，其大无外、其小无内，就有了方向、动力，就把有限的生命和无限的修为永远化在了路上。这就是我生命的真谛，我也希望你们每个人都能找到自己的答案。

二、开合动桩功练什么

知道了为什么练，还必须得知道练什么，才能遵照着这个方向，沿着这条道路，运用具体修为的有为之法，一步一步地前行。

开合动桩功到底练什么，跟为什么练有密切的关系。通过功法的修为，我们要解决能够因敌变化，能够有一个独立的我。我们练什么，怎么才能够把自己练成一个独立的我呢？开合动桩功修为的主旨就是“关系”两字，解决的就是关系问题。其实不只是开合动桩功，所有太极拳的内功修为，都是紧紧围绕着关系来进行的。

王宗岳《太极拳论》上第一句话“太极者，无极而生，阴阳之母也。动之则分，静之则合”，说的就是关系。无极、太极、阴阳、动静、分合，就是阐释两两之间的相互关系。我们修为的是太极内功，开合动桩功是我所传承的太极内功中一个重要的动桩功功法。太极内功修的是太极，太极是阴阳之合。分阴阳合太极，就是如何去处理阴和阳的分合关系。开合动桩功就是找阴和阳这两者之间一分一合的内在关系。解决的是我们自己阴和阳之间的分合关系。我们通过自己阴阳分合关系的解决，打下一个解决宇宙万事万物关系的基础。

从太极内功的角度，宇宙间万事万物无出以下三大关系：一是人和自然的关系。每个人生存在宇宙万物中，如何去处理跟自然的关系，这是第一位的。二是和我之外的他人的关系。在人类社会中，离不开和人打交道，第一宝贵的财富就是人。如何去跟别人打交道，不管是做生意还是为人处事，首要的能力就体现在如何处理关系上，特别是如何处理和他人的关系。处理好了，你的事业或者是生意，顺风顺水；处理不好，到处是障碍，曲曲折折，一事无成。我们和他人的关系，是每天每时都要面对的。不要说走出家门，就是坐在家里面都要处理好和家人的关系，包括你的爱人、你的父母、你的孩子、你的兄弟姐妹等。怎么去处理、怎么才能处理好？这是能力和本事，也就是功夫。三是和自己的关系。在三个关系中，你要想能够处理好和自然的关系、和你之外所有人的关系，其核心基础是能处理好与自己的关系。如果一个人连和自己的关系都处理不好，很难说他能处理好和他人的关系、和自然的关系。太极内功的开合动桩功就是通过处理好和自己的关系，来认知、把握处理好和他人的关系、和自然的关系。要活得圆满，就得处理好这三大关系，核心是处理好和自己的关系，处理好自己的虚实、动静等之间的关系。

在浑圆桩功中，特别是通过三尖相照，我们要跟阴我见面，要找到看不见摸不着的我。我要处理和我自己的关系的话，就要让一个阴一个阳、一个虚一个实的两个我见面、握手、拥抱，合在一起，形影不离。这就是王宗岳《太极拳论》上说的，“阴不离阳，阳不离阴，阴阳相济，方为懂劲”。阴不能离阳，阳也不离开阴，实的我和虚的我、阴的我和阳的我，永远相生相伴。我所传承的开合动桩功非常明确，练的就是这个。

如此我们明白了到底练什么，就是练关系；什么关系？一个阴我、一个阳我，一个实我、一个虚我。我们要把它找到，并且能够正确认知、把握和处理好它。

三、怎么练开合动桩功

知道了为什么，也就知道了练什么，更重要的是怎么练。一定要遵循我所说的怎么练去练，这是经过前人实修实证总结出来的精华，也是经过我自己反复验证、总结、提炼出来的一个有为之法。当然在怎么练的过程中，依然还是离不开明“为什么”这个理、离不开“练什么”这个道。

1. 练动

这个关系“怎么练”呢，答案在“开合动桩功”这五个字中去找。你练什么呀？练功；什么功呢？动功。开合动桩功核心是“动”这个字。每个人都会动，一天离不开动，但是你所说的动不完全等同于我说的动。如果单纯是常人理解的动，我们就不用进行太极内功的修为了，也就不用通过开合动桩功去练这个动了。打乒乓球要动，跑步也动，打羽毛球也动，公园里老头老太练太极拳也在动，但是所有这些动就是常态思维理解的动。

那么太极内功，特别是开合动桩功所修为的这个“动”的内涵真义到底是什么，这是需要解决的一个问题。把握和理解开合动桩功中的动，这是关键。我们就是要通过开合动桩功练出真动。因敌变化示神奇，需要你怎么动的时候你就能怎么动，那才是真动。现在需要你动的时候你动不了，需要你快动的时候你快不起来，需要你止住、止动，你止不住，这个动就不是我们说的真动。

开合动桩功就是落实到一个“动”字上。对于这个“动”字不能理解和把握的话，后面的功夫修为起来可能会走向相反的路。很多人练了半天，就练了一个肢体的动，这个动不是我们说的真动。

2. 什么是真动？

这个真动颠覆了常人的理解。常人理解看得见的动就是动，我们所说的动的含义可不只这么简单。

什么是我们要修为的、求得的那个真动呢？杨氏太极拳传承的前辈早已给出了答案。杨健侯《太极拳约言》说的“轻则灵，灵则动，动则变，变则化”，就把“动”的内涵真义一览无余地揭示出来了。这个约言就是对因敌变化示神奇最好的阐释。什么是真动？能因敌变化才是真动。“轻则灵，灵则动，动则变，变则化”，最后归结到一个“化”字上。

王宗岳在《太极拳论》中说“由着熟而渐悟懂劲，由懂劲而阶及神明”，实际上把修为分了三个阶段，即着熟、懂劲、神明，最高境界是神明。杨氏太极拳是如何理解神明这个境界的呢？杨氏太极拳老谱《太极下乘武事解》文中所述：“夫四两拨千斤之妙，功不及化境，将何以能？”当你能够做到出神入化，就已经是最高境界。所有的“有”全化没有了，都回空了，回无了，这是多么高的境界啊！因为“有”就是由空无而来，我们又回到本原去了。我们是从哪儿来的，又回到那个地方。我们修为了半天就是要回去，回到最本原、最自然的地方去。王宗岳说它是神明，杨氏太极拳说它是化境，其实他们说的是一个事。

王宗岳在《太极拳论》中指明了方向，杨氏太极拳内功的传承告诉你怎么朝着这个方向修为，所以我一直以我是杨氏太极拳的传人而自豪。杨澄甫说太极拳是以柔克刚、绵里藏针的艺术，体现在四两拨千斤，以弱胜强，以小博大。我用四两就解决你的千斤，这才是功夫，这就是艺术。可是怎么达到四两拨千斤、展示这个神奇的艺术呢？“四两拨千斤之妙，功不及化境，将何以能？”进入不到化境，四两拨千斤就是空话。

有一些学生经常问我：“李老师，我做太极推手或者是试劲摸手的时候，对手力不大的时候我还能解决，碰到一个大力士我就解决不了。”为什么解决不了？因为你没有进入化境，“功不及化境”。杨澄甫告诉我们：“不要惧怕牛力，巧内功不能胜大力者，何必练拳，千斤落空无所用矣！”就是说你练太极内功，不要害怕对方力大。当年杨露禅很瘦小，打遍京城无敌手，获得一个“杨无敌”的称号。他遇上的皇家御林军——神技营高手，个个膀大腰圆、力大无穷，结果一个个都被他打服了。为什么他能够做到这一点？不惧怕牛力！如果练了半天太极内功，碰上一个身强力壮的就害怕了，那你就白练了。不怕牛力，不是一句空话，不是壮着胆喊出来的。对付不了比你力大的人，那只能说明你没有真的修为到太极内功。

巧内功能够胜大力，关键就在于“化”字。杨澄甫很明确地说，对手千斤来力，千斤落空，化为乌有。解决千斤力不是用一千斤的力应对，而是把他来的一千斤力变成零。不管他是一百斤力，还是一千斤力，当他一脚踏空，掉在了虚空中，一百斤和一千斤在我这儿是一样的。

开合动桩功这个“动”就在于化，真动就是能够化，能化的动才是真动，这是关键，这是我们对“动”的理解。能够因敌变化才是轻则灵、灵则动。要理解这个动、修为到这个动，动则变、变则化，这就需要我们对“变化”有一个明确的认知。

3. 什么是变化

“变化”这个词，生活中很常见，比如天气变化、气候变化。到底变是什么、化是什么？变和化之间是什么样的关系？“变”和“化”的内涵真义，既不是变也不是化，是在“变”和“化”两者之间。它们之间存在着一种关系，把“变”和“化”合到了一体，形成了“变化”这个词。

汉字里面蕴含着非常深奥的哲理，“变”和“化”这两者之间存在着阴阳、虚实的关系，存在着虚实、内外的关系。

什么是变？从太极内功、阴阳学说的角度理解，变是你看到的前后两种不同的现象。变是肉眼看得见的、耳朵听得到的、有形有象的，它是外在的。所有的变都可知、可感、可触、可摸、可闻、可听、可看，我把它定义成外变。凡是变都是外在的、有形的，属于有的范畴，所以它是属阳的，是实的。也就是说我们眼睛所看到的变，比如做太极起势，我在起的过程中，手由自然垂落到徐徐上提，我有形的身体——我的手在产生着向上提的变。它是有形的，能够看到、也能够摸到，这是变。

化则不是，它发生在外变之内。化是在变的过程中内在的变，内在的变才是化。所以说变是外、是实，化是内、是虚。一虚一实、一内一外、一阴一阳、一有一无，“变”和“化”两者之间的关系，是阴阳、虚实、内外的关系。从这个角度去理解“变”和“化”，就把握住了“变化”的内涵。“变”和“化”是二，一个变一个化、一个外一个内。变化是由于变和化合二而一合出来的一个完整的状态。变化为什么能够示神奇，因为它把内外、虚实、阴阳合二而一，合出来一个太极。变化的神奇之处就在于变化本身是阴阳之合，是太极，是一。因此，它才能够以一应万。

变和化是内外、虚实、阴阳的关系，更主要是因果的关系。变为果，化为因；外为果，外面你所看到的是结果，本质在于它内在能化。化而变才能够阴阳相合出来这种以一应万的神奇来，功夫就在这儿。只有把“变”和“化”合到“一”上，你才能把握住太极，才能以一去应万。变化是动的，看得见的。当它们合起来以后，有内就有外、有阴就有阳，有外变就一定有内变，这两者之间的关系是不变的，永远阴不离阳，阳不离阴。如果变是动、动是变的话，当它们合起来以后合出来一个不变，合出来一个遵循着主旨的不变。如此说来，什么才是真动呢？就是动中有不动的主宰。不动之动谓之真动，这是杨氏太极拳前辈及我父亲总结出来的。这个关系是不动的，两者之间的关系是不变的、稳定的。为了要稳定这个不变的关系，它就得变，就得动。

在做起势的时候，只看到了我的外在之动，但是在它动的过程中，有一个不动、不变的主宰，这才是根本。要想保持住两者之间内在的关系，既有外变，还得有内化，内化主宰着外变。外变的动是看得见的，里面的动是看不见的，把这个动化到里面去了。有个练散打的学生告诉我，他去拜访一个很有名气的老师，老师做起势做得非常顺当，我这个学生拿两个手摁着他，他就起不来了。只能在特定环境下，没有干扰的时候做起势，这不是我们练的动。我们练的时候是随意而为的，很轻松自然的。当有各种干扰的时候，有牛力来的时候，我依然还能够像没有它一样起来，这才是起势。真假就在这儿，得分辨出来。

试手体验

他用力来摁住我，如果我只有变没有化的话，我变得了吗？我用力想变，他用更大的力摁着我，我就变不了。他用更大的力摁住我、压住我，我就要用内化、内变，内变是看不见的。恰恰因为内变，内里而化了，起势这个变才能够有敌似无敌，跟没有他一样自然起来。他摁住我，如果我没有内化就被他摁住了。如果有内化，我很轻松，因为我在内里的这个化他摁不住。他摁的只是皮，他解决不了我里面的问题。我们在内不在外，你看见的都是外边的表象，里面的变化看不见，这是关键。好，现在我用力摁住他，他只有外动，他动不起来。他从里面走，他的意变在外和内之间的那一点上了，所以我摁不住他的地方就是在两者之间、在虚空处，他的功夫在虚的那一点，不在实上。我能摁住的实已实而虚，但抓不住他的虚，因为实在虚处。

我们所有的东西，都要在自己的身上得到实修实证，这才是我们修为的核心主旨要求。这就需要我们去理解变和化两者之间的关系。它们既对立又统一，统一到两者之间，既不是把实、把外全变成内，也不是把内全变成外，是在内外之间找到一种平衡的状态。那才是变化，才是能够因敌变化示神奇的点。

一定要明理，并加以消化、理解，在自己的身上去化，化成自己的觉知。通过功法修为，在自己身上得到体悟。功夫是否真的上身是能够检验、能够落实的，你悟了这个虚，才能落那个实。

问答

学员：我想请教一下，刚刚您演示这个化，起势的时候如果受到外力，虽然身体似乎被钳制住，但是内化的时候，您内化的感觉是怎么样的？可以形容一下吗？

李光昭：不错，你提了一个很重要、也很有意义的问题。我们的功法都是为了修为出能够内化的结果。这个“化”可意会不好言传，因为它是内在的、是看不见的，但是它一定是真实的、是可感知的。这个内化，如果形容一下的话，就好像我们内里有一股气一样，能够在体内自由流动，我们叫“屈伸开合听自由。”具体来说，通过无极桩功、浑圆桩功和开合动桩功，把自己有形的身体修出一个通畅的管路。现在所有的问题是不通，你的身体不通，你这个容器里面的水现在“结冰”了，“冻”住了，我们通过功法把冰化成水。怎么化冰？用意，只有用意才能把身体完全通了。现在我们太注重这个身体、过度用这个身体了。越用这个身体的力量，身体越僵紧、越不松通。我们现在要让身体松通，用意来化这个冰。你现在不通，但你并不知道身体不通。我的一个学生，已经跟我十一二年了，他刚来的时候，身体简直是冻得邦邦硬，这些年他不断地在化、在通，冰化掉一层他自己就能感觉到，有点活了；又化一层，他自己心里知道了。不断地化，把冰化了。管子一通以后，水就在管子里面可以自由流动，他立刻感觉全身轻松。身体原来疼的地方解决了，因为所有的问题都是那儿冻着呢。通了以后，他自己心知肚明，觉得很轻松了。我能够检验，我也能够知道他通了。我用力，我想拿住他的身体拿不住了，因为他的身体是空的，我一拿以后他里面的水就流起来了，就把我来的外力给化了。他确确实实已经进入这一步。同时他已经迈入第二个阶段，就是把水化成气，他现在身体里面已经开始半水半气，但是还没有完全气化，还要进一步化。最后形也没了，意也没了，整个化的是还虚了，跟天地、宇宙合成一气了，那是大化。我们的修为是有层次、有阶梯的，一步一步实修实证。我们实际上都是围绕着这个主旨来进行修为的。

只有当你通过功法修为以后，身体有了实证，你才会知道化是这么一个意思。我相信，通过一步一步地修为，一定能够找到这个真实的感觉，最终的答案在你自己那儿。

第三章　“动功”的内涵真义

常人所说的动、理解的动，就是动，不动就是不动。太极内功，特别是开合动桩功所寻求的这个动，叫真动、灵动。太极内功的“功”在于“化”。只有“化”才能得到我们所要修为的真内功。开合动桩功就体现在“化”字上，可以说动功在“化”。

一、开合动桩功的主旨是动功

开合动桩功的主旨是动功。在功法体系中，太极内功修为的核心是桩功。桩功修为有两大分支，一个是静桩、一个是动桩。

无极桩功和浑圆桩功都属于静桩功。静桩功从外形形态来说，是静而不动的。无极桩、抱球桩，都是身体处在我们看得见的、不变不动的状态下，所以是静桩。在静桩中，我们不是为了练它的不变，而是为了要在不变中找出能够让它灵变灵动的那个内在的、真正的动力，要静出来一个内动。所以，静桩功（无极桩、浑圆桩）练的是静出动势，是由静而练出一个内动。从外形上来说，动桩功和静桩功的分水岭，就是开始动起来了。

1. 动桩功修为的主旨是虽动犹静

开合动桩功很重要的一个主旨是动，是在动起来后练出一个功夫来，是动起来的功夫。练什么？就练动。

我们修为是由动来修出太极内功。如果说静桩功（无极桩、浑圆桩）修出的是静出动势，那么动桩功修出的动，是犹如不动。动要修出来一个静，静要静出来一个动。一个是以静修动、一个是以动修静，这两个不一样了。一个是以静为主，修出来一个动；一个是以动为主，修出来一个静。不管是静桩，还是动桩，都是求出动和静两者之间的关系。

静桩和动桩这两大修为的功法，就是修为动和静之间的变化。我们说静要修动、动要修静，无非是一动一静。通过开合动桩功进一步的修为，我们对太极内功就有了更加明确的认知。张三丰说：“拿住丹田练内功，哼哈二气妙无穷。”内功的核心就是拿住一个丹田，哼哈二气，是两个完全相反的气。王宗岳在《太极拳论》上说“虚领顶劲，气沉丹田”，这里的气沉丹田，就是“拿住丹田练内功，哼哈二气妙无穷”。

2. 练动静的关系

我所传承的太极内功，是从桩功开始修为内功的。不论是静桩还是动桩，修为的根本主旨无非是一动一静，也就是通过具体修为去认知和把握、处理好动、静之间的变化关系。

当年父亲跟我说：“拿住动静练桩功，一动一静妙无穷”，他说得很形象很具体了。太极内功从桩功开始，就是要抓住一动一静，从动、静中去解决它们之间的内在关系。什么关系？阴阳的关系。因为太极内功，就是一个阴一个阳、一个分一个合，分就是阴阳，合就是太极。所以要拿住动静来练桩功、练内功。

在开合动桩功中我们怎么去练动静的关系呢？从动入手，在动起来以后去把握和认知动和静两者之间的内在关系。我们练开合动桩功，对“动功”两个字必须有一个明确的把握和认知。只有把握和认知“动”和“功”的内涵真义后，才能通过开合动桩功练出太极的真内功来。

3. 动功之动

动功之动前文已有论述，此节再论，实为必要。在修为中，怎么去理解和体会动功之动？一说到动，我们会认为行立坐卧要动，心要动，思索问题要动……总之都要动。既然每个人都会动、都在动，那我们练什么动呢？我们所说的这个动，不等同于常人理解的那个动，是开合动桩功的动，是太极内功所言之动、所求之动。

这个动跟我们常人理解的动有本质上的不同。常人所说的动，是看得见的动，都能表现出来，动就是动，不动就是不动，不能动就是不动，能动才是动。因此，常人把动和不动完全割裂开来了。常人理解的动受客观外界因素的制约，太极内功的动是该怎么动就能怎么动，这是两个完全不同的对于动的认知。

你有的时候就能动，有的时候就动不起来，是不是这样？你是不是在任何时候都能动，这是可以检验的。通过检验动和不动，对于动功之动有了体悟和认知，你才能品尝到了它的滋味。

试手体验

你只要往这儿一站，就要抓住三个关系——你与自然之间的关系，你跟我的关系，你和你自己的关系。你能不能动，可以在这三个关系里面去检验它。动功的“动”就是在任何时候都能动。这时候你想要动，客观条件下我允许你动的时候你才能动，我不允许你动的时候你就受我制约，不能动。你越想动，我越不让你动，我能制约你的动，你就不能动了。你到底能不能动，你自己左右不了，你总是受他人的控制，受外界环境的影响。因此，你这个动，就不是开合动桩功所求的动。

比如，你攥住我，如果我也是常态的动，我越想动，就越动不了。那么什么是开合动桩功的动？就是不管你想不想让我动，不管你怎么样干扰不让我动，我都能够动。你可以想尽办法不让我动。但是，你看我想动就能够动，不受你的干扰、不受你的左右、不受你的制约，这个动才是我们要求的那个动，在任何环境下都得能动。

太极推手也是动功中的功法修为。我们两个走四正手的推手，就是要推出一个灵动的我。他制约我的动。你看我怎么动，他完全没有办法制约我。这是两个完全不同的动，一个是我们常态理解的动，不经过修为的动，基本上都是属于这种常人动的范围，我们修为的这个动是一定能够随机而动、随势而为的动。

常人所说的动、理解的动，动就是动，不动就是不动。而太极内功，特别是开合动桩功所寻求的这个动，叫真动、灵动。什么才是真动、灵动呢？就是它能够随机而动、随势而动，需要它怎么动它就怎么动，需要它快它就能够快，需要它慢它就能够慢，需要它停它就能够停。我们通过太极内功修为，就能做到这一点。在太极内功修为过程中，理解动和不动两者之间的关系，需要建立起太极思维。

二、用太极思维去理解动

我所传承的太极拳内功修为核心的理论基础是《易经》《黄帝内经》《道德经》和《太极拳论》。就是说我所传承的太极内功，源于太极阴阳学说，它的理论核心是道家思想。道家思想的代表，就是老子的《道德经》。我们要进行太极内功地修为，就必须用太极思维作为认知思维的基础。离开了太极思维，对于太极内功地修为，不管是理论上还是有为的功法上，我们很难把握住它的核心主旨和内涵真义。所以修为很重要的突破口，或者说是难点，就是改变思维习惯。

开合动桩功是太极内功中的一个很重要且独具特色的功法，

同样它的难点在于，如何用太极思维去理解它的动和功，进而理解什么是开、什么是合，由开合去修为这个动功，所以首先是建立起太极思维。

要建立太极思维，就要改变自己的常态思维。太极思维往往和我们生活中的常态思维是相反的、相悖的。只有思维习惯改变了，我们的行为习惯才能够随之改变。所以，难的不是改变行为，而是改变思维。行为习惯，我们看得见摸得着，而思维习惯完全是内在的、抽象的，所以难在这儿。太极内功内在的改变，实际上就是要改变思维习惯、认知习惯。

1. 遵从老子的思维体系

我所传承的太极内功思维，完全遵从和符合老子的思维体系。太极内功，包括开合动桩功就是遵从老子的思维体系而建立起来的太极思维。

老子的思维体系最大的特点是逆向思维，和我们常人的思维习惯完全反着来。我们通常认为有就是有，他认为有是从无中生的，所以要有就得回到无，从无中才能够生出这个有来。离开了无，就不可能有这个有，或者说你这个有就不是真有。在常人看来，善就是善、恶就是恶，丑就是丑、美就是美。老子告诉我们，从恶中才能够知道什么是善，从丑中才能够知道什么是美。他告诉我们“反者道之动”。他高度提炼出来宇宙万物生长繁衍变化的动力来自“反”。如果这个反是两面的话，动起来以后还是反，怎么动呢？反着动。要掌握这个动，你就反着找，找到对立的、完全不同的两个方面。一阴一阳之谓道，从道的角度看，这两个方面是完全相反的，一个阴一个阳，一个黑一个白，它们才能够反着动。阴要向阳变，阳要向阴动。阴动起来永远要向阳动，阳极了就要向阴动。宇宙万物首先要分出来两个不同，然后它们相反相成、相反而动。

2. 动之则分，静之则合

我们就是将老子的逆变思维——反者道之动，作为太极内功修为的核心理论基础。王宗岳在《太极拳论》中也明确地说，“动之则分”，分出来两个完全对立的部分，一个阴一个阳，它们才能够反、才能够动，就是不同而动。我们所说的动和不动，是同时向相反方向去动。动向不动去动，不动向动去动，而且此两者同出。老子《道德经》第一章就告诉我们，生命的本原就在于此两者同出而异名，一个叫动、一个叫不动，它们两个永远是同时相对而动，离开了动就没有不动，离开了不动就没有动。也就是《太极拳论》所说“阴不离阳，阳不离阴，阴阳相济”。什么是相济呢？就是阴向阳变、阳向阴动，在这个过程中就产生了内动力。万事万物的内动力、生命本原的动力就是因为阴和阳两个相反而动，所以老子说“万物负阴而抱阳，冲气以为和。”一个阴一个阳、一个抱一个负，要往一起冲和，这就是动。这个向一起相反而合的过程就是真动。

我们所要求的这个动，是反者道之动。我们每一个动都要分出两个不一样，动之则分。把动和不动这两个分出来以后，它们两个还要去冲和，冲和过程中的动才是我们要求的那个动。分出来一个动一个不动，怎么动呢？动向不动去动、不动向动去动，或者说阴向阳动、阳向阴动，左向右动、右向左动。从这个角度来说，阴向阳去动的话，就是阴向阳去合；阳向阴去动的话，就是阳向阴去合。这个动的过程，是相反而动，是相反而合的过程。也就是说相向而动，同时又是相向而合。

我们通过老子的思维体系建立起太极思维，在具体修为过程中运用太极阴阳理论去认知、分析动和不动，会得出一个结论来，就是王宗岳《太极拳论》说的“动之则分、静之则合”。在这个过程中，分和合、动和静在向一起合，向一起合的过程就是动的过程。动和静是两个不同含义的部分，但是它们又是谁也离不开谁。从这个角度来说，动一定要有静，静一定要有动，动静是合一的，离开了静的动就不是我们说的动。动静一分就是一个动一个静，这两者分是二、合是一。我们可以通过动静来理解一阴一阳之谓道、阴和阳之间的变化。

我们要知阴阳，就要明动静。明动静，是明动和静两者之间的分合关系。“动之则分，静之则合”，是王宗岳在《太极拳论》中立论出来的动和静之间分合的内在关系。首先我们动之则分，要分出来动和静两个完全的不同。分出来以后，又向一起合，这个过程就是动，而且其动力就在于它们分了以后向一起相反相成的时候所产生的内在力量。两个分出来以后不能向一起冲和，这个动就不是我们所说的开合动桩功的动。

试手体验

下面我们演示一下，看看什么才是动之则分，才是分出来以后它们相反相成的那个真动。

他攥住我这两个手，我现在要动的话，不分出两个不同，不分阴阳，不分出两个完全对立的部分的话，这个动就不是我们所说的真动。这个动没有分出来两个不同，所以就动不了。现在我分出来了两个不同，一个高一个低，不是形上的高。分出来了，怎么动呢？由高向低动，如果不由高向低动的话，这两个依然不分，还是动不了。由高向低去动，高下相倾，分出了不同。比如三峡大坝 175 米高水位的水才能够向下流动，流动过程中把水里面的能量释放出来。所以一动就要分出高低，而且这个高向低处走。水永远是向低处流，只要分出高低它就要向下流，所以它是自然的、灵动的、不可挡的。如果他向我走，不管他是高还是低，我都可以挡他。但如果他由高向自己的低处流，分出来以后，分而有动，我就挡不住了。分不出来就不能动，就不能产生该怎么动就怎么动的灵动。

形上分出来了，高就向这个低走，这是外家。太极内功，是内里的分，不是形上的分，把高和低分在对手看不见的、摸不着的内在之处，功夫就在这儿。这个动是内分而动。他用这个手拿住我，刚才是形上分了高低，现在依然要分高低，怎么分？内里分，内里分以后，他还顶住我，依然是向低走。这个形上好像看不见了，但是我已经分出一个高低了。我现在把里面这个内动的分做得明显一点，让他体会一下什么是内里面分出来的两个不同、分出的高和低。由他来体会。这是不分，想动动不了。哪儿高了？后头高了，不是形高，后头有一个真高起了的真意，从高向低走，对手摸不到我，这才是开合动桩功的内动之功。

体会一下，刚才他已经做出来了。现在用意，后高前低，对，一定是高向低走，不是向我走。在里面意动的过程中，形伴随而动，形永远是随意而动，它自己不动。动的过程中，里面有意动了，也就是不动而动了。

所谓的外家拳，就是完全形上的变化。其实外家的动一样遵循一个道，也要分出来高低，只是从形上分出来了。我们内家拳也要分，动之则分，分了才能动，但是分出高和低两个不同，完全是内分，是分在里面。所谓内是意，就是意把它分出来了两个完全对立的部分。

3. 形随意动

内在的意分出来高和低完全对立的两个部分，这个意由高向低流动起来，我们的形虽然没有分出高和低，但是意分出来以后，形就会随着意动起来。

我们所说的动是不是一个动一个不动呢？做得欠一点的时候，是两个都有动，行话叫不干净。本来只有意动，内动外不动，意动形不动。很多同学说："李老师，您在做意动的时候形不是也在动吗？"他们看见了我的形在动，但看不见我的形虽动犹静。开合动桩功所修为的主旨就是虽动犹静。你眼睛所看到的动实际上是不动之动，它是被意所催动、被意所领动。也就是，我们要做到外不动、形不动，但是内动、意动，这就是动功的"动"。做开合桩、四动功的时候，你会看到形动了，但是它是不动之动，是自己不动，被意领而动。我们所看到的外在之动，它的本质是动和不动，它们是合一的。也就是你肉眼所看到的表象的动，本质上都是自己不动。李亦畬《五字诀》说"勿自伸缩"，就是不要自己动，要做到形随意动。

杨氏太极拳前辈杨澄甫说"太极不动手，动手非太极"，对于这句经典之论，如果不用太极思维的话，是无法理解的。"太极不动手，动手非太极"，指的是我们所有表现出来的手在动，其实是手不自动，手自己不动。

你看到了我的手在动，我这手现在是不动的动，是随意而动。随什么意而动？手动是表象，是表现出来的。所谓表现出来的就是外在的形象。你看得见的是我的手在动，当然要动了，我们写字拿笔要动，拿手机打电话要动，吃饭拿筷子要动，做任何事都要动。但常人的动是手在动，我们现在手不自动。不是自己动，怎么能随意而动呢？拳论上说“手不自动”，意思是，手所表现出来的动是随着意而动。通过拳经上的这句话，我们更深刻地理解了，开合动桩功中对于“动”，到底遵循着什么样的意？它是怎么动的，它动的路径是什么？只有找到了路径，我们在做开合动桩功的时候，才有了一条通向不动而动的意领的通道。

《太极拳经》说：“一举动，周身俱要轻灵，尤须贯串，气宜鼓荡，神宜内敛，无使有缺陷处，无使有凸凹处，无使有断续处”“其根在于脚，发于腿，主宰于腰，形于手指，由脚而腿而腰，总须完整一气。”它把整个不动之动意所走的路径，一览无余，非常清楚地给我们揭示出来了。

形于手指，即表现于手。手上看出来的所有的动，是表象。手所表现出来的所有的动根在哪儿？根在脚。其根是脚，脚怎么到了手这儿呢？这个通路是由脚而腿而腰到手。当你手要动的时候，是其根在脚。你所有的动，都是经过这样一个意领的途径，表现在手上的动。很多人说：“李老师，这个太麻烦了，我拿筷子吃饭的时候，现在要由脚由腿由腰才到手。”真的是麻烦，我也觉得麻烦，但是我们所求动功的动就是由麻烦形成一个新的行为习惯。这条通路打通以后，形成一个新的习惯，我们只要一动其根在脚，由脚而腿而腰，总须完整一气，形于手指。你学车的时候，要踩离合、松手刹、挂挡、给油，所有的动作都很不习惯，你要反复地去练。当你成为一个老司机，你还按照原来松手刹、挂挡、踩离合、给油的路径走，并不觉得麻烦，这是你已经习惯了。你只要形成一种新的习惯，就形成了一种习惯的自然。虽然现在是麻烦，因为你没有经过这样的修为训练。我们恰恰要通过动功的修为，在这个麻烦的过程中形成一种不麻烦的自然行为习惯。离开了这个路径的动，就不是动功的真动。

如何能做到“其根在于脚，发于腿，主宰于腰，形于手指，由脚而腿而腰，总须完整一气”？要意领着走，要真切地感觉到意从脚到了手。你修为无极桩功、浑圆桩功的时候，十八个部位，由脚到了踝，到了膝、胯、腰、脊、肩、肘、腕，最后才到了手指。能够这样一气周流，这个动才是真动。

试手体验

常人的动，好像手和脚没关系，手动就是手动。而我们在动的时候，由脚而腿而腰，最后表现在手动。从意上分，我的意现在下去了，要动起来了。我做得明显一点他会有感觉。我的意现在在哪儿？他说：在脚。他现在很清楚，因为他能感觉到了。刚才到脚了，然后到膝、胯、腰、肩，最后到手。意的流动不是一句空话，它是在身体中真实的反应，很清楚的，一节一节，所以《太极拳经》说“一举动，周身俱要轻灵，尤须贯串”。是不是用意把自己贯串起来，这是一个重要的分水岭。

现在让他来做一下，我来判断他的意领到哪儿了。它沉下去了，先在脚，然后上来了，再到膝、胯、腰、肩了。现在把它放慢了，整个过程，一节一节，做得非常清楚、非常慢。虽然慢，但它是真的动。这个动完全是被里面的意引出来的，因此它是不动之动。他手不自动，做得非常清楚，做得很连贯。刚才我是让他分着来体会的。我感觉他有一股意，实际上总须完整一气，是一气的周流，是以意走出来的，刚才他整个贯串起来了，非常好！

我们所要修为的动，不是常人理解的动就是动、不动就是不动，而是内里出来的意动，这个动才是我们要求的开合动桩功的动。

我们现在对动有了太极思维的认知，对动和不动之间的太极阴阳关系有了一个真正的把握。理解了动，知道了动是因、功是果，通过动和不动的修为，才能够做到功夫上身。

三、什么是开合动桩功的功

我所传承的太极内功，包括开合动桩功的“功”，最终都是体现在“功”字上，我们需要对“功”字有一个很清楚的认知和把握。日常生活中常用到“功”，比如孩子做功课，用功学习，长大后功成名就，努力后大功告成……都离不开功。但是开合动桩功的“功”，和我们日常生活、思维中的功不完全画等号。

1. 用力之功

除了日常生活对“功”的理解外，“功”还是一个物理力学的概念，它还是一个物理量。我们学力学的时候，都学过“功”这个概念。什么是物理学中的功？只要把力作用在物体上，使得物体沿着力的方向移动了距离，这个力就对这个物体做了功。力和距离的乘积就是功，单位是焦耳。这是物理的概念。

无论是从日常生活、汉字本身的内涵来理解，还是从物理学功的概念来理解，它们有一个共同点，就是用力。

《说文解字》中对“功”的定义：“功，以劳定国也”，也就是说要辛苦去劳作，要下力气、用力劳动，来使国家安定富强。

总之，要想功成，必须是要“功”字的两个部分——一个工、一个力来完成。也就是要用力去做功，经过一定的时间，最后达至结果。这是我们通常对功的理解。

2. 不用力之功

我们通过太极内功，包括开合动桩功的修为，要做到功夫上身。这个功夫，可以说接近于道家的行气之功。

功有两种，一个是用力之功，即把力作用在物体上，使物体有移动的距离。另一个是不用力之动，不用力，就没有力的方向，不是把力作用在物体上。我们把力作用在物体上，称为外功，因为力向外走，向外面的物体去用力，使外面的物体产生距离的变化。

太极内功的“功”恰恰与用力之功相反，它是不用力作用在外的物体上。那么它的力作用在哪儿？作用在自己这儿。如果把我之外的物体称作外，我对外而言就是内。因此向自己做功、向自己用力，这就是内功。开合动桩功是太极内功的一个重要组成部分，它不向外施力，不用力向外在的物体去作用，反而是反向求，向自己来用力。我们向自己用力，是让自己产生变化。我们改变的不是外在的物体，而是自己。这两个是大不相同，完全相反。太极内功要不要用力？要用力。向哪儿用？向自己用、向内用，不向外施。因此，我们向内来改造自己、改变自己，让“我”发生合道的根本转变，跟原来的我告别，重新塑造一个全新的我，这个功夫叫内功。所谓内功，就是改我之功，重塑新我之功。

力不向敌发、不用力，其中一个重要原因，就是要把力向自己用、向内用。要从这个角度去牢牢认知和把握它。

（1）**力向内用**

现在我们对“功”有很明确的定义了，也就是力向内用，向我自己用。向我自己用力，就是要改变我，重塑一个新我。

向自己怎么用力呢？向自己哪儿去用力呢？这就需要我们对内功之功有一个深层的把握和理解。所谓向我用，什么是我？我是什么？我有一个有形的身，还有一个无形的心，一个是有，一个是无。我们要用内功改变我的话，就要用力改变我，让我发生根本性的改变，要把力用在身和心上。对于外在的物体而言，我是内；对于我而言，有形的身为外，无形的心为内。因此，这个内功用力又分出来一个有和无。进一步我们层层分，内又分出来一个内和外。

《人身太极解》告诉我们，“人之周身，心为一身之主宰”。

虽然人是由一个有形的身和一个无形的心合出来的，但是一个有一个无、一个身一个心，它们是有主次的。我们抓住主宰的部分，就能提纲挈领、事半功倍，这是太极思维的四两拨千斤，以小博大。从太极内功的角度理解，心在主宰着身，也就是有形身体所有的反应、表现出来的状态都是内心主宰的结果。

（2）把力用在虚空处

我们要用力去改变自己，把力用在自己身上，用在无形的心上，就要在虚空处去下功夫。因为心是虚、是空，我们要从心入手，把力用在心的改变上。

为什么我们要在心上下这么大功夫呢？因为心在主宰着我，我们身体出现的所有的问题，心是关键。现在人身体所有的病痛，包括癌症，都是因为不通。气血不能够流通了，瘀、堵、滞，身体产生了方方面面的问题。对于中医来说，没有病的概念，更没有癌的概念，只有通与不通。身体不通是什么原因呢？根本原因是心不通。本来的心是虚的，老子讲“虚其心”，心就像道一样是本原的状态，但是后天有了好多的想法，有了欲望，把这个心给堵住了。本来空的、虚的心，是和天地相通的，天地之间的一气通过心通了以后，在身体中是畅通无碍的。但由于心不通，堵住了以后，气便不通了。所以，如果不从心入手，身体的问题很难解决。当然我们有病要去吃药，要去针灸等治疗，但那都是外药，而内药在我们的心里。只有内药和外药合一了，身体所有的问题才因心通而解决了。这是我们修为中一个很重要的主旨。

比如现在有病了，不管什么病，我们都要吃药。“药”的繁体字“藥”，形、声、意是合一的，上面是一个“草”字头（艹），底下念“乐”，也就是药分了两部分：一个是有形的草药，这是外药；内药是乐，你要打心里乐，从你自己里面乐。药是从外入内，乐是从内向外，所以“藥”字本身就是内外合一。这个藥对于重新改造自己的启示，很重要的一点，就是要抓住心的修为，向虚空处、向心去下功夫，去用力。做功是向内心去用力，用力改变你的心。心若改变，随之你的态度改变、你的习惯改变，你的人生、命运改变。根本的改变是从改变心入手，是修心为上，修心为主，在内不在外。

用力向外是功，用力改变身体是功，进健身房练力量、练速度也是功，但是我们所说的功跟这些功是完全相反的。我们的这个功最终体现在身心双修上，重新塑造一个崭新的、合道的，跟过去完全不同的我。

当年我父亲也讲，太极内功的功是让自己脱胎换骨。重塑一个新人，是功的结果、功的具体表现。太极内功，是用力向自己，不向外施。改变自我，重塑自我，从改变自己的内心入手，这是我们修为的方向、目标。

方向、目标清楚了，也就明白了怎么在太极内功的修为中修功，怎么用力把这个功修到我们自己的身上，也就明白了太极内功的功具体怎么体现，体现在哪儿，怎么能够把功真正地落实。

四、“功”在于“化”

我所传承的杨氏太极拳内功，对“功”的内涵真义做了一个非常明确的解答。太极内功的“功”在于“化”。从化才能得到我们所要修为的真内功。我们要牢牢把握住“化”的境界，抓住“化”字的真义内涵，紧紧围绕着“化”来修功，才能得功。可以说，太极内功是“化”之功。你能化，就有了功；你不能化，就没有功。能不能有功、能不能得功，关键在于化，这就需要我们进一步对“化”的内涵真义有一个更加明确的认知和把握。

1. 功与化的内在联系

杨氏太极拳老谱《太极下乘武事解》中很明确地告诉我们，

“夫四两拨千斤之妙，功不及化境，将何以能”这句话是说，太极内功一个展示出来的具体作用，就是能够做到四两拨千斤。这是太极真假内功的一个分水岭。能够四两拨千斤，就是太极拳的真内功；不能四两拨千斤就不是太极拳的真内功。“功不及化境，将何以能”，你这个功不能够进入化的境界，不能化，你就做不到四两拨千斤。太极内功一个重要的表现就是四两拨千斤。“功不及化境”，不从化入手去修功，不能由“化”入化境，入到功的修为中来，“将何以能”？你就不可能做到四两拨千斤。杨氏太极拳老谱给我们指出得非常明确，功要及化境。《太极下乘武事解》还说“其功何以得乎，要非粘黏连随已成，自得运动知觉，方为懂劲，而后神而明之”。功怎么得呢？非粘黏连随不可。粘黏连随已成，自得运动知觉；你得了运动知觉，方才为懂劲了；懂劲了，然后阶及神明、神而明之了，最终“化境极矣”。怎么进入化境，怎么就得化境了呢？一定要遵循修为的过程、顺序。老谱不但给我们指明了方向，还告诉我们怎么去得、怎么去修。我作为杨氏太极拳的后人，确确实实觉得杨氏太极拳老谱是一个经典的传世之作，常读常新。在修为过程中，不管在理上、功上、具体方法上产生困惑的时候，我总能从老谱中找到答案。我们要尊重、要相信、要去精读，用老谱来指导我们的修为。

2.“化”字的内涵真义

“化”，字形本身就把化的内涵真义告诉我们了。“化”字最早见于商代，是两个完全对立相反的人（），像太极图，头脚相合，一阴一阳、一正一反合起来。也就是它们相互之间可以变，正能够化出反、反能够化成正，结果是通过化产生变。变转了、变了，这才是化的真义。

太极内功的修为，最终就是要能够做到“夫四两拨千斤之妙”。“四两拨千斤之妙”其中一个重要的作用，就是因敌变化示神奇。因敌变化，变是外在、看得见的变了；化在其中、化在里面，因化而变。

（1）形化

这个“化”字要从两个方面理解。一个是化有形，也就是形变。看得见的变，不管是快、是慢，不管是大是小，不管是去、是回，它都有变化，都能看得见，这个化是以变展示出来的。我们有形的身体也需要产生一个变化。我们现在所有的问题是因为不通。不通，就冻住了。我们往空杯子倒进水，杯子一动，水就在里面晃动了，流动起来。如果里面冻成冰了，再动这个杯子，冰动不起来，流动不了了。我们的身体里面冻住了，就和杯子里的水冻成了冰一样。当年我父亲跟我讲，那时候家里没有冰箱，冬天剁完的肉馅挂在院子里的窗户上冻起来，冻成一个冰坨。要做饺子、包子的时候，就把冻成冰坨的肉馅拿来先化，把冰化去，肉馅才一粒一粒分开。原来是冻到一起了，首先要把它分开，要化。但是这个化是有形的化，由冻住而分开了，也就是形态的变化。冰化水，水化气，怎么化都是一个形的化。形也要化。

（2）内化

除了形化以外，还要有一个内化。所有的变化在内不在外，这是对于化境“化”的一个重要的理解。化是内化，内在产生了一个看不见的但是真实的变化。这个变化在内不在外，也就是把所有外在的有形的变化都化为无形，化为内里的无形变化、内在之化。

试手体验

我们展示一下内和外的变化。首先是形的变化，这个形的变化，就是你看得见的外在发生了变化。这个如果单纯是外形的变化，他要变化，我也可以用我的外形去不让他变化。他变不了了，因为他是在外面的变化。你看他现在要变，就变不了了。刚才是正好他变，我让他变，他的外形就可以变了。这个时候比的是谁更快、谁更巧、谁更灵活，这都是属于外在的化。刚刚我在向前走的时候，他的形是随着我，我往前他是往后，这两个正好相左。现在也一样，我向前，他有一个内在的意把我向前向里引，引着向里走。这个时候外形变化很小。大不如小，小不如无！好像已经看不到外在的这种变化了，但是里面已经是在化了。因此，我外在所施加的力，被他内里面化为了无。功在于化境，指的是内化。这种化看不见摸不着，产生了一个完全跟外形的化不一样的质的变化。他做得非常好。这就是化境，我们要从这个角度去体会。

功在于化。化境极矣，指的是内里的化，这个化不是表现在外形上的化，而是能够产生一个质的变化。质的变化不只是量的外形变化，而是把有化为了无，把实化为了虚，把刚化为了柔。有和无是完全对立的两个部分，它们发生了一个本质的变化。我们只有进入化境，才能够出现本质的内在变化，这才是“功在于化境”的“化”的内涵真义。

内功的功就在于这个“化”。王宗岳的《太极拳论》很明确地把怎么化、化什么给我们揭示得非常清楚。我们要牢牢遵照着前人、特别是《太极拳论》，去消化、理解和把握它。

3. 化的功夫

《太极下乘武事解》中把化的内涵真义已经讲透了:“夫四两拨千斤之妙，功不及化境，将何以能”，就是说内功如果不能进入化境，四两拨千斤就是一句空话。王宗岳就针对“四两拨千斤之妙”告诉我们，怎么才是四两拨千斤:“斯技旁门甚多，虽势有区别，概不外壮欺弱、慢让快耳”。

“斯技旁门甚多”，就是各种各样功的修为很多，包括太极内功、太极拳的修为，里面也有旁门外道。我们所能看到的功夫，大都是用力大打力小、壮欺弱、快打慢。

王宗岳很清楚地告诉我们，壮欺弱、快打慢、大打小，这是“先天自然之能”，这是自然规律。如果先天自然的规律只是壮欺弱、快打慢，我们就只能练让自己更壮、力更大，练手快，用力大去打力小，那样就不是太极内功了。太极内功要做到以弱胜强，正如老子说的“柔弱胜刚强”。柔能克刚，小能搏大，这跟先天自然之能是相反的。

正因为先天自然之能，一定是符合规律的，永远是快打慢、大打小，但我们通过后天的修为能够做到：柔弱胜刚强，我的小也能够打你的大。如何对于先天自然之能反其道而得到这个结果，关键在于是否能够转化。你不是比我壮吗？不是力比我大吗？不是身体速度比我快吗？你那是先天自然之能，我就是不如你。如果我跟你比力的话，我就被你打；跟你比速度的话，我也被你打，因为你手一定比我快。这个不用比，这是符合规律的，大就打小、快就打慢。

那么是不是我就永远被比我力气大的欺负，被手快的欺负？不是，这样就不需要去练太极内功了。太极内功就是要遵循先天自然之道，然后通过修为，转变这种形势。如果我能够转化的话，就把你这个大的力化为乌有。你有一千斤力在我这儿化没有了，由大转小、由小转无。你的有让我给化无了。同时你被无了以后，我拿出一个很小的力就比你多、比你大，因为你的大已经被我化为乌有。这个化产生了一个根本的转化，这个变化是需要修为的。功就在化上。我让你比我的大化成比我小，我让你的快化为比我慢，我依然还是遵循着先天自然之能，我用大打你这个小，因为你的大已经被我化为小了。“化”是我们修为很重要的一个体现。王宗岳很清楚地告诉我们，“有力打无力，手慢让手快，是皆先天自然之能，非关学力而有为也”。它是先天自然的，也是符合自然规律的，但不是我们太极内功关学力而有为的结果。

“察四两拨千斤之句，显非力胜”，我们太极内功就要做到以小博大、四两拨千斤，绝对不是比谁用更大的力。“显非力胜”，那绝不是用力的结果。“观耄耋能御众之形，快何能为”。一个耄耋的老人，如果比速度的话，怎么跟小伙子比呢？但是耄耋能够御众，那时候比的不是快，而是谁能化，“化境极矣”，这是非常关键的一点。也就是说，功夫在于能够变转虚实、因敌变化，能够发生一个矛盾的转化。规律是不可违背的，我们一定要遵规律而为。但是，如何运用规律，能够转化矛盾，能够反败为胜，能够变困难为顺利，这才是功夫，这才是本事。这个化境不只在我们太极内功修为中，在我们的事业、生活、家庭、人际关系中，时时处处也离不开这个“化”。把握住了这个化境，就能够做到化境极矣，就能够在面对任何困难曲折时化解所有的矛盾、解决所有的问题，就能反败为胜，因敌变化示神奇。功要及化境，功就在化字上，离开了化的修为，就没有我们的内功。

如何化、怎么化？就是把我的快、我的大通过自己内里来转化，变转虚实，把我的实化为虚、把我的有化为无，把我的快化为慢。关键是内化，化自己。能不能把对手的力大化小了、有化为无了、快化为慢了，这不在对手、不在外，完全在你自己。把自己化有为无，对手的有就掉到了你的无上。你把自己的实化为虚，对手来的实就被你的虚给化掉了，所以完全在己不在人。

太极内功就是化自己，把自己的实化虚、有化无，化出一个跟现在的我完全不一样的我，用这个我对对手所有的实、所有的有。就像杨澄甫所说的，把对手的有化没有了，把对手的实化虚了。这个境界，是通过修为自己、化自己达到的。我们常人的思维习惯，总想把对方的大化了、把对方的快化掉，而不是从化自己入手，这样就进入不到我们所说的“化境极矣”的化境。

试手体验

我们体会一下，化自己。不管对手一百斤、一千斤，只要把自己实的化虚、有的化无，到我这儿都是零，所以目中无敌，不用去分别对手力的大小、快慢，成败完全取决于我自己，就是化自己。

他来一个大力，我要解决他这个力。现在我不管他来多大力，我只要化自己，一化自己以后，把他就给化没有了。刚才他这么大的力，一下落空了，发生了一个化。怎么让他刚才这么大的力瞬间没有了，是因为我无了，我化自己，其结果是他被我化了。

先用大力来体会。他要解决怎么办，还得化，瞬间整个化没有了。刚才他做得很好。当然那个火候、时机要再好一点就更好了，但是做对了。瞬间他把自己有而回无、实而回虚，甭管对手，对手就被化了，他化的是自己。再来体会，顶住，这里面他要注意一个问题，化在内，不在外、不在形。反之化在形，对手就能够拿住他的形，他知道你要化。形要完全在内不在外，这个化就好，完全是里面的松紧变化、虚实变化。

一定要化自己，别舍不得化，要彻底把有化没有了。现在我化，这个还有吗？你还能拿住我吗？一点没有了，那个有完全化无，干干净净，把实化虚、虚中不含一丝实。如果化实为虚的身体还有实，对手就能够通过你的有形身体，拿住你的实，就制约了你的化。再体会一次，完全是里面化，而且相对来说化得干净多了。

王宗岳告诉我们，以弱胜强、以小博大、耄耋能够御众，显非力胜，不是比力气、不是比手快，而是内化，转化自己。

现在我们已对开合动桩功的“功”字有了一个全新的认知和把握。功就在“化”字上，我们要牢牢把握住“化”。功不及化境，所有的内功都是一句空话。所有的功法都是围绕着“化”来展开的，要进入“化”的修为。我们通过开合去修动功，就会进入一个化境。

问答

学员： 谢谢老师精彩的讲解。我很好奇，老师今天跟师兄演示地从脚然后到腿到腰，形于手指，跟以前老师讲过的，比如我用右手拿杯子，还是用左手或者左脚拿，这两者有什么不一样？

李光昭： 你提了一个很现实的问题。动之则分，也就是分才有动、才能动，分出来两个不一样以后，它们才能够按照一定的规律自然而动。要动的话，首先要分出来完全对立的不一样的两个。高下相倾，表现出一个高和一个低，高和低两个向一起冲和。同样，左手拿杯子，常人习惯用手来拿杯子，并认为这只手拿杯子就是这只手在动。我在拿杯子的时候，现在手不动，手就是杯子，杯子自己不动，手跟杯子一样不动，合在一起了。这时候意在哪儿呢？在我的脚。我右手拿杯子的时候，意自己调控放在左脚上，我由左脚开始，由脚到腿、膝、胯、腰、肩、肘、腕、指，把杯子拿起来了。拿杯子的过程，看似手在动，实际上是意由脚而腿而腰一直在流动。看似表面手在动，实际上它是不动的动，是意的节节贯串的动，才到了手的动。这是手跟脚的合。

刚才我是这只脚在跟手配合。分出来了，只要分出两个对立，这两个就要相反相成。当我们一只手拿杯子的时候，不但分出来了高低，还能分出左右。也就是说，当这只手拿杯子的时候，我意应该从哪儿流？反者道之动，从它的对面。比如说，这时候我的意要想流到这儿，拿起杯子来，它不动，谁动？意从这儿动，从这只手动。这只手就如同脚一样，其根于脚就是其根于手，手就是脚，由这只手意开始动，由手反方向了，由指到腕、由腕到肘、由肘到肩，由左到右，到肘到腕到指，把它拿起来了。所有的修为其实是一个道理，只要分出来两个，就有高有低、有左有右、有前有后、有内有外，同时有大有小、有快有慢、有急有缓。分出来两个以后，它们就永远是反者道之动，不同而合。怎么动？是意在领。我这手动的时候，不是这么动，是意整个流动。意在内在的贯串，总须完整一气地动，这只手与杯子产生了不自动而动。

归根结底，就是动之则分。只要分出两个完全不一样，它们就会相反相成、相反而动，也就是反者道之动。我们一步一步地通过开合动桩功的修为，就会得出一个结论，不只是左右、不只是上下、不只是内外、不只是前后……反者道之动。动就是一动无不动，这个动是真动。就那一点动，一点动以后就分出来了左右、前后、上下一齐动，形成了一个完整的、整体的动，这个就是太极的动。

第四章　“开合”的内涵真义

一开一合即为化。化开，作为自己有形之身来说要摧僵化柔。不管有形身体的松开，还是身外意地散开，都是一个意。

“夫四两拨千斤之妙，功不及化境，将何以能”，你不能进入化境，你的功就不是化境之功，四两拨千斤这个妙你就不可能得到。所以，关键就是一个“化”字。能化就是功。

“化”是功的一个核心主旨。杨氏太极拳前人杨健侯在《太极拳约言》中说“轻则灵，灵则动，动则变，变则化”，我们修为这个功，就体现在能不能够化。能变能化就是功的修为具体体现和主旨。

《十三势歌诀》也告诉我们，“变转虚实须留意，因敌变化示神奇”，就是你总能够随着对手及客观事物的变化而变化，这个才体现出你的功。

一、开的真义内涵

“化”字，其字形就是两个不同而合的人，一正一反，合起来就是化。我们所说的“化”，就是两种完全对立的、不同的要素、状态相反相合。分出两个完全对立、完全不一样的，而且还要把它们合上，这就是化。化就是一开一合。

功是化，化是开合。以开合来修这个功，能够进入化境，这是我们修为的核心主旨。

一开一合即为化，化里面包含了一个开一个合。我们在生活中也经常说化开，把东西化开就是通过化要能够得到一个开的结果。开是化的一个重要的内容，我们要从开入手，要开。

怎么理解开呢？《太极拳论》告诉我们，“动之则分”，分什么？分为一个有形的身体、一个无形的心。开，是分开，我们第一个开的主旨是身心要能够分得开，分得很清楚。一个是有形有象的外在，一个是无形无象的内在，这两个先要分开。我们首先问问自己，分开了没有。身心两个一个内一个外、一个实一个虚，我们要分得很清楚。分清楚的结果，是要把它们合在一起，合二而一，在分上去求最终的那个合。在分的过程中，既要把有形的身体化开，也要把无形的心化开。我们的身体现在没化开，心也没打开，我们要分别去化。

特别是有形的身体，需要让它开。我们从无极桩功开始就要分出来三盘、九节、十八个部位。三盘要开、九节要开，十八个部位要分开。不通过无极桩功、浑圆桩功的修为，我们身体是分不开的、冻得死死的，所以我们得把冻住的有形的身体化开。由于我们做所有运动和事情的时候，都离不开用自己的身体之力，久而久之，这个用力地习惯，把我们本来是开的身体给冻成了一个死坨子。我们的身体分不开的一个重要的原因，是里面充斥着僵滞之力，把身体给冻上了，僵滞在那儿，处于死坨子的状态。怎么化这个力、化这个僵？我们在化的时候，对于有形身体要摧僵化柔，把我们身体里面存在的僵滞力给彻底摧毁掉。虽然还是这个有形的身体，化开以后的身体整个通畅了，就能够形成分得开的、各部位都没有僵滞，而且可以弹性相合的完整的状态。

1. 用意去松开

只有动手术才能摧化有形身体里面的各个部位僵滞的部分，“手术刀”只有一把，就是用意。我们原来的身体因为用力而僵滞了、分不开了，这个力受意的指导作用在自己的身体上。成也萧何、败也萧何。凡此皆是意，我们身体的僵滞，是因为用意用力，我们要摧掉它、化掉它，还得要用意，但不用力了，所以核心是要用意去摧僵化柔。

第一个用意是松开。本来我们的身体是松不开的、是僵紧的，现在要把它松开，要用松开之意来体会开，这个开是松的结果。我们经常说松开松开，也知道什么是松开。我们在身体修为过程中，用意去松开，就能得到摧僵化柔的结果。

僵滞是用意用力，松开是因为用意不用力，归根结底是在用意。常人的习惯是用意去用力，用更大的力去解决那个大力。由于长期的用力习惯，形成了这样的僵滞。我们要改变这种认知，建立一个不用力的、松开的、新的思维习惯。这是我们对化开的“开”的一个重要的理解。凡是化不开都是因为僵滞了、用力了。

试手体验

请一位同学跟我一起演示一下。他攥着我的两只手，他来推我，我化不开的原因是我用力了。我想用力去解决他的来力，导致我身体整个是僵滞的。我一松开，就化了，我本来是用力，现在用意化开了。我化开了，就把对手的力化开了，因为没有作用点了。我们经常埋怨对方来力了，他来力的原因是我用力，我用力才给了他一个力的作用点。要解决来力的问题，不是用更大的力，那不是我们太极内功的修为。我们只有松开它。一松开，这就是《十三势歌诀》上所说的“屈伸开合听自由”，能够开了、能够合了，就能够自由了，恢复一个自由之身。这回我用力，他也用力，他一松开以后，我的力还有吗？松开了、化开了，把我化开了，他就独立了，他现在屈伸开合听自由，该来就可以来，该走就可以走。刚才他做得非常好，回到了无的状态，无力了以后，瞬间就可以伸、可以用。

就是这样一个体现。当然发的时候把自己又合在一起了，但是合的基础是必须先开，没有开就没有合。

所以我们先从化开说起，化开的第一个开是松开。我们现在要通过无极桩功、浑圆桩功以及开合动桩功的修为，首先恢复一个独立自主的能够松开的我，这是“化境极矣”的第一个重要内涵。

2. 散开

除了松开，还有一个散开，要散着开。化开中“开”的真义是要散开。刚才说松开，是用意松有形的身体、用意松我自己，让自己的身体没有僵滞之力了、松开了。同时我们有形的身体还要和茫茫无边的我周围的空间产生一个散开的作用。

当年父亲给我讲，一颗石子丢在平静的湖面上，水一波一波……散开。也就是在空间中，我们用意把它散开。如果我们身体松开了，但意在空间不能散开的话，我们就没有找到化开那个真的结果。我们不但自身要松开，还要能在空间中产生一个意地散开。大成拳大师王芗斋讲过，“离开己身，无物可求；执着己身，永无是处”。我们不但身体要松开，还要能够在空间中散开。

如何做到散开，散开怎么体现出来？散不开的原因是执着己身，就是这个意束缚着自己，跟空间没有产生共鸣。这个意要分了内外。身外须有意，意在身外的空间中同样要能够散得开。

试手体验

我也给大家展示一下，什么是身外意地散开。

除了有形的身体要松开，身外还必须要有意。身外的意和身内松开的意有一个必然的联系。也就是说，它松开以后，还得要散开，一定是向身外空间有意地散开。随着身外意的引领，我的身体整个不但松而且还能够散开，彻底和身外的空间因散开合为了一。

你来体会一下。现在不但松了，这个意还要像波一样一层一层散开。一定要有那个意。那个意是在这儿引领的。它还是松的、开着的，但是由于这个散开意的引领，它能够和身外的空间合在了一起。因身外意地散开而让身体能够松而散开，产生了一个相反的效果。身体散开，跟身外空间合上。

所谓的化，就是一开一合。化开，作为自己有形之身来说要摧僵化柔。怎么化开？要松开。松开就是虚，就是把身体僵滞的部分全都要化开，要松。同时，我们还要用意和身外的空间去相合，产生共鸣，就是散开。不管有形身体的松开，还是身外意地散开，无非是一个意。凡此皆是意，离开了这个意，就没有身体的松，也没有身外的散。这是我们要牢牢把握住的化境第一个主旨的开。开里面的两种重要的内涵真义，即松开和散开。

二、合的真义内涵

化是一开一合，开是化开，合是化合。化合，我们其实也不陌生。所谓化合，就是所有的事物内外的改变、变化，无非就是一个化一个合，一个开一个合。化合里面的化合反应、分解反应，也是一个合一个分，一个化一个解。化合和前面的化开正好相反，同样是化，却是两种完全相反的状态，一个是分或开、一个是合。化合的合，作为开合动桩功所求的功之化境，就是太极内功的化境。太极内功求的功就是求这个化境。在开合动桩功中如何体会、实现“化境极矣”？怎么理解这个合、怎么由化而合、怎么合才能够达到化之境？

1. 聚合

为什么要从开来讲呢？因为开是合的基础，没有开就没有合，开是分、分开，是松开、是散开，合刚好跟它相反，合就是聚合。一个是散一个是聚。如果说开是往外散，合就是往内聚。开是向外，合是向内，这两个一内一外。化合往哪儿化？往内去聚。所以，合的第一个内涵真义是向内聚合。

（1）用意聚合

所谓向内聚合，就是把不同的两个部分向内里去相聚。怎么相聚呢？用意。在散开的基础上，我们要有一个向内聚产生的结果，就是合。如果把散开的、对立的两个部分聚合到一个点上，我们就说是合到一起了。合正好跟开完全相反，开是散开，合是聚合。我们在做开合、找化合这个意的修为中，要用聚之意来体会它。

在开的基础上，身体分了三盘、九节、十八个部位。三盘又分上中下，分出来后要合，合就要聚合，聚合要用意。我们在无极桩功时分出来、分开了，到浑圆桩功时就向一起聚合。浑圆桩功有一个外三合，就是手与脚合、肩与胯合、肘与膝合，上三合和下三合也要相互去合。相互去合，是向两者之间去合、去聚，这时要用意把上下两个部分向一起聚、向一起拉。

（2）在虚空处用意

如果聚不是在开的基础上，那么这个聚就不是我们所说的化合，为什么？因为用意以后不用力了，用意是散开、松开。当你在聚合的时候又用力了，那就不是在化开的基础上产生化合中聚的结果，就不是功及化境的目标了。因此，要注意，一定是用意不用力。要想不用力而用意的话，你就得把意用在有形的两个部分之间的虚空处。在那儿去用意，而不是作用在你的实体上。

我们之所以身体用力了，就是意用在有形的身体上了。要想不用力，我们就不能在有形身体上去用意，要把意用在虚空处。在两者之间去用意，功在两者之间那儿。

所以说，合是聚合，聚合就一定是在虚空处去用意，不在有形的实体上去用意。在虚空处用意以后，虽然不用力了，身体并不是没有反应、没有作用。恰恰是因为用意了，返回头来在有形的、实的身体上产生了真实的作用。就是我们有劲了，可以用劲了，那个劲是用意向虚空处相聚合而产生的。

试手体验

如何用意去聚合而产生劲，我也给大家展示一下。

现在他攥着我的两个手，第一步我们先从化开、松开、散开入手。光松开、散开了不行，我要把它给合到“一”上。怎么合？向内聚。要向内聚合的话，往往会出现一个很大的问题，在身体上又用力了。这回他不让我合，又用力了，这个用力不是聚合的合。聚合的合是身体这儿不用力，在虚空处去用意。这个时候他还拽住我的身体，虽然不用力了，但是身体产生一个向内的劲，聚的劲。不用力反倒有力，这个不用力的有力是因为身体有劲了，可以用劲了。如果我用力的话，他也可以用力，那就是比力大力小，他的力比我大，那他就可以制我了。但是我如果用意、用劲，他的力反而用不上了。我不用力，对方就用不上力。这是对于如何用力去聚的一个重要的要求。

先体会一下，先用力，然后把意用在这儿，用意在这儿聚。你身体有劲了，就可以用劲把自己聚合在一起了。

用意在这儿，跟刚才他的用力大不相同，完全是两种作用，他做得很明显。再体会一次，他用意不用力，我就用不上力。这就是“用意不用力”，不在有形的身体上用力，而在虚无处用意，这样有形的身体就完全受意的指挥，产生了内劲，这是我们要求得的。

化合的第一个主旨内容，就是要聚合在一起。向哪儿聚？向虚空处。意在虚空处求出一个真实相聚的结果。

2. 济合

化合的第二个重要内容，是在聚合的基础上济合。“阴阳相济，方为懂劲”。济，是渡，是过河。要过河，关键是找到一条船。同舟共济，就是我们要坐到一条船上。不同的两个人如果相济、济合以后就在一条船上的了，就能够同舟共济，也就是两个人同了。虽然两个人彼此不同，但是上了同一条船。只要找到了这一条船，两个人就能够过河，到达彼岸了。

我们在分开是分了两个不同，济合是不同而合。两个不同，济合，上了一条船。合的关键是在不同的基础上，上到一条船上来。同舟共济，就是合到、同到了一条船上。

我们要过河了，都上了一条船上，这个时候船把我们渡到彼岸。这个过程是过、是动。这时我们两个都没动，任何一个人动，都过不去。你在船上一乱动，船就翻了。两个人坐在一条船上，都要静静地坐下，让这条船把我们渡过去。谁动？船动。谁静？我静、他静，这是济合。

我们要合到这一条船上，就要修出这条船，这条船就是济合的合。同舟共济，就是把不同的两个对立的部分合到一个意上。两个意同了，就上一条船了。同了以后这个意就领着我们动了。船动，我们静，这是关键。

(1) 不同而合

济合就是不同而合。我和他两个是分着的、是不同的，现在我们两个必须得同到一条船上、同到一个意上，这是济合的重要基础。关键是怎么能够同到一个意上？所谓不同就是有两个意，他有他的意、我有我的意。这两个意怎么能合在一个意上呢？有两个途径：一个是我让他合到我的意上来；另一个是反向求，我去合到他的意上。只要合到一个意上，这条船就能够渡河了。既然人家不听我的，我能不能够合到他的意上，这个是我自己说了算。我能够指挥我自己的意去向他的意济合。我现在训练的就是我能够主宰我的意，让我的意去合到人家的意上去。怎么能做到呢？要放掉我的意、把我的意有而回无。化有回无，无了我的意，我的意才能合到人家的意上。拿着我的意不放，是无法相合的。

（2）无我意

散开、化开的关键就是摧僵化柔。化合、济合也是要把我的意化有回无，有意回无意，这就是拳论上说的“有意无意是真意”，那个真意就是渡河的船。你要想过去，必须上这条真意之船。无我的意，把我的意和对方的意合到一个意上，这个意就是真意。为什么这是真意？看似是无了我的意，我的意合到了对方的意上，实际上我的意就是对方的意，对方的意也就是我的意。这个时候对方拿住他的意不放，我无了我的意，合到了他的意上，我就拿住了他不放的意。

化合的第二个核心主旨内容是济合。济合就是要化我意，化有回无，化有意回无意。这是我们修为中化的一个重要内容。要把自己的化了，前面是把自己的有力化无了，现在是把自己的有意也化无了。无了的我身体的力，有了劲，那个劲是真力。现在无了我的意以后，才有了真意。这个化境，是有了真力、有了真意。所以真意、真力就是化了我力、化了我意以后，合出来的一个结果。我们要从这儿去体会。

试手体验

下面我们演示一下。这个时候你拿住你的意不放，我拿住我的意不放。现在我要把我的意化了，不再拿住我的意了。把我的意化有回无以后，现在我能听出你的意来了。因为我无意了，无了我的意，我就合了你的意，我知道你的意现在是什么状态。这时候合了，我们两个意合到一个意上了，现在就是动一个意。如果动两个意，我们两个谁也过不去。无了我意，我现在要意动，我的意动就是他的意动。这个时候我们是坐上一条船了，坐上你的意这条船。让你意动起来以后去过河，我就要化掉自己的意。反过来一样，你把你的意没有了，你没有意也没有力了，我有意就有力，我的意掉到你的无意里面，我的用力掉到你的无力里面，我是有，你是无，这时候你能够自由地动起来了。只能有一个意，两个意只要合到一个意上，马上就能动。一个意就动，两个意就滞，双重则滞。你听出了我的意，你无了意后马上知道我的意，你就知道怎么动我的意了。这就是无己意，以他意为意。要清楚对方的意，就能动了。能不能动，完全在于是否清楚对方的意。你无了意就知道我的意了，动了我的意我才动了。因为你的意现在拿住了我的意，你很清楚，动的不是我，而是那个意。用意不用力，往哪儿走都没关系，因为你掌握了我的意，随意了。这时候我的意就变成了你的意。

所以，济合一个重要的主旨，就是要把自己的意化掉。无我意，才能够同舟共济，才能够动。动这个意，不是动形，不是用力。因为意动起来以后形是随意动的，人坐上船，船动以后，人会随着船走。你只要上了这条船，船能动起来了，你就会被船渡到你应该去的地方。这是对济合的一个重要理解。

无我意，才有真意，我们就要用这一个意。无了我的意，用他的意，以他的意为意。化了我意，有了真意了。有的同学问："李老师，平时自己练开合动桩功的时候，怎么无我意、有真意？”其关键不在于有没有一个真实的对手，而是要用“凡此皆是意”修为，要用意去合，求出这一个意来。首先动之则分。在三尖相照功法中，分出来一个实我一个虚我、一个阴我一个阳我。这两个我分开了，我们现在要把这两个我济合起来。这个有形的我是实的我，我们还有一个虚的我，因此往这儿一站的时候，三尖相照就要分出来虚和实，分出了虚我和实我。怎么才能够合呢？怎么才能无掉我这个自以为是的意呢？——化实为虚、化虚为实，这是我们修为很重要的内容。真的进入化境了，就是把这个有形的身体化为虚，无形的意化为实，有形的我要实而虚，无形的我要虚而实。从此这两个我，一个虚一个实，合二而一，这才是真正的化合。进入化合的境界，是我们所求的重要结果。

问答

学员A：老师，我可以想象内聚是在这个虚空点，可是老师演示的是往外走，可不可以再稍微讲一下。谢谢！

李光昭：实际上所有的开和合是一个点的开合、聚合，是在两点之间虚空处的一点，向这一点去用、向这一点去聚。怎么聚呢？用意。什么意？把分开的两点向里拉、向里聚。聚的过程中，这一点是在内，是虚的，这一点在两点之中。开的时候也是从虚空这一点向外推开、向外去散开。散开的动力在哪儿？不在有形的身体上，在虚空的这个点上。这个点，其实就是我们说的“中”。开合是中的开、中的合。从点上来说就是一点的开合。怎么使这一点能够产生开和合，这是开合动桩功中的内容。

学员 B：刚刚老师讲济合的时候，讲到如果对手的意和我的意不同，我就合了他的意，就成了一个意了。我就有一个疑问，对手的意跟我的意不一样，也许他的意是要伤害我呢？比如他是一个杀人犯，我怎么拿他的意？

李光昭：你如果得了这个意、有了这个意，就知道他是要往东去、往西去、往南去、往北去了，你就顺着他的意上这条船，去渡河了。如果他拿着他的意、你拿着你的意的话，就不可能了解他的意，你也把握不住他的意。你只有了解他到底想干什么，他的意是什么样的意，知己知彼，才能够百战不殆，做到心中有数，顺势而为。如果对方有伤害你的意，你也知道他要伤害你，你就能够顺着他的意找到他无法伤害你的方法。所以你要了解他、知道他。你无了意、无了力，自己虚空以后，他想伤害你的力，就作用不上。聚合到一个点以后，蓄而后发，你才真的能够不被他伤害，还要返回去制胜他。

能够御敌，不被他伤害，还能战胜他的关键，是无我意。对方有想伤害我的意，我只能这么办，这是最好的因敌变化示神奇的妙招、妙法。现在没有我的意，对方有伤害我的意，他要伤害我的话，我不就被他伤害了吗？恰恰相反，这是常人的思维。当你建立了太极思维，经过太极修为，你真的体会到妙就妙在无我意才有了真意。你拿住了对方的意，就拿住了他的所有，就能够反制他，就能够以一御万。当然这是通过练功以后，身上真正有了体悟，才能够有这个结果。怎么去无我意，借对方的意，用对方的意来解决对方，这是修为的核心主旨，需要在一步一步地修为中去实证、体悟，才真的能够无为而有所作为。

下篇 功法篇

第一部分　开合桩

第五章　开合桩之理

开合动桩功修为的目标、方向，就是找到那个真“我”。开合桩的一个特点就是身形动起来了。开合桩的修为主旨，就是形的开合是在意的开合主导下。

开合动桩功是我所传承太极拳内功的功法之一，也是太极拳内功的修为目标。把握住这个目标，也就确定了方向。如果方向错的话，就会差之毫厘、谬之千里。

一、目标与方向

1. 要找“真我”

开合桩所修为的目标、方向，就是找到那个“真我”。为什么要找“真我”，是因为我们每个人都有两个我：一个是看得见摸得着的有形的我，一个是看不见摸不着的抽象的我。宇宙万事万物有阴就有阳，如果说看得见摸得着的我是阳我、实我的话，那么看不见摸不着的我就是阴我，或者虚我。我们总是把看得见摸得着的阳我作为我，认为这个我是我的全部、是真，这是一个理解和认知的误区。这两个我阴阳和合，合起来才是合乎太极的那个真我。因此，太极内功的修为目标、方向，就是找“我”。

开合桩修为的方向和目标，就是阴我和阳我、虚我和实我的开合。这两个我既分又合，哪个才是真我的具体展示和体现？阴我和阳我、虚我和实我之间到底存在着什么样的内在关系？我们沿着这个方向，一步一步地修为，最终将实现目标。

2. 用开和合修出这扇门

我们要紧紧围绕着“开合”两个字进行修为。动静、开合就是桩和拳的真义内涵。实际上桩和拳是密不可分的，桩是拳之静、拳之内；拳是桩之外、桩之动。从体上说，一动一静就是桩；从用上说，一开一合就是拳。

开合具体的有为功法就是找门。为什么说是找门呢？开或者合，其实都是一扇门的两种表现，开是门的开，合是门的合。找到了这样一扇门，你就既能开又能合。拳就是一开一合，宇宙所有的变化无非一开一合，万物无非一生一死，就是这么两种状态。开合归根结底是一扇门的两种状态。

要用开和合两种状态修出这扇门。当你找到和修为出这扇门，该开它就开了，该合它就会合上，因为开和合是一扇门的两个不同的功能、功用。开合桩功，不是为了修开，也不是为了修合，而是要修出这扇门，这才是我们修为的主旨。

目标明确了，修为主旨也清楚了，那么通过三大功法的修为，最后要得到一个什么样的结果？这个结果一定是真实的，一定是能功夫上身的。

这个结果就是懂劲。我们沿着目标找到了这扇门，推门而入。推门而入以后我们懂劲了。能不能懂劲是太极内功的门槛，是门里门外的分水岭。不管你下了多大功夫、用了多长时间，最终不能够懂劲的话，你就不能推开这扇门，登堂入室。结果只有一个，就是懂劲。我们要通过功法修为找到这个劲。

二、抓住五大要素

修为开合动桩功，特别是开合桩，要抓住五大要素。

第一个要素，是明动静开合。王宗岳在《太极拳论》中很清楚地说，“太极者，无极而生，阴阳之母。动之则分，静之则合”。只有深刻认知到动静、开合的内涵真义，你才能沿着这个正确的目标、方向，抓住主旨，去求这个结果。这个动和静、开和合，是我们要抓住的第一个要素。

第二个要素，是功夫上身。真切体悟太极阴阳之理的动分静合，不只是停留在理论的认知上，而是要通过具体的功法修为，尝到这个滋味，在身上体悟到它到底是一种什么样的真感实觉。这是一个很重要的修为要求，也是我们要牢牢把握的第二个要素。

第三个要素，是意的开合主宰形的开合。我们要在修为过程中从两个方面去理解和体悟开与合的内涵真义。一是形的开合。有形有象的，可以在形上看得见摸得着，可以表现出来的。开合动桩功三大功法——开合桩、抱三关、四动功跟静桩功的区别，就在于它形动了、形上有变化了。形上所有的开合变化，其本质都是形的被开、被合。这是开合很重要的一个特征。我们看见的是形的开合，实际上形自己是被开、被合，不是自己的开合。

意的开合主宰着形的开合。即形上所有的开合变化，都是意的开合外在表现。意的开合，才是三大功法核心修为要把握的主旨内容。我们通过形的开合要体悟到意的开合，因为意的开合能够主宰形的开合。形的开合只有一个表象，开就是开、合就是合。当我们做开合的时候，能分清楚什么是开、什么是合。但是意的开合是开和合两意，此两者同出。意的开合是开中要有合，合中要有开。我们要透过形的开和合，去品味和把握意的开中合和合中开。只有通过意的开合才能够开合如一。开和合是二，但是通过三大功法的修为，能够在意上寻求到开中合、合中开，开就是合、合就是开。如果从意上能够把开和合分为二、合为一，那么通过有为功法的修为就能够实现意上的开合。

我们在开合动桩功的三大功法修为过程中，要牢牢把握住形的开合和意的开合，以及它们之间密不可分的内在关系。离开意的开合，就没有形上的开合；离开形上的开合，就不是能够体现和落实的、看得见摸得着的开合。所以意的开合和形的开合，一内一外、一体一用，谁也离不开谁，但是一定是意的开合为主宰。

第四个要素，是要懂劲。懂劲是太极内功入门与不入门的分水岭。不懂劲，还是门外汉；懂了劲，就进入太极内功的门里了。怎么才能够达到这个结果呢？很重要的就是五法合一。这个劲也叫整劲，它是开而合合出来的劲。

太极内功修为五法：手、眼、身、法、步。其实，其他各门派的武术、武学，甚至传统艺术都离不开这五法。开合动桩功三大功法的修为，要把手法、眼法、身法、步法，这四法合为一个法。太极内劲就是这么合出来的。

在修为开合桩的过程中，就必须做到手、眼、身、步、法这五法合一法，由着熟方能渐悟懂劲。

（1）手

五法把手排在第一位，凸显出手的重要。因为做任何事，都用这个手，特别是在进化中通过手的灵巧创造，产生了智慧、灵性，所以首推手法。只有人的手才称为手，其他动物的叫爪、爪子。手的功用就是一开一合，动之则分、静之则合。五指一合，合指成拳。手在劳动创造过程中，无非有两个动作：一个开、一个合。手的功用是开合之势，手法就体现在手势上、体现在势上。

（2）眼

太极内功的修为中，眼是很重要的。眼是心灵的窗口，心之苗都从眼睛中展示出来。眼体现了你的内心。内心体现出来就是眼神。所以说，手是手势，眼是眼神。

（3）身

五法中，身为主。身为主体现在哪儿？在腰，腰为主宰。腰是身的代表。身主宰着开合动桩功。开合动桩功在意的开合驱使下最终在身上得到一个具体的反应。

（4）步

足下为步。既然说到步，我们就要对步有一个认知、理解和把握。徐行曰步，徐徐地动、徐徐迈步，是连绵不断的、非常稳的。有徐就有疾，徐是慢的、缓缓地；疾是急促的，疾就是快。疾行还不是走，是处在步和走之间。古人说疾行曰趋，疾趋曰走。徐行曰步，这个步是根。《太极拳经》上说，“其根于脚，主宰于腰，形于手指”，离开了脚下的根，这个步就没有疾趋。所以在修为中，手是势、眼是眼神、身是主宰，其根在脚，步是根。

（5）法

法是法则，则是必须遵守的法度。手、眼、身、步，要合到一个法上，即遵循着动分静合、分阴阳合太极，一开一合、一动一静这个法则。只有找到了法则，把握住了法度，我们才能够真的懂劲。我们在找我、找门、找劲的修为中要把握这五法。

第五个要素，是动静开合均匀有常。我们在三大功法修为中一定要做到有常。即在具体功法修为的过程中，不管形上怎么变化、意上怎么开合，都要有常。在有常中去体悟开合，你才能品到它内在真实的滋味。这个有常，常在匀。关于匀，杨澄甫在《太极拳体用全书》上说："贵在动静有常。故练时举步之高低，伸手之徐疾，运动之轻重，进退之伸缩，气息之宏细，顾盼之左右上下，腰顶背腹之俯仰，须知各有常度"。怎么才有这个度呢？"不可忽高忽低、忽疾忽徐、忽轻忽重、忽伸忽缩、忽宏忽细、忽左右上下仰俯之不匀也"。把握住这个要素，我们在做开合以及将来在动步的时候，形上要动了、步要动了，不许忽高忽低、忽快忽慢、忽轻忽重等。总之，要匀而有常。

三、形的开合

开合桩的一个特点就是它的形动起来了。静桩功的形是静的、是相对不动的，但是静出来一个内里意气的灵动，这是静桩功修为的核心主旨。进入动桩功，有形的身体要动了。怎么动？开合。跟静桩功一个很重要的区别，就是形有变化，要动起来。当然它还是桩，是动桩，叫开合桩。

开合桩修为的两大核心要素，是形的开合和意的开合。我们首先从形的开合去寻求看不见那内在意的开合。离开了形的开合，就抓不住意的开合。因此，要从形的开合入手，通过练形来求这个意。

开合桩形的开合有四个具体的功法：第一个是左右开合，第二个是上下开合，第三个是前后开合，第四个是全开全合。

每一个功法都从太极起势开始，也就是第一动是起势。开合动桩功是一个相对独立的功法，我们有必要把起势作为第一个动作。开合桩功法，由起势开始的时候，依然遵守着无极桩功三盘、九节、十八个部位各个部位意的要求。在这个基础上，开始做太极起势，这个时候要意想身前有一个无形的球，要徐徐去拥抱这个球。我们要全身心地和胸前这个假借的球相融相合，同时随着球徐徐而起，抱到胸前膻中穴的位置。

起势分了四动：第一，欲起先落。要想起，先要落。第二，随落而起。在起的过程中，有起要有落。第三，球在起的过程中有向上提的意，还有向下落的意，这叫作起中有落。第四，当起到了膻中穴的时候，我们不是马上就停住，它有一个惯性的动作，还要起一些，这个时候随着起而回落，又回到和膻中穴相平的位置上。这是浑圆桩功的基本抱球势，也是开合动桩功的起势，抱球势。我们在抱球势的基础上，完成开合桩中形的开合。

从抱球势形的基本动作来说，第一个是起势，第二个是两手指尖一拳之距。不是顶在一起，也不是拉得很大，是一拳的距离而抱球。

很多人问我，为什么抱球势两手指尖要有一拳的距离呢？因为一拳的距离正好对着两胸，它是相抱相合的。我们在一拳的距离基础上要做到守住所有具体的要求。杨澄甫在《太极拳之练习谈》中指出，“身躯宜中正而不倚，脊梁与尾闾宜垂直而不偏”，一个是中正不倚，一个是垂直不偏。具体到修为，我们在开合动桩功中身躯要中正，尾闾和脊梁两者要垂直，在一条线上，才能不偏不倚。在开合动桩功之前，对身形的开合有一个基本动作的要求。“但遇开合变化时，有含胸拔背、沉肩转腰之活动”，也就是在开合变化的时候，含胸、拔背、沉肩、转腰都是要相互配合的。“初学时节须注意，否则日久难改，必流于板滞，功夫虽深，难以得益致用矣”。如果这个时候不能够保持住不偏不倚的身形要求，你练了半天开合桩将很难用上。

具体身形的要求是，“两臂骨节均须松开”。开合之前你的两臂骨节均需要松开，你检查是不是松开了。“肩应下垂”，不能端肩、耸肩，肩要自然下垂，也就是挂，肩如挂。“肘应下曲”，肘自然之曲，而且要向下垂曲，不能掀肘，挂肩而垂肘。“掌宜微伸”，开合桩功用的是手，手用的是掌，不是拳，五指自然分开，指尖微曲，有回收之意，即手的劳宫穴有五指向回收之意，指尖向内微曲。这是对身形的要求。“以意运臂，以气贯指”，不是形自己动，是意、气驱动形的开合。“日积月累，内劲通灵，其玄妙自生矣”。开合桩功是按着杨澄甫的《太极拳之练习谈》中的具体规范和要求展开的。

四、意的开合

我们是从形的开合和意的开合两个方面分别来体悟和把握开合桩的。当然最终要把形和意合二而一，所有的开和合都是形跟意合二而一以后的开和合。

形的开合是表现出来的、看得见摸得着的、可感的，但是太极内功求的是开合桩的开合，是意的开合。形和意两者是密不可分的。一个有形的身体叫作形，一个无形的心叫作意，最后的开合实际上是一个完整人的开合，也就是形的开合和意的开合是内外合一的。但是从修为的角度，我们要分着练、分着去体会，最后才能够合二而一，才能有一个可用之体。

首先我们对意的开合主旨法要，要有一个明确的认知。我所传承的开合动桩功，从开合桩开始，就把意的开合主旨归纳出来五大法要，我们在具体修为过程中一定要牢牢把握、灵活运用。

1. 一求三修的修心法要

五大法要的第一个法要，是在意的开合的功法修为中，始终运用一求三修的修心法要。

所有修为都是要修为出健康、有用的身体来，但是如果细问，身跟体两者之间是什么关系，很多人未必思索过。在日常生活中我们常把身体视为是有形的身体，所谓身体健康就是我本身有形之身的健康。这个理解当然没错，但是片面了，这是因为没有完全弄清楚身和体两个字的内涵真义。如果从太极阴阳学说的角度去分析身和体这两个字，身是身、体是体，身不等于体，当然体包括身。

有形之身，是看得见摸得着的。有形之身跟无形之心合起来、统一起来，构成一个完整体，才是我们所要求得的那个身体。

我们每个人都有一个有形的身，还有一个无形的心，这个身和心，本来应该是合二而一的。身心合一才是一个完整的人。我们经常把我和人画等号，我就是那个人，那个人就是我。实际上由我要形成一个真正的人是需要修为的，是需要把身和心完美地统一到一体上的，那才是真人。如果这两个不能够合二而一的话，那么只能是自我。因此，我们要想合为一个完整的人，就得要把这个“我”无掉。无了我自以为是的那个心的想法，无了我自作主张用力的那个身体，也就是当这个形无了，心也无了，最后无了“我”才合出了一个真正的有，合出来这个人。这个人才是我们真正的身体，我们的身成了体以后，我们才真正成了人了。杨氏太极拳老谱就讲，天地是一个大宇宙，我们人是小宇宙。要想真正成人的话，人人应该练太极。练太极拳内功是让我们自己成人的一个法门、一个工具，其目的就是让我们能够身心合一，形成一个完整的太极人。

从这个角度来说，我们看得见摸得着的有形的身体，要想跟无形的心合起来的话，关键是我们要能够知心，对心进行有而回无的修为。现在身体上所存在的各种病痛，所有身上反映出来的问题，包括错误用力的习惯，归根结底都是心的问题。所以，我们要想使自己成为一个完整的人，就要从修心入手。

杨氏太极拳老谱《人身太极解》开篇第一句“人之周身，心为一身之主宰，主宰，太极也”，心就是太极。如果离开了修心，就不是我们所修的太极。开合桩修为的左右开合、前后开合、上下开合、全开全合，所有的具体功法，其主旨就是从修心入手，让自己合成一个完整的太极体。

心看不见摸不着，极为抽象，我们如何去修？心所生出来的意，我们每个人都能够真感实觉，能够找到它、抓住它，因此要想修心就得从意的修为入手。要想从意的修为入手，我们就要遵循一求三修修心之大法。一求三修，使得我们的意能够虚而实之，达到身心双修的目的。

一求三修的具体内容：一求，处处求中；三修，借假修真、反修真意、层层修分。我们用意来修心，把看不见摸不着的意虚而实之，变成可操作的、能实修实证的、有为的修为，只有一条路，就是遵循一求三修的修心之法。

在无极桩功、浑圆桩功的修为中，我们始终遵循着一求三修的修为方法。比如站无极桩功，我们首先往那儿一站，站出来人跟天、地的关系，要天人合一。怎么合？只有用意。我们用借假修真，假想在上天有一只无形的大手通过百会把我们整个有形之身向上提起来。又如浑圆桩功，我们从抱球势开始，把球之意虚而实之，也是假借。

我们进入开合动桩功的修为，依然还是始终贯彻、运用一求三修内功心法。离开了内功心法的运用，开合动桩功，包括开合桩的修为，就会走偏，就会差之毫厘，谬之千里。

2. 在意不在形

第二个法要是在意不在形，得意忘形。在意不在形，这是修为开合桩一定要遵循意的开合主旨原则。

以修心为上，在内不在外，但不是说要内不要外，而是身心双修，身心合一才合出一个完整的人，成为一个体。身和心、形和意、内和外之间是什么关系呢？以意主形，修心为上，因为心为人一身之主宰。

我们修的是太极，我们所有的功法都围绕一个核心的主旨，以拳来证道、以身来修心，要把身心修成一个阴阳相合且完整真人的太极体。以拳来修太极，以太极来修拳，它的核心是分阴阳合太极。把阴和阳两个完全对立的要素统一到一上，就是太极。阴、阳不能合一的话，就不是太极。分水岭就在这儿。分阴阳，一个阴一个阳；合太极，太极即阴阳之合。王宗岳在《太极拳论》中说“太极者，无极而生，阴阳之母也。动之则分，静之则合。无过不及，随曲就伸”[①]，我们修为的太极是阴和阳，它们要动之则分、静之则合，还要能够无过不及，随屈就伸。

阴阳是一个哲理，拳修中阴阳具体体现在吞吐、屈伸、开

---

① “曲”通“屈”，后现代文中统一使用“屈”。

合、刚柔等对立的两个部分。对有形的身体，我们是非常清楚的，是很容易把握的。吞是吞，吐是吐；屈是屈，伸是伸；开是开，合是合；刚是刚，柔是柔。它们都体现着阴阳的属性。分阴阳合太极，用拳修太极，具体怎么修呢？只要把吞和吐、屈跟伸、开与合、刚和柔对立的两个要素统一起来，就是阴阳之合，就合成了太极。这样太极阴阳学说在我们拳修中就得到了实修实证的具体体现。

要想把吞和吐、屈和伸、开和合、刚和柔对立的两个部分合起来的话，从我们有形的身上能做到吗？做不到。因为表现在外的形是看得见摸得着的，伸就是伸、屈就是屈、刚就是刚、柔就是柔，有形的身体永远只能够表现一个方面。可是太极内功的修为，是要随屈就伸，要把屈和伸这两个合起来，合到一上。如何才能够合到一上呢？能够把两个对立的要素合二而一，统一到一上的有为的修为之法是什么呢？——凡此皆是意。是意的修为。只有意的修为可以分出两个意，出伸之意，同时还有回屈之意。这两个意能分出来，而且还能把它们合起来，能够做到随屈就伸。屈中要有伸，伸的同时还要有屈，就是屈伸合一了。最后要合到一个点上，合到一个什么样的最佳状态呢？《太极拳论》上说的“无过不及”。

我们的修为不是不要形，是形虽有但要忘掉它。我们要用形来求意，因为只有意才能把两个对立的阴和阳统一到一个太极点上。如果没有意，有形之身是做不到这一点的。

试手体验

《太极拳论》说“随曲就伸”，如果用身体来做随屈就伸的话，做不出来，因为我向外伸的话，就是伸；我向内回屈的话，就是屈。只有用意才能做到，用什么意？伸的时候还有一个屈。如果单纯形的话，伸就是伸、屈就是屈。但是如果忘掉这个形，我用意分出来向前的伸和向后的屈，此两者同出的话，表现出来有形的身体上才真正体现出来一个屈一个伸，两个完全相反的意合到一点上。

你来体会一下，你现在不用意，就用有形的身体伸或者屈。这样都不行。你现在忘形，分出两个意，一个是向前的伸，一个向回的屈，两个同时来。这个形已经分不出来是屈还是伸了，但是里面有一个屈、有一个伸，两个对立的完全相反的意在一个形上合出来了一个点。

所有的修为，包括开合桩的功法修为，一定要始终遵循在意不在形、得意忘形的这个法要。

3. 用意不用力

第三个法要，是始终恪守用意不用力。区分真假太极内功，有一个重要的分水岭就是用意不用力。杨氏太极拳前辈杨澄甫在《太极拳术十要》中很明确地对用意不用力进行了全面的阐释。

“此全是用意不用力”。他在用意不用力前面加了这样一个定语“此全是”，是完全要遵循着用意不用力。他说“此全是用意不用力。练太极拳全身松开，不可有分毫之拙劲，以留滞于筋骨血脉之间，以自缚束。然后能轻灵变化，圆转自如”。开合桩修为的一个重要结果，就是让自己在任何时候都能够做到轻灵变化、圆转自如。《十三势歌诀》中很明确地告诉我们，“因敌变化示神奇”，也就是随时随地面对各种各样的复杂情况，都能够做到轻灵的变化，而且圆转自如，这是我们修为的一个重要的结果。我们现在做不到在任何情况下因敌变化示神奇，原因是什么？杨澄甫说得很清楚，就是由于全身松不开了、充满了僵滞之力，僵滞留滞于筋骨血脉之间，把我们给束缚住了。要想让全身松开，就一定要全身不用力，周身松通。

要全身不用力，做到周身松通的话，只此华山一条道，就是用意不用力，改变我们的用力习惯。杨澄甫在《太极拳术十要》中很明确地告诉我们："若不用力而用意，意之所至，气即至焉。如是气血流注，日日贯输，周流全身，无时停滞，久久练习，则得真正内劲。"只有用意不用力，才能够意到气就到。我们不用力了，才能够气血流注、日日贯输，周身松通。我们所有的疾病，就是因为气血不能够流通。气血流通的关键是气要周流全身，日日贯输。气怎么能够流通呢？杨澄甫说得很清楚，"意之所至，气即至焉"。只要是意到了，气就到了。

我们在修为过程中，一定要学会用意。只有学会了用意，才能够意之所至，气即至焉，久久练习，不但周流全身，而且得到内劲。离开了用意不用力，就不是我所传承的杨氏太极拳内功的修为。

在具体的开合桩左右开合功法修为过程中，我们要把握住"两臂骨节均须松开，肩应下垂，肘应下屈，掌宜微伸，手尖微曲，以意运臂，以气贯指，日积月累，内劲通灵，其玄妙自生矣"。前面讲过我们在做意的开合时，要从形上把握具体要求，就是要做到两臂的骨节均须要松开，节节不许用力。肩要自然地挂在这儿，肘要自然地微曲、向下沉曲，塌腕、展指，都要用意不用力。

以意运臂。左右开合不是自己用力在开合，是用意去运这个臂。所谓用意是“意之所至，气即至焉”，是以意来导气，以气来催两臂。在这个过程中整个人是松通的。意到了，气就到了，气贯到了指梢。以意运臂，以气贯指。如果你能够这样日日贯输，每天都这样做左右开合练习，遵守用意不用力，你就得到了内劲通灵，其玄妙自生矣。

阴阳相济方为懂劲，懂劲是太极内功的一个门槛。入门其实很容易，只是我们没有严格去遵守这些法要。气是不是达到了指梢，是检验用意不用力的一个重要标准。

试手体验

下面我们也体验、展示一下用意不用力，是不是能够达到以意运臂，以气贯梢。

他攥住我的左右两臂，我用力他也用力，力和力就相抵抗。我用意不用力，以意运臂、以气贯梢的话，就不一样了。意到气就到，到不到指尖这儿，是一个重要的检验标准。不到这儿就是用力的结果。整个意通过去了，一直要到指尖这儿。意到气就到，否则就堵住、截住了。意到了气就贯过来了。这是一个很重要的修为法要。所谓的开合，无非是一开一合、一合一开，这个开合过程是不是遵守着用意不用力这个重要的法则，结果是能不能做到以意运臂、以气贯指。

如果他用力我用力，两力相抗，比的是他的力大还是我的力大，力大打力小。现在我们要做到不用力来解决用力的问题，用意往那儿走。意到气到，他过来了。我不再用力，通了。意到我就感觉到了，真的是气到指梢了。越用意这儿越不用力，他刚才有点混着。

再来一次。他越不用力，我想用力用不上。两臂均须松开，用意，我再有力，也无处可施，我作用不上。他刚才所表现出来的，就是遵循了用意不用力修为的法要。

法要不是可有可无，不是似是而非，是必须要遵守、贯彻、执行的。

4. 分两意合一意

第四个法要是要始终贯彻分两意合一意的动分静合法要。《太极拳论》虽然没有提出“意”这个字，但是通篇都在告诉我们，太极拳内功修为是意的修为。《太极拳论》第一句话“太极者，无极而生，阴阳之母也。动之则分，静之则合”，说到了一个动一个静，一个分一个合。一分，分一个阴一个阳；一合，合出一个太极。一动一静、一分一合，无非是阴阳的分合，所有的动静其本质无非是一分一合。意的修为，是要把阴和阳两个对立的部分，特别是吞吐、屈伸、开合、刚柔等合起来。

要想合，靠形是不可能实现了。凡此皆是意，就是杨澄甫说的“此全是意”。只有意才能分，也只有意才能两意合一意。每一动都分出来了一个阴一个阳、一个吞一个吐、一个屈一个伸、一个开一个合。在修为中，如果不从具体的吞吐、屈伸、开合、刚柔实修实证分阴阳合太极的话，这个太极拳就不是修太极内功的太极拳。开合动桩功，就是要体现分出两个意，然后把它们合到一个意上。

真正能够进入太极真内功的修为中来，能够把握住这个修为的核心主旨，是很不容易的。杨班侯在《阴阳诀》中说“太极阴阳少人修，吞吐开合问刚柔”，为什么少人修呢？就是很多人修太极拳的时候，没有在实修实证的体悟中去把握分阴阳合太极。吞吐、开合是我们具体修为的一个重要核心内容，最后体现在问刚柔，也就是要以刚柔为用。

吞和吐、屈和伸、开和合，是在意上的分，一动就要分。很多人说，分了上下、分了左右，这是形上的分。更主要是意上的分，要分出两个意来，跟形动不动没有绝对的关系。如果从形上来说，手没动，既没有伸也没有屈。我现在意上要分，不动的形要分出两个意，一个是伸之意，一个是屈之意……在不动的形上能够分出两个意来。所以说，在意不在形，用意不用力。

在“在意不在形，用意不用力”的基础上，如何去用意，用什么样的意？要能够分两意合一意，这才是真正的用意。真正的用意要动之则分、静之则合。动之则分是指意只要一动、意念一动，分出完全相反的两个意。杨澄甫说“虚实宜分清”。对立的两个部分永远要分出来，一定要两个同时分得很清楚。只要是一动念、一动意是不是两个？你就要检查了。有没有随屈就伸，是不是两个意已经分得很清楚了。我们从无极桩功到浑圆桩功，到开合动桩功，都是练形而求意，忘形而得意。得什么意？得动之则分、静之则合，分两意而合一意。我们要牢牢遵守分两意合一意这个动分静合的法要，在做左右开合的时候同样要分出两个完全相反的意。

5. 把握住意领、气催、形随

第五个法要是始终要把握住意领、气催、形随。我们无我以后要成人，合成一个完整的太极真人，就要从神、意、气、形四君子入手，要做到形与神俱。《黄帝内经》告诉我们，要想度百岁乃去，就要做到形与神俱。但这是结果。真正做到神与形相俱，我们得要牢牢遵循神主、意领、气催、形随。神与形俱的核心是意气，抓住了意气的修为，就结出来形与神俱的结果。所以，我们的修为要从意气入手。《十三势歌诀》告诉我们，“意气君来骨肉臣”。“意之所至，气即至焉。”在修为过程中，依然还是要用意，用意而得气，得气才能够以意主宰、以意领、以气催。做左右开合用意不用力的时候，也体现出以气运臂、以气贯指。所有形的开合，不在形而在意，形不自动。你看得见我的两个手臂在开在合，都不是它自己动，是内气在催，它的开合是气运的结果。为什么气能够运它，是因为以意来运，运的是气，气催的是形。我们要始终遵循着神主、意领、气催、形随动这样的功法法要。

第六章　开合桩之左右开合

在左右开合过程中，首先要遵循的要领，就是中正安舒、周身松通。按照要领来进行修为，我们才能不走样，才能在左右开合中体会出它的内涵真义。

开合桩是开合动桩功的第一个重要功法。开合桩的第一个具体功法是左右开合。开合桩就是练开合。开合实际上是有形之身和无形之心之间的开合，也就是身、心的开合。身心合一的开合，才是我们要求得的那个开合。动之则分，分出一个身的开合、一个心的开合，在这个基础上还要静之则合，把身的开合、心的开合统一到一个开合上来，就是身心的开合。分的是阴阳，合的是太极。我们是通过身的开合、心的开合来体会分阴阳、合太极。

有形身的开合，身代表的是形；无形心的开合，心代表的是意。我们对每一个具体功法，都要分别从形的开合和意的开合两个方面去剖析它们具体是如何开、如何合的。只有把形的开合和意的开合分得非常清楚，才有形、意统一的开合，才能合二而一，也就是分阴阳合太极，动之则分、静之则合，合到完整的核心的“一”上。

一、形的开合

左右开合是开合桩的第一个具体功法。左右开合，同样要分出来形的开合、意的开合两部分。因为所有的开合都只有在形上是可见、可触、可感的，也就是你能直接把形的开合非常清晰地表现出来，所以我们先从形的开合来讲。我们的修为路径是由表及里、由形求意，也就是由外的开合再进入内的开合，由形的开合再深入意的开合，最后形意合二而一，统一到一个开合上来。

1. 抱开抱合

左右开合的形的开合的第一个形态，是抱开抱合。什么是抱开抱合呢？从起势开始就形成一个抱球势，基本的形态是抱球态，也就是抱着一个球来完成开合形态的变化。抱开抱合的基本形态是两只手心的劳宫穴向内而抱。我们抱的这个球是向内而抱，两个手心的内劳宫是向内相合，与两个胸相合抱。在这个基础上的左右开合，我们由两指之间一拳距离要开到与肩同宽，指尖和肩尖相合。

左右开合的第一个具体形态抱开抱合，我们要牢牢把握住一个中心、三个基本点，即中正安舒、静心凝神、呼吸自然、周身松通。无极桩功的三盘、九节、十八个部位皆是意，我们在无极预备势要把握、遵守所有的意。整个无极桩预备势的形态是上要有一只大手提，下要松落。胯要坐下来，虽然看似形是站立，但是要站出来坐之意，也就是站如坐。所有的动作，可以说是坐着做开合，这是很重要的一个要求。要松落坐下来。在这个基础上，我们开始做太极起势，意想身前有一个无形的球，要恭敬地把我们的身心放下，去和这个球相拥相抱合。

这个起势的第一动是欲起先落，在落中和球相融相合，随落而起，然后缓缓把球抱起来。在抱的过程中体会随起而有落，随着抱起有一个落之意。当到了膻中穴还有一个上起的惯性，然后随起而回落，再回到膻中穴。这个时候我们依然要静守，要中正安舒、静心凝神、呼吸自然、周身松通。在浑圆桩功的时候，两指尖顶着一个球，两指之间的球有一个拳头宽。

下面我们做形的开合。左右开合，左向左开、右向右开，徐徐拉开它，拉到与肩同宽；向内合，合到指尖回到原来起始位置。我们继续开，开到与肩同宽，然后由外而内、由开而合。在开合过程中心里面默数，一开始默数五下。两指间一拳之距，向左右开合，开到与肩同宽。左右开，默数一二三四五；然后左右合，默数一二三四五。为什么要数数，一是开合宜慢不宜快；二是开合要匀。

当要收势、收功的时候，我们依然是回到起始的两指间一拳之距。这个时候我们一直在抱着这个球，欲落先起，随起而落，落中要有起，起而回落，分了四动。我们把这个球非常恭敬地放回到身前，从无极起势又回到了无极状态。这时候依然要保持中正安舒、静心凝神、呼吸自然、周身松通。收的时候，要周身松通，徐徐地，要放松，然后自然深吸一口气，再把它吐出去，回到原始的无极状态。

形的开合第一个抱开抱合，它的核心动作是抱。在开的时候，始终是向内要抱的，也就是胸前怀抱的球要保持住抱合中的开合。虽然随着开合而开而合，但始终不离你抱住的球，球始终是存在的。这是对抱开抱合的具体要求。

在抱开抱合的过程中，内劳宫穴虽然有开合、有变化，但是始终和左右胸是不离的，身、胸跟手心是永远不离不弃的。虽然有开有合，但是在开合过程中，它们始终处在开合如一的状态下，不能分离，也就是无断续。这里面还有意的要求。但从形上，手的劳宫穴跟左右两胸一定是相系相连的。

我们在抱开抱合时，始终胸前围绕着这一个球的不变，保持住一个球的存在。除了有手心的内劳宫穴，还有手背的外劳宫。在开合过程中，对于手也有具体的要求。当然在意的开合时，内劳宫和外劳宫两个是内外要相合的。内劳宫是向内抱，手背的外劳宫是向外撑。

浑圆桩功有一个重要的功法，叫内抱外撑。我们在抱开抱合的过程中虽然形上是左右开合，但是具体到有形身体上的手，形于手，手的表现是内外分而合之。在开合过程中，手依然是内外相合的。内劳宫向内抱，抱住这个球，外劳宫同时向外撑。如果没有外劳宫的向外撑，只有向内合的话，我们会把这个球压扁了。唯有用意不用力，似抱非抱，不掉，才不会把球抱瘪，具体体现在左右手内外劳宫穴的内外抱撑分合过程中。这是我们要注意的一个具体的要求。

2. 按开按合

左右开合形的开合第二个形态是按开按合。按是掤捋挤按的按。从形的角度来说，手心向内为抱，手心向外为按。我们做四动功，实际上是在走掤捋挤按，所以对形的要求有一个按的变化。抱开抱合是内劳宫向内来开合；翻掌为按，按开按合，就是内劳宫向外。一个是掌心向内、一个是掌心向外。我们要在两个不同形的基础上，去体悟左右开合的变化。

抱开抱合回到指尖一拳之距的时候，现在要翻掌为按。注意，两指尖依然保持一拳之距，同时，由一拳之距去开。左右向外开，依然是开到指尖与肩尖相重合，同时由开转合、由外向内合，依然是数五。合到了一拳之距，再由合转开，再由开转合，再由合转开，再由开转合……形上由掌心向内抱变成了掌心向外按，其他的要求并没有变。手心的内劳宫穴向外成按之势的时候，要注意两点：一是容易忽略胸前这个球，因向外按球掉了，这是一个容易出现的问题。我们翻手为掌，内劳宫向外按的过程中，球依然还在怀抱之中。这个时候内劳宫要按，外劳宫要抱，手要分出来内和外，依然还是一个抱向内、一个按向外，它们要合一。不管抱开抱合、按开按合，这个球始终是存在的，既不能掉也不能瘪。在左右开合过程中，我和球始终是合一的，球不离我、我不离球。虽然有开有合、有抱有按，但是球和我分而合一的状态始终不变，也就是在开合变化过程中，我和球的合一状态是不能变的。二是抱开抱合时，肘向下垂，肩向下松挂；转按开按合的时候，依然是肩要向下沉挂，肘要向下垂落。抱开抱合时，体会肩和肘的沉垂比较容易，当形变成按的时候，很容易出现耸肩、掀肘，这个时候要保持住。虽然内劳宫向外有按之意了，但是形变意不变，肩依然是挂沉，肘依然是垂坠，要保持不变。切忌肩耸起来，肘掀起来。

3. 左抱右按

在按开按合的基础上，下一个形态动作是左抱右按。抱开抱合左右全是抱，按开按合左右全是按。左抱右按，形上一个是左一个是右，一个是抱一个是按。在抱和按中，两个形上完全不一样，一正一反。怎么做出来形上的左右开合，这是我们要去体悟的变化。

左抱右按，左依然保持住它的内劳宫向内抱，而右边内劳宫已经翻手为掌要向外，一内一外、一左一右、一抱一按，这是完全不同两种形态的变化，同时在做左右开合。在左右开合过程中，左一直是呈抱势，右一直是呈按势，一个动作中产生了两种不同形的变化。左抱右按在同时开同时合的过程中，到底应该合出一个什么样的状态？这个我们只有在修为中去具体感悟。我们要感悟出在左右开合过程中不同形的变化产生的不同味道。最终通过看得见的有形有象、外在之形的开合变化，寻求一个合一的滋味，这是关键。

在向外开的过程中，虽然是左右在拉开，但是左一直是在抱开的过程中，右一直是在按开的过程中，同样一个左右的开，在这里面左手和右手同时出现了两种不同的味道：一个是在开中要抱，一个是在开中要按。同样，我们开到了与肩尖同距，然后转开为合；向内合的过程中，依然保持着右是按之势，左是抱之势。把抱和按统一到一个左右的开合过程中来，通过形的变化来体会出它们合出来的一个味道。

4. 左按右抱

右和左发生了抱和按的翻转，左抱右按，现在变成了左按右抱。同样是由一拳之距，到与肩同宽，然后再合。它不只是形上的变化，里边的味道也会产生相应的变化。从左抱右按，变成了左按右抱，我们同样要在这个变化中去体会左右开合的那个味道。

左右开合从形的开合上分出来抱开抱合、按开按合、左抱右按、右抱左按。形上产生了这四种变化。我们随着形的变化去体悟左右开合的开和合的内涵真义，体悟开和合之间的内在关系。

同样，在左抱右按、右抱左按的开合过程中，容易出现的问题是肩很容易动起来，挂不住了，肘垂不下来了。抱的时候，你容易体会到挂肩和垂肘，一按的话肩就掀起来了。在抱按的过程中，虽然形有了变化，但是肩和肘的挂和垂依然要保持住，这点是很重要的。

再一点，胸前这个球始终是存在的，人和球始终是合一的。不管怎么变，人不离球、球不离人，人球为一。在开合中体会到人球合一的状态，这是需要在左按右抱的开合变化中要牢牢把握的。

形的开合四个基本动作形态可以随意而变，它不是死的。我们要能够随意而变、随势而为，抱开抱合变为按开按合，按开按合变为左抱右按，再变为左按右抱。我们需要对形的开合有一个完整的认知和把握。

二、形的开合动作要领

不管是抱开抱合、按开按合左抱右按、左按右抱，在左右开合过程中，要遵循的要领，就是中正安舒、周身松通，呼吸自然、鼻吸口呼，静心凝神、目光平视，立如平准、手平腰顶，慢快相宜。遵循着前人揭示出的要领来进行修为，我们修为才能不走样，才能在左右开合中体会出它的内涵真义来。

1. 中正安舒、周身松通

杨澄甫告诉我们，“周身骨节均须松开自然”。虽然我们做左右两臂的开合，但是周身所有的骨节“均须”要松开，回到最自然的周身松通的状态。只有在这种状态下，才能够把握和体悟出左右开合的内涵真义，才能够遵循具体的要求体会出身心真感实悟的滋味。怎么做到“周身骨节均须松开自然”？其一，口腹不可闭气。其二，四肢、腰腿不可起强劲。要保持住周身骨节是松通自然的，就须松开自然的状态。练开合桩，是自然松通的开合，绝不是用力，用力就是起强劲。这是形的开合上第一点动作要求。

虚领顶劲，是无极桩功、浑圆桩功非常重要的要求。它体现在头容正直，神贯于顶，不可用力。如果一用力，头容不正直了；用力则项强，强直以后气血不能够流通。顶劲不是用力去顶，而是自然而竖，这个时候不用力反而颈项是通畅的。如果一起强劲，气血整个不流通了。这一点非常重要。

《太极拳经》告诉我们，“一举动周身俱要轻灵，尤须贯串。气宜鼓荡，神宜内敛”，做左右开合的时候，一举一动周身俱要轻灵，不是一部分，是所有的都要轻灵，尤须贯串。松通以后，分出了三盘、九节、十八个部位，在开合过程中是节节贯穿的，是畅通无碍的。虽然是分的一节一节，但是它们之间的联系是节节贯通的，所以尤须贯串。这个时候神内敛，气才鼓荡。

中正安舒、周身松通，是必须遵守的第一个动作要领。做两臂的开合，两臂的骨节均须松开。当两臂的骨节松开的时候，肩要下沉，要沉垂；肘要下曲，自然微曲，微曲而扣，向内扣合，不许向外张；掌宜微伸，同时指尖要微收，这是无极桩功对手和指的具体要求。指要伸，同时要有回收之意，就是指要有向内劳宫内合之意。既有向外伸，又要有向内合。因此，我们在做形的开合时，不管是抱开抱合、按开按合、左抱右按、右抱左按，均要遵循中正安舒、周身松通。

2. 呼吸自然、鼻吸口呼

在做左右开合的时候，要遵循着自然的呼吸。呼吸自然一定是鼻吸口呼。很多人习惯于口吸口呼，我们要做的是鼻吸口呼。在左右开合中，呼吸自然、鼻吸口呼的时候，口似开非开，不是张开大嘴，也不是用力闭合。口要自然，也就是上下嘴唇、整个口腔似开非开，在“似”上去体会它的开和闭。这是很重要的一个要求。似开非开、似闭非闭，看似上下嘴唇是闭的，但不是用力闭死了，它又不是张开的，它是似开非开、似闭非闭。“似”这个字既是形上的要求，更是意上的要求，它是一种滋味。好像是、似乎，从形上看像是闭，但是它不是闭；好像在开，但不是开，是似。似就是在两者之间、在开和闭两种对立的形态之间。把两种完全对立的形态找到似的这一点上，就是把它们相合到一个既是又不是、既不是又是的状态。把式好练劲难拿，这种似是而非的劲儿是需要认真把握的。我们要体会到口是似开非开、似闭非闭，要做到“口呼鼻吸，任其自然，如舌下生津，当随时咽之，勿吐弃之”。

在呼吸自然、鼻吸口呼，在似闭非闭、似开非开的状态下，做到了静心凝神、周身松通、呼吸自然，一定会舌下生津。当你做到这几点以后，你口里边津液是甜丝丝的、温温的，满口生津。津，是气血畅通以后所分泌出来的一种精华之液。这种精华之液非常宝贵，我们勿吐弃之，要随时把它咽下去。

鼻吸口呼和左右开合有相对应的关系，这在《五字诀》中说得非常明确。《五字诀》中说“吸呼通灵”，吸和呼要畅通、要灵；“周身罔间”，就是在周身松通的基础上呼吸自然，这个时候身是无间，呼吸无间。“吸为合、为蓄”，吸是向内的，向内合、向内聚；“呼为开、为发”，一开一合、一呼一吸、一蓄一发。呼吸、开合、蓄发之间的关系表现在：吸为合、为蓄，呼为开、为发。“盖吸则自然提得起，亦拿得人起”，你一吸以后则自然提得起，亦拿得人起。换言之我们在吸的时候能够把自己给吸起来，把自己给提起来。我们在练无极桩功、浑圆桩功的时候，有上提之意，就是要把自己给提起来，把自己吊起来。这个吊的过程，和呼吸、开合、蓄发的关系是什么？吸则能够把自己提起来。你提起来自己，亦拿得人起。

在体会蓄发的过程中，要想把对手发出去，就必须把对手拿起来。只有把他给拿起来，拿在手里了，你才能把他扔出去。很多人练的是怎么把对方拿起来。实际上在拿对方的过程中把自己也提起来了，这是我们修为的一个核心主旨。当这个重物和我合一的时候，我只需把自己提起来，那么重物自然提得起。如果你不和它相合，你想提它，它不让你提，你越用力提它，它越用力让你提不起来。这不在于怎么用力去提它，而在于怎么提我自己。我要想把它提起来，就要知道如何让它跟我合二而一。当它跟我合起来的时候，我只需把自己提起来，对手就被我提起来了。吸则把自己提起，亦拿得人起。然后呼。呼自然沉得下，亦放得人出。一收一放、一蓄一发、一呼一吸。通过开合桩，我们最终修为通过吸呼、开合达到蓄发、拿放的结果。这是用，真正地用起来了。虽然是吸，则自然提得起，把自己提得起，亦拿得人起；呼，自然沉得下，亦放得人出。此是以意运气，非以气使力也，就不是用力。我要把对方拿起来、把自己提起来，不是用力，是用意。《五字诀》中这句拳论直接为吸和呼与拿和放、开和合、蓄和发的体和用指明了方向。这点非常重要。

试手体验

我们来体会一下，怎么样呼吸自然，在吸的过程中把自己提起来，亦拿得人起。

他比我重得多，身体比我也壮得多，我要想把他拿起，用力的话根本不可能实现。但是我现在如果做到了把自己拿起来、把自己提起，就可以做到。如何提起？吸则合则蓄。

意想把自己自然提得起来。只有这样，然后空、沉，这才能放。拿不起就放不下、放不出，要想放出就得拿起。要想拿起绝不是拿对方。练开合桩，就是练呼吸自然，吸把自己提得起，呼则让自己沉得下。其实就是吸呼、开合、蓄发。没有开合的体，就没有蓄发的用。

我被他吸起来，如果他用力的话，根本不行。吸，可以说已经把我拿在他的手上，放不放就是他呼不呼的问题了，一呼就放。其实就在呼吸之间求得蓄发、拿起放下。一收一放、一蓄一发、一呼一吸，这是我们在开合过程中要体会的。

他按住我的两只手，我现在要把他发出去。我必须把他拿起来。我想要用力拿，他会用力按住我，拿不起来。这个时候我不用力，吸而合而蓄。一放就发，一落下来就发，就是一吸一呼、一开一合、一蓄一发。再体会一下，他这回用大力，如果我想拿，拿不起来。吸则提得起，吸，合了、蓄了。这时候一呼一沉一放，用意不用力，一呼必发，就在呼吸之间。吸则合则蓄，把自己提起来了，才能够呼则沉得下，不但把人拿起来了，还能够把人放开。不但呼吸自然，到了最后开合自然，蓄发自由，该蓄就蓄、该发就能发，蓄发一定间。所以，呼吸自然、鼻吸口呼，这是我们要把握的很重要的一个要领。

3. 静心凝神、目光平视

在开合桩左右开合过程中，要做到目光平视。杨澄甫在《太极拳之练习谈》中提出："目光要平视。"眼睛是有形身体的具体部位，目光是眼睛在凝神的过程中所出现的具体结果。在做左右开合的过程中，眼睛所聚出来的目光要平，不能忽高忽低。要始终在平的基础上使目光守护平的基准。

对于目光平视，具体怎么去把握呢？目光是凝神的结果，代表神的凝聚。神的凝聚，一定要由二聚集到一上，否则就散乱了。因此在做左右开合的过程中，两只眼的目光，要由左和右向一点去聚焦，凝聚到一点上，这体现出凝神的结果。神要凝，两眼的目光左右要聚到一点，这是第一个要求。

第二个要求，当左右两眼的目光聚到一点，眼所聚出来的目光，永远在手之前、在手之外。眼所聚出来的目光之神，永远在前面主宰、主持着手的开合。

第三个要求，"眼高手低"。这个词现在是个贬义词，说一个人不能扎扎实实静下来，认真去做好每一件事。但是这个词用在太极拳修为，则是说明在左右开合的功法中，目光要在手之外，要在手之上。因为所有开合在手和眼的关系上，一定是以神聚意、以意领形，手所有的动作在开合的过程中一定是在意的引领下。神聚意才能专，体现在目光的聚合，要能够在手之前、手之上。为什么眼高手低呢？我们在和外界接触的时候，要做到粘连黏随，神粘意领。这个神体现在一个具体的要求上，就是眼神所聚出来的目光。做手的开合，如果手高眼低的话，目光被手给隔断了。我们的目光永远要在手之前，而且要高于手，这样才能够引领。我们手所有的动作是表现，表现之中的重要引领是神意的引领，具体体现在目光上。目光聚起来的神，一定要能够出神，如此才能够入化。这就需要目光永远不能被自己的手遮挡，因为它引领着你前进的方向，是指引你方向的指路明灯。

在与人接手的时候，永远记住手和眼之间的关系，一个是在前，一个是眼高手低。手高眼低，你看不见了，方向不明了。眼高手低，引领着方向，一定要分出来高和低，永远是后高前低，由高向低处去流。在这个过程中，手眼是相合的，合到一个什么程度？分出来不同而合，一个高一个低。高和低是相伴相随，能够互不分离的相合状态。高低相合，手跟眼一定要不同而合，眼的目光在前，然后引领着手。手所有的动作是在它的引领之下所产生的自然流动的结果。

眼是眼、手是手，它们总是相生相伴、高低相合的。这样用起来，手跟眼是相分相合、相互为根的。只有做到相合，才能把握住它们之间内在的关系。如果不是这样，手跟眼就分了，或者说手高了眼低了，不行。

试手体验

我们来检验一下眼高手低、眼低手高有什么区别。两个人一接手，首先做到目光要平视，而且要在手之前。如果手高了眼低了，不行。这两个要合，手在眼的引领下，在动的过程中是相合相伴的。不管在什么情况下，手和眼都要相合相伴，这是左右开合明确的动作要领。手和眼不能离，目光要平视，但是手和眼的关系一个是在前、一个是在上。手动的时候，神聚出来的目光要像水一样流动。目光像水的波浪一样，是活的，一波一波的，是眼神凝聚出来的，而且聚到一点上，有一点灵，有一点动，体现在这儿，就是合到一上。

在这个过程中，手随目光要流动起来，像水一样，它们是相合的。相合的过程中，不但手要随着眼睛流，而且它们互为其根，可以相反相成。比如说我现在眼神往右的时候，手可以往左。这里的合，不是方向必须得一致，是不同而合。一个前后不同、一个高低不同、一个左右不同，目光往那边流的时候，它向相反的方向流。《太极拳论》说“人不知我，我独知人”，因为你的眼神对方可以捕捉到，但是他捕捉不到你的眼和手之间不同而合的关系。这个合是相互之间能够不同而合，所以是相反相成。这样拳无定向。我要往这儿走的时候，分出来一个前和后，一个是由高向低，一个是左右可以完全相反，全是合。这个合是不同而合。这就是眼和手之间的关系。

眼睛和目光的区别，在于眼睛是有形的，它是一个形的具体位置，而目光是由眼睛所发出来的、神所聚出来的一点。当你的形变化的时候，目光不但要平视，要在手之前、要在手之先、要在手之上，而且不以眼睛的高低而变化。两个人接手时，眼跟手的关系要分得很清楚。在这个过程中，形随时要变化，但是形要变化的时候，目光还是要平视的，依然保持住目光在手之上、手之前、手之先。不管怎么变，这个眼睛随着形的高低都会有变化，但是要保持住这几个基本的要领不变。

不只太极内功的传承，其他的武术也有一个说法，叫作“低头弯腰功夫不高”，即低着头猫着腰是大忌。要让有形的身体合出一个完整体，我们不但不得挺胸、扬头，而且还要下颌微收，以保持在含胸拔背之意主宰下的身形状态。这个状态和低头猫腰不画等号。只要保持目光是平视、在前的，是后高前低的，就符合基本功夫的要领。

4. 立如平准、手平腰顶

立如平准是太极拳内功修为的一个重要原则。立身中正，这个立身实际上要做到如平准。具体到形的开合功法修为，如何做到立如平准？就体现在手平腰顶。

不管是抱开抱合，还是按开按合、左抱右按、右抱左按，形上怎么变化，都要遵循立如平准。在开合过程中，形于手指表现出手的左右开合原则，就是手要平，以平为准则，这是不可违背的。

手平，不只是开合桩左右开合功法中的一个准则，还是整个太极拳内功修为，特别是杨氏太极拳修为的一个重要准则。在杨氏太极拳老谱中，关于立如平准，有一篇专门的论述，题目是《太极平准腰顶解》，我们要牢牢去把握、理解和遵循。

“顶如准，故云顶头悬也”“两手即平左右之盘也”“腰即平之根株也。立如平准，所谓轻重浮沉，分厘丝毫则偏，显然矣”。这句说了顶头悬、两手、腰，这三者之间实际上都是平准。在左右开合的过程中，要想做到立如平准，就得遵循：一顶如准，顶头悬；二两手即平，两手要平左右之盘；三腰即平之根株。

对于前面这个论述，《太极平准腰顶解》中有以下具体的阐释：

有准顶头悬，腰之根下株。

上下一条线，全凭两手转。

变换取分毫，尺寸自己辨。

车轮两命门，一纛摇又转。

心令气旗使，自然随我便。

满身轻利者，金刚罗汉炼。

对待有往来，是早或是晚。

合则放发去，不必凌霄箭。

涵养有多少，一气哈而远。

口授须秘传，开门见中天。

“合则放发去”，“开门见中天”，一开一合。形的开合首先表现在了手的开合。形是看得见摸得着的。开和合从手上表现出来了，这只手具体要有一个平准。两只手两个盘左右要平，这个平是准。我们在做的时候，一定要体会左右手像两个盘一样，在开和合的过程中要平。这个平怎么理解？第一，两手和两肩要平，高不好，低也不好。我们做左右开合的时候，从形的要求上，就是手要和肩平。第二，左右要平，不能一个高一个低。第三，平还体现在平、匀、整。开也好、合也好，能够在平的线上匀整地去开和合。左右手像两个盘一样，在开合过程中保持平的状态、基本的准是不变的。

还有两个必须要做到的：一个是腰要顶。腰是枢，腰如轴，它在左右两盘之中，决定着左右平或者不平。左右平不平，体现在腰顶上，它像根一样，起到了主宰作用。所以做左右开合的时候，要不离腰顶。腰顶是一个天平“中”的支点。还有一个是顶头悬，也就是头要悬。手要平、腰要顶、头要悬，这三个部位合起来合出来一个平准。这是我们在做左右开合的时候要牢牢把握的。

手是两扇门，这两扇门的开和合全体现在手上。那么手的开合以什么为根？是什么主宰手的开合呢？是以腰为主宰。所以在开合过程中，要有腰顶的变化。手的开合从根上来说在腰。

要想在腰顶的基础上，手能够像两扇门一样开和合，还有一个重要的要求，就是从竖上来说，虚中线要有一个顶和悬，要把自己悬提起来。悬提起来以后，腰才产生了腰顶，同时主宰着手。我们人像悬起来一样，手才能像两扇门一样自由地开合。这个门如果不悬起来，就落地死了，开合就不自由了。没有枢轴来左右它的开合，门就转不动，就不能自由开合。手像两扇门，有两个必要的条件：一是门是提起来的，二是在轴的主宰下能够左右开合变转。通过左右的开合把自己修成两扇能够灵活开合变转的门，这是很重要的具体要求。

我们做左右开合的时候，要牢牢把握住头要悬、手要平、腰要顶。这三个动作决定了我们在左右开合中能不能够随势而为。头要悬、手要平、腰要顶相互合起来，我们才能达到立如平准。

试手体验

我要开，他会用力不让我开。我现在想要开，必须把握这三条：第一悬提，第二腰顶，第三手要平。在一提一顶中，以腰顶为根。有了顶头悬，有了腰顶，如果手不平，不能够匀整地去左右相合，一个多一个少，也不行。所以一悬、二顶、三平是我们做形的开合一定要遵循的动作要领。

这三个之间可以说三合一了，同了，缺一不可。缺一个，比如没有悬不行，没有腰顶不行，两个手不平也不行。

我们进行具体功法修为的时候，要牢牢把握住形的开合要求：顶头悬不可少，腰顶不可缺，手不可不平而匀整。立如平准，一定要遵循着对头、手、腰的具体原则要求。

5. 慢快相宜、以慢制快

在做左右开合的过程中，慢和快要相宜，该快则快、该慢则慢，不可忽快忽慢。相宜是宜慢不宜快，甚至可以说越慢越好。在太极拳内功的修为中，包括盘拳走架，都是越慢越好。

特别是杨氏太极拳内功中毫不含糊地提出来，越慢越好。杨澄甫在《太极拳术十要》最后一要中，明确地提出："外家拳术，以跳掷为能。用尽气力，故练习之后，无不喘气者。太极拳以静御动，虽动犹静，故练架子愈慢愈好。"为什么越慢越好？"慢则呼吸深长，气沉丹田，自无血脉贲张之弊。学者细心体会，庶可得其意焉。"

杨澄甫在《太极拳术十要》中归纳出动中要求静。左右开合所有的功法都是遵循着《太极拳术十要》的要求，动中求静。不像无极桩、浑圆桩，形是不动的，现在是形动起来了。如果无极桩功和浑圆桩功修为的是静出动势，那么开合动桩功修为的是动中求静，也就是我说的虽动犹静。

具体到修为，在动的过程中，我们看得见的形开始有了开和合的变化。在这个过程中，一个重要的要求，就是越慢越好，宜慢不宜快。

在做左右开合四个基本动作的时候，我规定了一个节奏要求，就是数5秒，1、2、3、4、5，开到与肩同宽，这看似够慢了；合，数1、2、3、4、5，但是还可以再慢。我们在做左右开合的时候，一步一步由快向慢进军，越慢越好。现在数到5，拉到这儿。现在要求数1、2、3、4、5、6、7、8、9、10，拉到这儿，开到与肩同宽，这个速度慢了一倍。如果数20秒，1、2、3、4、5、6、7、8、9、10……20，再试试看，一拳之距，左右开合，左右拉开，又慢了一倍。当然开始练习的时候，我们在心里面默数，不出声，从5秒数5个数开始，不断地向越慢越好进军。如果数60秒，开到与肩同宽的话，虽然在动，但是肉眼已经看不到很明显形上的开或合的变化了。

我们在具体修为中，从左右开合的角度，对于越慢越好要有具体的体悟。这是开合桩形的开合很重要的修为要领。

三、意的开合

我们在形的左右开合基础上，进入了意的开合。我们把意的开合功法要义，归纳出来五大法要。

1. 分清两意

意的开合第一个法要是分清两意。开合动桩功是在无极桩功、浑圆桩功的基础上，我们有形的身体动起来了。这个动起来，是意动。形随意动，是形不动意动。我们肉眼所看到的形动、形的所有开合表现都是因意而产生的外在表象。什么在动呢？意在动。既然是意在动，那么“动之则分，静之则合”。动之则分，就是你一看见动就要分，分清内外、动与不动两个完全相反的状态。于外来说，看得见的是动，但是它是表象，是不动之动，是被动。于内来说，外在的形的动是果，是因意而形动。分出来形和意不同，这是动之则分的一个重要内涵。

动之则分，形的动是意动的结果。意要动，一动意就要分。一求三修的内功心法，其中有一个重要的心法就是层层分。形动要分，意动也要分，只要是一动就要分。意动，分出内外两意。

什么是内意呢？我们借假修真，把内意又分出两意来，一个意是浑圆桩功所抱之球意。我们在做左右开合的过程中，胸前的球之意一定保持住。

这个球之意是在我们胸前，在两臂的环抱中。我们在这个基础上做开合的时候，又增加了一个内意，什么内意呢？杨澄甫形象地比喻说“手如撕棉”，两手就好像撕棉花一样。这是他的一个借喻，假修真，意在撕这个棉花。

不是我们真的拿一团棉花来撕，而是如同棉花在两手之间你要撕开它，所以是假修真。我所传承的开合桩，我所修为的具体功法要领，是在杨澄甫“手撕棉花”的基础上进一步运用了假借的心法，我把它叫作手如拉簧。我们两手左右手指之间假借，假想有弹性的橡皮筋将它们相互牵连。不但两手指之间，两肘之间同样有弹性的橡皮筋相牵拉，两肩之间也同样有弹性的橡皮筋相牵拉。换言之，在内意抱一个球的基础上，我们又假想左右手指、左右肘、左右肩两两之间相互都有弹性的橡皮筋相互牵拉在一起，这是假修真的内意。

内意里面有两意：一个是抱球之意，不变；一个是有弹性的橡皮筋把左右手、左右肘、左右肩相互牵拉在一起。当然是假想，是用意让这个橡皮筋真实，假修真。

动之则分，只要意一动就要分出来内外两个意。两意，实际上以有形之身分出来一个内和外。本来没有内外，本来是无，道本无间，但是由于有了我以后，我们把它分开了，给它分出来一个左和右。本来没有我站在这儿抱这个球的话，这个地方、这个空间哪有左右啊，但是由于我往这儿一站以后，分出来了左右，左臂右臂，分出了内和外。

内意是在两臂之间，外意是在左右两臂之外，都要去寻求假修真的真实。外意假借在左右两臂之外分别存在着两只大手。假想左臂之外两只大手，一只推着小臂，一只推着大臂，手臂分了前和后、大和小。假想右臂之外，同样存在着两只手，握住小臂和大臂。左右两臂之外的外意要把这两只手和臂去相握相合。当然臂之外的各两只大手是假想的，是意想出来的。

这样在做开合动桩功，意动、形动之前，先分出来内外两个意。我们在做的时候，首先意要动，意一动以后，先要分清球之意，同时两指之间有橡皮筋，两肘之间有橡皮筋，两肩之间有橡皮筋，这是内意。外意，小臂有一只手在推拉着它，上臂（大臂）有一只手在推拉着它，在未动之前意先动、先行。意先行这个时候是内外相合的。这个时候形还没有动，意之动分了两个意，这两个意是相平衡的。所以，要先求出内、外意的真实，要分清它。

2. 开中寓合

在分清两意的基础上，我们开始做开合的动作了。这个时候开合是意的开合，也就是说意要动了。不但分了两意，还要启动起来了。第二个法要是开中寓合。开中寓合第一个动作，我们先要做到两手臂以及周身一定要松通。要松透，一定是毫不用力。因为是用意不用力，形体的开合、看得见的开合，所有的动作都是被意所驱动、领动，所以它是被动。这就需要周身一定要松透，一定是毫不用力，一丝力都不要用，同时依然遵守着无极桩功、浑圆桩功所有的功法要义。当我们毫不用力的时候，实际上是在无极桩功的基础上，依然被这只大手所整体提着的。虽然身体不用力，但是因提起来松落而沉；虽然是沉，但是被提着。所以左右开合、用意的开合，都是在被提起来的松而沉落的有形之体上进行意的开合。

既然是整体被提，两臂自然要松，两肩自然要挂落，两肘自然要松垂，这些要领依然是需要保持住的。这是开中寓合要领的第一个内容，就是要松沉。沉之意一定要在开合过程中保持。

开中寓合的开，是在形的开合基础上去开，由一拳的间距徐徐地开。但是这个看得见的形的开不是它自己动，而是被外意牵动。也就是被左右两臂之外的两只手向外拉。手臂的开是被外意牵拉开的。假想两只手在向外拉左右两手臂，把左右两臂要拉开。外意，就是左右两臂之外的两只手同时向左右把左右两臂拉开，徐徐地！做开中寓合时要把握住的，是外意的两只手拉，同时拉，把两臂拉开。

由于外意无形的手把有形的两臂徐徐拉开，但是我们现在要求得的意不只是外意用手把两臂拉开，还分了两个完全相反的意。当外意把左右两臂拉开的同时，内意要跟它相反，也就是内意要把两臂向内合。这个时候，一个外要开，一个内要合，外意拉，内意合。

内意为什么能够向内合？内意的关键是在两肩、两肘、两指之间都有弹性的橡皮筋相牵拉。橡皮筋是有弹性的。当外意向外拉手臂的时候，手臂由于肩、肘、指都有橡皮筋相牵拉，橡皮筋一定会产生一个跟它相反的作用。这个相反的作用使得两臂有一个外意向外拉，有一个内意向内合，这个非常关键。

此时内外两意相反相成，一个是要向外拉，一个是要向内合。虽然形体看似是开的，实际上开中有合。看似左右两臂在做开的运动，实际上手臂在受着两个意相反的作用，一个是向外开，一个是向内合。当然，凡此皆是意，一个意分出来两个意，产生完全相反的作用。我们看得见的是开，一定还有一个看不见的向内合之意。这个向内合之意看不见，只可意会，但是它是真实的存在。假修真以后，它有了一种真实的意味，我们能品尝到它、意会它。在做意的开合的过程中，要牢牢把握住这两者是同出的。

两意是外意与内意。开的时候以外为主，内意的橡皮筋是被外意拉开，受外意的拉，这是很关键的。内在的橡皮筋是被外面的两只手，通过左右两臂拉开的。由一拳之距一直拉到与两肩同宽。当拉到与两肩同宽的时候，我们体会到橡皮筋已经拉到了弹性极限，橡皮筋要往回聚合了。这个时候以内意为主，内意就是橡皮筋，两指、两肘、两肩之间的橡皮筋要同时向回拉两臂，要把两臂拉回到起始的状态。内意橡皮筋在向回拉左右两臂，左右两臂在橡皮筋这个意向回牵拉的作用下，由刚才的开形成了一个看得见的形的变化，就是向内合。

3. 合中寓开

当两臂在橡皮筋的作用下向外开时，关键是开中寓合，这个合是在开的基础上展现出来里面的橡皮筋在向内合。当橡皮筋到了这种程度，我们就进入了第三个法要：合中寓开。当橡皮筋向回合的过程中，两臂之外有两只无形的大手在向外拉。这个时候以橡皮筋向内拉之意为主，在这个拉合的过程中，向内合的左右两臂外侧的两只无形的大手还在向外拉。我们整个形体变化是看得见的，是向内在合，但是看不见的向外拉之意，也就是开之意同时存在，在合中还寓有开。

开和合从有形的身体上是看得见变化的。所谓的“寓”就是在看得见的开合变化过程中，还存在着跟看得见的形的变化完全相反的意。所以，开中要寓合，合中同样要寓开。

如此说来，在开的时候要有合之意，在合的时候同时还要有开之意。开的时候有合之意，这是在虚空处存在可以意会的真实觉知。所以做开合桩左右开合的时候，要通过形来求这个意。我们不是为了练形的开合，是由形来找看不见的意。这是需要牢牢把握的。

在开和合开中寓合、合中寓开的时候，我们要注意：形不自动，两臂自己不动，实际上是意动，这是要牢牢认知和把握的。意动，形随着意动的时候，两意完全相反相成。这个一定要注意。通过形的开，我们要得到一个内合之意；通过形的合，我们要感知到还有一个外在的、看不见的、可意会的、向外的左右开之意。我们是由形来体会这个意的。

我们还要注意，两意要同，同出、同在、同时。不是一个先动一个后动，而是分有主次。只要一动就有随动，此两者同出。当开的时候，外意为主，拉开，在拉的同时内意要被动地随着外意而动，也就是在开的同时就有一个合之意。

还要注意的是，根、中、梢三者要同，两指之间有橡皮筋，左右肘之间有橡皮筋，左右肩之间有橡皮筋。当拉左臂的时候同时在拉右臂。两指之间相拉的皮筋、两肘之间相牵拉的皮筋、两肩之间相拉的皮筋，我们要去感知两两之间同时被牵拉，是同的，同出、同时、同在的。这一点我们在修为过程中，要认真去意会、去品味。

4. 一意开合

我们分清了两意，在开的同时还要体会一个合之意，在合的过程中同时寓出一个开之意。我们通过分清两意，开中寓合、合中寓开，最终在左右开合意的开合上，要把握住总的要领：一意开合。我们分清两意不是为了分清而分清，而是把两意合成一意。动之则分、静之则合，我们求得的始终是一个意。分两意是因，合出一意才是求的那个果。

最后的开合是一意的开合。我们要把握这么几个要领：这两意相反相成，开中合、合中开，但开合要合一，开合同体。开的同时要有合之意，合的同时要有开之意。这个时候此两者同出了。我们要在分清的基础上慢慢体会“同”。同一了以后，两个意合出来一个滋味，也就是开合合一、开合同体，甚至可以说只要有开就有合，有合就有开。开既然有合，开就是合，合中一定会同时有开，合就是开。

分是开和合，合起来以后，开就是合，合就是开，有开有合，合出来一个有而回无。一意以后，这个意由有意而回到了无意。无开意也无合意，才有了真意。最后合出这一意才是我们求出的开合的真意。

前辈在讲开合求真意要领的时候，很明确告诉我们，“有意无意是真意”，有和无此两者要同出。《道德经》第一章就告诉我们，有和无，此两者同出而异名。这两个一定是同，是不可分的，但是一定又是要分清的。你说它是有还是无？亦有亦无。有而无，才是真意。我们从开合桩中求真意，一定是在分清两意的基础上，开中有合、合中有开，开合同体、开合为一，那个“一”就是真意。我们通过前面的开合功法，要求得这个真意。

这个真意最终落实在什么地方？不管内意和外意都在虚处求真实。我们要假想，不管橡皮筋，还是外面的大手，做形的开合的时候要使这个意得到真实的品味，假修真、虚而实。这两意相反相成，是同时存在的。这个时候你怎么能够找到两意合成一意的真实呢？是在形的开合的基础上，以我形求这个意。我们求这个意的时候是无了这个形要有这个意，去求这个意的真实。求这个意离不开这个形，我们最终求没求得这个意，依然要落实在我们有形的身体上。换言之，开合桩由形的开合到意的开合，最终意的开合体现在形的开合上。离开形求不到意。求这个意并不是不要我们的形，是返回头来两意合出一意以后，最终得到一个随这一意而开合的有形之体。我们不是不要形，最终一个体一个用，我们是用意不用力，但不用力并不等于不用有形的身体，最后还是要用我们的身体。

有学生问我："李老师，您说身体用了意以后，我们不用力，也不用这个身体，那我拿支笔也要用手啊，做任何事情都要用这个身体啊。"我们不是不用这个身体，而是通过修为，练形求意，用的是一个由意引领、随意而为的真身。所以一意的开合，使我们求得一个真意，还求得一个真身。

5. 随意而动

只有通过修为，身体能够不自动、不自作主张了，能够随意而动了，能够听从意的指挥和服从意的命令了，那么这个身体才是一个合意的、随意的真身。我们最后要拥有这样一个身体，它真的能够用意了，不用力了，它能够随着需要自然而然地做出各种各样随意的、灵动的反应。这个身体才符合真意，才能够产生真的、随意的灵动，那个动是真动。

我们要求得这一个意，不但形要静，心也要静。每个人，一个是看得见的有形之身，一个是看不见的无形之心，这两个都要静。无极桩功、浑圆桩功都是要让它静下来，但不是为静而静，静是因，是要静出一个动来，静出一个意动。所以有形的身体不但要松通，还要身心俱静，静出来一个意动。当两意合出来一意，这个意动就是一意的动，一意的动里面两个相反的意就都同时动了。

《太极拳经》中有一个重要的论述，叫作“一动无有不动”。有些老师在给学生讲的时候，说一动无有不动就是全身哪儿都要动。如何才能够做到无有不动，什么是一动的真意？我的师爷、我的父亲一再告诉我，这个一动是一意之动，是真意之动，就它动。正因为一意动，身心的各个部分都被这一意所牵动，所以要抓住一意的动。这才是它的真意。不是练全动，是练全不动。它能够无不动是因为就这一个意，就是它动，一意之动就能无有不动了。无有不动不是练出来的，它是结果。

左右开合就是通过意的开合，分两意合一意。开也好，合也好，动之则分，宇宙万物所能看得见的动，无非是一开一合两个对立的状态。这两个状态实际上是“一意”所主宰下的变化。这两个看似是不同表象的开或是合，在一个意主宰的时候，这个开就是合。你所看到的开实际上就是合，你所看到的合实际上就是开。开合在“一意”的基础上，一开无有不开，一合无有不合。一开实际上就是在合，就是在全合，一合就是在全开。我们最终合出这一个意以后，一定能体会到一开无有不开、一合无有不合。在“一意”的作用下，这个开和合合二而一了，此两者同出了。如果说一个是阴一个是阳的话，那看得见的开为阳，看不见的内在之合就是阴。阴不离阳，阳不离阴，阴阳之合就是太极。当我们能够做到阴不离阳，阳不离阴，此两者同出的时候，同出来一个内在的真意主宰下一动无有不动、同开同合、开合为一，同出来一个内劲。

开合动桩功的修为最后就是得劲。懂劲是太极内功修为入门的一个标准。不懂劲，你练了几十年，都没入太极内功之门。王宗岳在《太极拳论》中一针见血地指出，“阴阳相济方为懂劲”。通过开合动桩功，我们最终要得到懂劲而得劲这个结果。

我们求得这“一意”的时候，开中有合，合中有开，阳中有阴，阴中有阳，阴阳两个同时存在，相济起来了，就懂劲了。真劲就是当开合为一以后而生出来的。所以用意不用力，最终我们用的是真劲。这是通过意的开合修为出的一个重要结果。

试手体验

下面来体会、演示一下。把开中要合、合中有开，合出来一个意，既不是开也不是合，虽然看似是两种不同的表象，但是一个意一以贯之，这一意生出真正的内劲。

他就是外面的那两只大手，如果我用形用力开的话，他会用力、用他有形的手阻止我开，那就是我力比他大我还能开，力比他小我就开不了。他按住了，我只有开之意，没有合之意，而且因为他这只有形的大手，使得我的意已经不能够动之则分了。这个时候我要忘形得意，不但忘掉我的形，也要忘掉他的形，意不在他也不在我，不在他的手和我的手上，我的意依然是内意，这儿怀抱一个球，指尖有橡皮筋、肘尖有橡皮筋、两肩之间有橡皮筋，外面还是各有两只大手在拉，我的意不是跟他干，是那两只手拉，把这儿拉开。我不但要忘掉我自己，还要忘掉他，物我两忘、人我两忘，全都忘掉。凡此皆是意，依然是在两个意上。所以我根本不去想，也不去管他，我就在意上，在虚空处求这个意。如果不是这样，他还按着，就开不开；如果是这两个意，两意同时存在，这时候开中有合、合中有开，开合是一、开合是一动，开合全动。你来体会，一定是在意不在形，忘掉我，也忘掉你，就在内意和外意上，这两意相争。如果他这个时候意在我这儿、在他自己这儿，必然要用力了。他意回到这儿来，意不在这儿，忘掉它，开了，所以是意的作用。

他用大力按住我的手不让我开，如果我的意在形上，我要开，开不了；如果这个时候意不在形，就能开。在虚空处的内外意要分清，外意有外拉之意，内意有内合之意，而且这两个意合一意的话，它完全被这一个意所作用了，开也就是合，合也就是开，开合合一了，一动无有不动了。你先体会意在它，它用力。意不在它，在那儿出，往外拉，那儿往这儿拉开，这儿还要往里合它，完整了。这个时候我被他开开了，是因为他用意了。因为他通过用意，忘形得意，意一动起来以后，内劲出来了。他用的是内劲。你再用力体会一下。用意而真有劲了，能开能合了，这才对了。这个地方越不用力，越用意，它反而能够在开合中产生变化了。看似这个形自己不主动，但是它随着意已经产生了开合，该开则开，该合则合。

我们要牢牢把握住这几个要领，最终形成开中合、合中开，两意合一意，合出一个真意。这个意一动，动的既不在外也不在内。要反复去体悟它，品出一个味儿来。分着是两个，合出来是一个味儿。这个味儿才是真的可意会、不可言传的，妙就妙在此两者同出。这两个意合出一个意是同出来的，异而同出，分了两个，但是合出来合到一个意上。当这个意又返回来作用到我们完全松通的、完整一气的有形身体上，这个有形的身体又能够随着这一意而一动无有不动、一开无有不开、一合无有不合的时候，不但两意合成了一意，而且有形之身的形和无形之心的意合了，内外合一，形与意合，形意合成了一体。实际上是我们的身和心合一，合出来一个真身真心，合出一个真正的成人之我，这才是人。这时我们才成人了，因为它合了，内外合一，身心合一。我们最终通过意的修为要修出这一意来，要修出一个味道来。这是合一以后合出来的一个味儿道。妙就妙在这个味儿上，妙在这

“一”的味道上。

西餐是分，中餐是合，西餐是求分得清，中餐妙在是分得清而分不开，最后合出一个味儿，这是太极思维。一盘菜五味俱全的时候，合出来一个味道，那一的味道是由五味合出来的。那一味到底是什么味，说得清了就不是，说不清了才是真，所以它是浑沌的。

在做开合的时候，我们通过意的开合来主宰形的开合。形意合一的时候，合出来一个味儿，就这一个味儿，一以贯之。当你尝到这一个味儿，阴阳相济、内外合一，虽然说不清，但是妙就妙在一个“难”字上。怎么就叫真难呢？当你开的时候，难开、开不开，不开就是合。虽然难开，我们以开为主宰的话还要开，从形上看还是开。在看得见的形的开之中品味出难开的味儿，形和意、内和外找到一个味儿上。开是难开，合也难合，最后合出这一个味儿是难的，这个难是品味出来的真意的味道。

当我们开的时候，如果两意合出一个意来，绝不会是很容易的开。当两个意，外有拉开、内有内合的时候，开的时候是难开，一个想开，一个不让它开，它两个相反，难开、难合……这是劲。冬天零下 10 摄氏度，我在室外院子里面做开合桩，做三个开合，基本上全身汗就微微出来了，因为用意不用力，有劲了，能够意遍周身、气遍周身，劲达梢节。全身周身松通，一气周流，一劲贯通，这是我们修为要达到的真实结果。我们得到这种劲以后，浑身有使不完的劲。力是越用越竭，越用越少，劲是越用越足。生命力的旺盛就在于你有没有这个劲。

问答

学员A：老师好！您刚刚讲按的时候，譬如按开按合，或者左抱右按、右抱左按，我发现我的手腕好像是不太松通的。您呈现的姿势是往外的感觉，请问怎么处理比较好？

李光昭：无极桩功对于腕的要求是，塌腕。一般对于腕的要求是立腕，或者是坐手腕，而我们的要求是塌。塌是坐下来、落下来。凡此皆是意，所有的关于对形上十八个部位的要求都是意的要求。意的要求有一个重要的分水岭，就是在意不在形，形可以变，但意不能变。不管腕的形怎么变，甚至立起来了，塌之意依然不能丢。做按掌，从形上来说，当劳宫穴向外按的时候，腕这个地方和我们在抱的时候形上有变化了，它要立起来了。但是立的过程中，对于腕这一点，意的要求依然是塌。形可以变，但一定保持住不变的塌之意。在做翻掌为按、按开按合的时候，这个腕的意也还是保持住塌腕之意。

任何时候，塌腕之意都不能变。比如说，掤的时候，劳宫穴是向内抱的，按的时候劳宫穴是向外的。向外的时候，腕立起了，但如果没有塌腕之意的话，就折腕了。形是这样的，意这儿也断了，这个时候很容易挨打。按住了他以后，这个腕折了。如果同样是这个形，我这个意一塌腕，保持住意的不变以后，就不一样了。关键问题不在形，在意。所以在抱和按的过程中，形有了变化，但是其中依然保持着十八个部位的意。

学员B：请问老师，刚才在做演练的时候我还是不太了解目光，譬如平视往左，然后发力往右，跟同时往左、往右，有什么不同？

李光昭：在形的要求中手、眼、身之间相互的关系是分而合。所谓分是不同而分，所谓合是不同而合。动之则分、静之则合，不同的两个部分，都存在着分而合。

作为眼和手也一样，不同体现在：目光在前领，手在后。眼要高，眼高才能够保持住目光要平视这个准则。不同而合，除了体现在前和后、高和低上，还体现在左和右上。

杨澄甫在《太极拳之练习谈》中谈了五个方面，第一个方面是对身形的要求，“摩练时，头部不可偏侧与俯仰，所谓要头顶悬”，就是要悬顶、手要平，目光要平视。“若有物顶于头上之意，切忌硬直，所谓悬字意义也”，就是说不要用力。我在无极桩功中也讲到，自然而竖，是被提。“目光虽然向前平视，有时当随身法而转移，其视线虽属空虚，亦未变化中一紧要之动作，而补身法手法之不足也”，是说在左右之间这两个是不同而合，当身法向左的时候，我们身意要向右转。如果左右不分、前后不分、高低不分的话，这不是合，是双重，死了，没有前和后。很多老师在讲太极拳拳架的眼与手的关系时，告诉学生眼要一直注视着自己的手指尖，以此做到手眼同动，并把其称之为手与眼合。我认为这种所谓的手眼同动、手与眼合是“双重之病未悟耳”的病象！恰恰相反，手与眼的关系在盘拳走架时要做到相反相成，不同而合！眼所发出的目光是神凝的结果，手表现的是形，亦如拳论所云“形之于手”。眼与手是神与形的关系，神要做到虚而实，形则要求实而虚。因此目光与手形，一个虚而实，一个实而虚；一个在前领，一个在后随。眼与手必须是“此两者同出而异”，从而做到“神与形俱”。这是太极拳开合变化中的重要原则和要领。

学员C：老师，您上次讲了手平腰顶，手平还好理解，腰顶怎么去体现？

李光昭：在左右开合，还有前后开合、上下开合，都贯串和执行这些法要。我们是通过左右开合把这个法要详细剖析出来。

我们的修为，从浑圆桩功抱球开始，最终要形成一个完整体。这个完整体是支撑八面的。八面即左右、上下、前后、内外，最后合出来一个浑圆球体。最终开合桩体现在全开全合，体现在球的开合上。这个球的开合不只是有左右开合，也不只是有前后、上下，还有内外。

在修为过程中要一步一步来，先从左右开合来体会形跟意两个开合的主旨，再在前后开合、上下开合，最后到全开全合中去体会出形意完整合一的状态。我们是先分着练，最后合成一个开合的完整体，也就是球的开合。

这个球的完整开合，归根结底是什么？一竖加一横。我在浑圆桩功讲过，前后圈、左右圈，两侧圈，五圈成球。不管横圈还是竖圈，都是以虚中线为球的中线。因此一开全开、一合全合，也就是有横有竖，有一竖还有一横。

我们具体体会的时候，形于手指，左右表现在手上。其实横上的开合，腰顶的重要作用就体现出来了。在前后开合过程中，很重要的一点就是腰顶的开合。具体腰顶在开合中的作用，我们在前后开合、全开全合中都会有详细的解答、剖析。那时候，你对腰顶的开合会有一个全新的认知。

学员D：请问老师，今天讲的是意的开合，是不是将来还会讲形与意合呢？还是今天已经涵盖了形与意合？

李光昭：实际上“一意”开合，是在一意求“一”。这个“一”除了有两意之合合一，还有形意合一，也就是最后形意同体合一。我们的体就是形跟意这两个同体合一以后，一体一用。用的时候就要用这一体。这一体是由形跟意两者之间相分而合合出来的一体，这个一体里面有不动之形、有动之意，一动一静，动静合一了。有形的身体要实而虚，无形的意要虚而实，虚实合一了。有形的身体要有而回无，无形的意要无而生有。而且意还要分，又分了两个意。两意同时一有一无，有意无意是真意。在这个过程中，已经把形跟意两者之间的关系讲过了。形在开的时候有难开的滋味，一定是难开，当然这个滋味在你的修为过程中要反复品味它才能够得到。我们不只是练这个形的开合，而是通过形跟意的开合，体会到形的开合开要难开、合要难合。形跟意要同体相合。最后的开合就是“一”的开合，也就是形跟意合二而一了。

学员E：李老师，今天的课真的很精彩，最后讲到这个“难”字的时候，我就想到这个意的开合也可以应用在我们的日常生活中。比如说人与人的关系，就有这个“难”字，最终是到了这样一个难的境界。如果我们能够把握得好、修为得好的话，我们会体味出一种滋味，不是一味地觉得人际关系的复杂是很头痛的事情，反而是我们修炼的一个很好的契机。我就是这么想的，想听听老师是怎么看的？谢谢！

李光昭：好的，谢谢你的感悟，你把它和我们的日常生活、和我们的生命结合在一起了，非常好，而且完全正确。我们有为之法的修为，实际上最终是要把修为所达到的结果运用到整个生命的运行轨迹中，运用到我们的生活中，运用到方方面面，包括你跟家人、朋友的相互关系中。

这个世界就是阴和阳两种对立的东西。处理所有事物的时候，都体现出一个难和易，难和易是完全相反的。但是所有的易是因难而易，你把难解决了，就得到了易的结果。要想得到容易，我们就要从求难入手，最后得到一个易的结果。开合动桩求真意，能把它运用到生活中去，这非常好。

第七章　开合桩之上下开合

太极内功修为的桩功，从无极桩功、浑圆桩功到开合动桩功，都是修天、地、人一体，修天地人合一。上天、下地、人居中。人的上下就体现在上是天、下是地，天地之合体现在人居其中。站桩就是要站天、地、人同体。我们要通过具体的功法修为来达到天地人“三合一”。

在左右开合的基础上，我们进入开合桩第二个功法上下开合的学习。为什么开合桩要修为上下开合这个功法？我们怎么修才能做到上下开合？

一、形的开合

1. 上和下的内涵真义

太极拳既然是拳，就要以拳证道、以武演文、文武兼修。既能健身，又能防身。王宗岳的《太极拳论》，是我们修为太极拳内功的核心理论基础。王宗岳对于上下开合的重要作用有一个专门的论述，叫作《打手歌》：

掤捋挤按须认真，上下相随人难进。
任他巨力来打我，牵动四两拨千斤。
引进落空合即出，粘连黏随不丢顶。

《打手歌》中一个很重要的内容，是说上下两者之间关系的重要。“掤捋挤按须认真”，太极拳有四正手：掤、捋、挤、按。八门是掤捋挤按采挒肘靠，四正掤捋挤按，四隅采挒肘靠。

“上下相随人难进”，王宗岳提出了上下相随的概念。做到了上下相随，才能做到“任他巨力来打我，牵动四两拨千斤”，才能够做到“引进落空合即出”。

试手体验

下面我们展示一下具体的上下相随的体悟。

现在你来按住我。任他巨力，他有一个很大的力来了，我对他巨大的力怎么办呢？我只有做到上下相随，才能够引进落空。上和下相随，开了，然后合了，出了。上下开合是上下相随的一个重要的体悟。当他来了一个力的时候，我不是去顶他的力、去解决他的大力，而是要做到上下相随合即出。有没有一个上下的相随，是你能不能够解决任他巨力来打我的关键。只有做到了上下相随，落空了，这才是合即出。所以解决巨力的关键是能不能做到上下相随。

欲求上下相随的结果，我们就必须对上下开合的关系有一个明确的认知和把握。

我们一生中，在面对各种各样复杂的变化时，就存在一个能不能够上下相随人难进的问题。你在处理任何问题的时候，只要能够做到两个对立的东西总是上下相随，你就将立于不败之地。

我们就是要通过开合桩上下开合来求得上下相随这个结果。在具体练法中，依然和左右开合一样，从有形身体开合的动作中去求出那个无形的意的开合。

要想对上下开合有明确的把握和运用，就必须对上下开合所言之上和下有一个明确清醒的认知。上头、下足，具体的开合功法中，我们是用肩和胯一上一下去体悟它们之间的开合变化，进而通过肩和胯的上下开合来真实把握上和下的内涵真义。

没有一个明确的理的指导，我们就不能在一以贯之的基础上，把形和意合二而一，所以关键在理上，一定要明理。

太极阴阳学说，特别是我所传承的杨氏太极拳内功，对于上和下的内涵真义有非常明确的且完整的阐释。杨氏太极拳内功的理法、功法和心法，是在王宗岳《太极拳论》的理论基础上形成的，具体就体现在杨氏太极拳老谱上。

杨氏太极拳老谱《太极阴阳颠倒解》上说“分而为二，合之为一之理也，故云：一而二，二而一，总斯理为三，天、地、人也”，上和下一分就是二，但是一合它是一。这个理是分而为二、合之为一之理也。总的来说，一上一下分出来天、地、人。老子说：“道生一，一生二，二生三，三生万物。”三是上、中、下。

“明此阴阳颠倒之理，则可与言道”，上为阳、下为阴，阴阳合起来了，等于阴阳颠倒了，上面的下来了，下面的上去了。一阴一阳之谓道，到底你知不知这个道，关键就在于你明不明阴阳颠倒之理。明了阴阳颠倒之理，你才可以说道，对这个道才有一个知。“知道不可须臾离，则可与言人”，你知道这两个相反相成，分为二、合而一，这个时候你才可以说知道了道、明了阴阳颠倒之理。“能以人弘道，知道不远人，则可与言天地同体。上天，下地，人在其中矣。”知了这个道，合了这个道，你才能够说和天地同体了。

太极内功修为的桩功，从无极桩功、浑圆桩功到开合动桩功，都是修天地人从此一体，修我们和天地人合一。上天、下地、人居中，人的上下就体现了上天下地，天地之合就体现了人居其中。站桩就是要站天地人同体。我们要通过具体的功法修为来达到天地人三合一。

杨氏太极拳老谱《太极阴阳颠倒解》中说：“乾坤为一大天地，人为一小天地也。”乾坤是一个大的天地，这个大天地，就体现在我们人之身上，因为人就是一个小天地，天地就在我这儿得，天和地就合出来一个合一的我。我能够做到上下相合，就能够达到天地人合一的境界。我们修为就是把人这个小天地修成上下相随、阴阳相合，合出来的我具有完整“一”的状态。我们经常说天人合一，天地人三才要相合。人们在修为过程中，往往是离开了我去找天和地，而实际上天地就在我这儿。我就是天地，不必远求，反求诸己，从自己这个小天地修得一个大乾坤。道不远人，一阴一阳之谓道，上为天，下为地，阴阳之道就体现在我的身心相合的状态上。我们所有的修为都是遵照着这个唯一之理。这是杨氏太极拳老谱指明的修为目标和具体路径。

天地上下之合，上为天、下为地，体现在我们人的上下相合上，老子在《道德经》中阐释得很清楚：“天地之间犹如橐籥乎”。他告诉你，天地之间好像是空的。橐籥是天地之间的大风箱，只要一推一拉风呼呼就来了。虽然天地之间是空的，但是一动就动而欲出。它是虚的、空的，但虚而不屈，只要一动、一鼓荡，就能产生强大的动力。在天地之间，大橐籥就是一鼓一荡、一开一合。天地之间这个开合形成了一气周流，一阴一阳、一上一下。天地二气，通过动而欲出、虚而不屈，产生了强大的能量。正是这个能量，才有了风、电、雨、水，有了万物的繁衍，有了生命。生命的能量就是天地所赋予的精华。我们要跟它相合同体，同样要做到一气周流。

现在我们做的开和合，看似是形上的开合，实际上是通过形上的开合要产生一个动之欲出、虚而不屈、开合鼓荡而形成一气周流的结果。因为万物的繁衍、生命的旺盛就在这一气中，而这一气的运行，在于天地二气相互之间开和合的鼓荡。我们在修为中，要牢牢遵循这一气之理。

不管是从老子的角度，还是杨氏太极拳老谱，我们知道人身一个小天地，通过修为得到一个大的乾坤。怎么才能达到上下开合、上下相随这样一个目标呢？

在杨氏太极拳老谱《太极上下名天地》中，通过四正四隅具体的功法告诉我们，什么才是我们所要求得的上下这个天地的开合、它们相互之间的作用，以及具体功法的路径。

八门五步中的“八门”对应的是八卦，也就是东南西北、东南西南东北西北八个方向。四正四隅，四正手在具体修为中体现的是掤捋挤按，四隅手是采挒肘靠。“四手上下分天地”，我们通过四手的上下要分清天和地，这四手体现在一开一合。在做的时候，掤为上、掤为开，……向下按为合。这四手一掤、一捋、一挤、一按，体现的就是一上一下、一开一合。“采挒肘靠有由去。采天靠地相应求，何患上下不既济”，这里用采和靠来体会一个天一个地。这个能相应求了，你还担心什么上下不既济的呢？“若使挒肘习远离，迷了乾坤遗叹惜，此说亦明天地盘，进用肘挒归人字。”

杨氏太极拳老谱告诉我们，在修为过程中，从上下到天地，完全是通过具体的功法，包括四正手上下分这个天地，包括采天靠地上下不分离，让我们在开和合中去体会天地人这三才，总此一理，三合一。也就是最终形成完整的开合过程中一气的鼓荡和周流。

杨氏太极拳老谱《太极人盘八字歌》中说：“对待于人出自然，由此往复于地天。但求舍己无深病，上下进退永连绵。”我们最终所有的功法修为都是后天返先天，都是为了要回到自然天地之间最本原的那个状态。

要想回归自然，怎么办呢？但求舍己。天地本来是相通的，现在问题是我们居于天地之中。要想和天地合一的话，不在天也不在地，在我。我们要想和天合、和地合，就要舍去我。你所有的疾病，包括身体所有的病患，在进退维谷中不能灵活自如地该进则进、当退则退，不在外、不在天也不在地，而在于你没有把己舍去，在于你拿住了有形的我不放。所有的功法，包括上下开合，最后是求得回到自然合一，回到无的状态。只有无我、舍己以后，天地人才真正合成一，才能达到一气周流。“但求舍己无深病，上下进退永连绵”，上和下、进和退，才能够连绵不断，总须完整一气。你不能够舍己，就做不到上下开合合一，也做不到上下相随，做不到上下进退永连绵。上下开合功法和其他的功法一样，最终是通过形和意的修为做到但求舍己，达到上下进退永连绵。

试手体验

下面展示一下“但求舍己无深病，上下进退永连绵”之间的关系。

如果不能舍掉这个己，我就做不到上下进退永连绵。我现在要进，进不去；想退，人家进来了。我现在但求舍己，自己回到自然中，跟上下、天地合一，这个进退才能够一直连绵。否则，我拿住这个我，就没办法做到上下、进退。没有我了以后，才能做到上跟下、天地人合一。拿住这个一以后，没有了我，才有了天地人合一，才有了可进可退、该进则进、随进随退，永连绵。它是无断续、无凸凹的。你做下去，必须无我。无掉我，天地合，回到自然，就把自己合起来了。就走这个一。如果是二，就上下不合了。不离开这个一，你才能够做到上下、进退随心所欲，该留就留、该走就走、该退就退。所以关键不在于外，也不在他，而是在你能不能够做到舍己，做到上下相随。

在修为中，我们要想做到舍己，实的有形的身体要虚。在上下开合的过程中，虽然看似是形在动，实际上关键不在形，形是随意而动。当我们能够做到上下相随，能够天地人合一、同体的时候，同出来一气的周流。换言之，我们所有这些形的动，都在意的主导下，产生了气的流动，来催动我们身体的开合。这是一个很重要的明理要求。我们所有形的开合不是形体、身体自动！一定要以意导气、以气催形。形被气催、被意领。形的开合是表象，是不动之动。

杨氏太极拳老谱《太极体用解》中说："要知天人同体之理，自得日月流行之气。"我一再强调必须明理。当你明了天人同体这个理，在这个理的指导下，运用具体的功法修为天人同体，自然得到了日月流行之气。"其气意之流行"，这句话很关键。这个气怎么得的呢？不在气，在意。杨氏内功修为理论，反复强调意的重要作用。意才是修为入门之关键。内功能不能有所得，关键是能不能得这个意。凡此皆是意，离开了意的修为，你修为的就不是我所传承的太极拳内功，所以我们要牢牢把握住意的修为。

为什么意的修为能够起到这样关键的主导作用呢？因为意的流行就是那个气。"其气能够意之流行，精神自隐微乎理矣。"杨氏太极拳老谱了不起，从具体的理法到具体功法，真是字字值千金。我们所有的功法，都没离开这个理论基础。我们的开合桩，包括上下开合，关键是意的开合。从明理中我们得出一个结论：离开了意的开合，就没有我们所修为的上下开合、左右开合，以及开合桩功。我们任何时候都要进入意的开合的修为中来。

2. 基本动作

开合桩上下开合的功法，一是预备势。预备势就是处于静态的浑圆状态，浑然一气、浑圆一体。在预备势浑圆状态的时候，我们要遵循一个中心（中正安舒），和三个基本点（静心凝神、呼吸自然、周身松通）。同时恪守浑圆桩功中内外三合的具体要求。从外三合来说，我们要做到肩与胯合、肘与膝合、手与脚合。

二是上开下开。上开下也开，就是在上开的同时下也要开，这是上下开合一个很重要的具体功法要求。作为一个完整的人来说，上为头，有百会；下为脚，有涌泉，一上一下。在上下开合功法中，上下开合就体现在肩和胯的开合，上为肩，肩要开，下为胯，胯要开，肩和胯两个一上一下同时要开。

这两个同时开的话，上要向上开、下要向下开，所以肩和胯两个是相反而开，一个是向上，一个是向下。

在浑圆桩功抱球桩的基础上做预备势，在开的过程中，肩和胯同时相对而开，两个是相反相成的，上下对拉拔长。

在开的过程中要注意，开不是无限地开。在预备势的时候，两个手指尖之间的连线和膻中穴是相对的。在上开的过程中，徐徐地随着肩手也被开起来了。手尖与鼻尖相平，就是上开的边界。由膻中穴徐徐向上开，开到鼻尖。

开的过程中，要把握住几个动作要领。上指的是肩、肘、手或指，下指的是胯、膝、足。在向上开的过程中，以肩为根、为主，以肩的开来带动肘，以肘来带手，所以表现在手上，但是其根在肩。也就是以肩催肘，以肘催手。同时肩和胯骨两个同开，下开其根在胯，以胯来向下坐。上开的时候是上提，下开的时候是下落。这一点一定要把握住。所谓上开是向上提为开，所谓下开是向下落为开，一上一下、一提一落，正好是相反相成而开。

上开的时候是以肩开肘，以肘开手；下开的时候是以胯落膝、以膝落足。肩和胯两个是上下开合的主体，做的时候要注意体会肩和胯之间提和落相互之间的开。一个是向上提、一个是向下落，这是上下开合中形的开合的一个重要要求。

形的开合第二个基本动作，是在浑圆桩功的基础上，手在开的时候有一个动作的变化。开肘手的动作，掤者捧也，向上为开。两个手心的劳宫穴要相对地向上、向天而合。这是开中一个重要的要求。

开的过程中，以肩开肘、以肘开手、以手捧而向上，捧开向上提，同时胯要向下，向下落而开。向上是捧开，向下是落开。

捧为上开，落为下开。徐徐地开到与鼻尖相平，这时候到了极致，物极必反，要反了。反的时候要有一个动作，向下按为合，也就是劳宫穴由向上捧要转向向下按。

从手的要求来说，由于肩的主宰，劳宫穴已经翻掌向下按，现在肩向下落。在向下落的过程中，以肩落肘、以肘落手，这是上合。下开的时候是由胯向下落，落膝、落足，当下合的时候，胯由落而转提，发生了上下的颠倒变转。当胯向上提的时候，注意是以胯提膝、以膝提踝、以踝提足，层层可分，分得很清楚。

在上开下开的过程中，是以肩的上提、以胯的下落而完成了上下的开。上合下合恰恰相反，是以肩的下落、胯的上提，来完成上合和下合。所以上下的开合，上和下、肩和胯一定是相反相成。

同时上三合（肩、肘、腕、指），下三合（胯、膝、踝、足），一定是其根在肩、其根在胯，一层一层，层层贯串去完成整体的上开下开、上合下合。

在这个基础上，提为开、落为合，向上为提、为开，向下为落、为合。在开的时候落和提，此两者相反，所以上开下开，是一提一落，提落两个是同时的，在一个动作中有提就有落。

下一个上下开合的基本动作是，左右两手在开合中同时产生两个不同而合的变化，当左手随肩向上捧而开，右手要向下落而按。在上下开合的过程中，产生了左右的开合变化，左捧右按、左提右落。同样到手尖和鼻尖相平的时候，我们转做下一个动作。左提变成按下落，右按变成了上捧而提。所以在上下开合过程中，又融入了左和右的开合提落的变化。也就是在上下开合的同时，出现了一个左和右，同时一提一落、一捧一按、一上一下、一开一合。这个左右开合变化是在上下开合变化的过程中同时产生的，是同出的一个基本的动作。

总之，上下开合从形的开合，分了几个具体的基本动作。第一个预备势，以抱球势的浑圆桩态作为上下开合功法的预备势，这时候是静心凝神的，是身心俱静的。由静而动，所有下一步形的开合都是在这个状态的基础上开始动起来的。这个时候，上为提为开、下为落为开，上提和下落都是肩和胯的提和落的开合，肩和胯相反相成。作为上开中手的一个动作，由肩开肘、肘开手以后，把手由原来呈抱球状变成向上捧。不是手自动，是由肩来开肘，由肘来完成手的动作。这个时候向上捧为开，以肩催肘、以肘催手，徐徐向上捧。同时胯向下落，以胯落膝、以膝落踝、以踝落足。到了手尖和鼻尖相平了，这时候有一个动作：要转换了，以肩来回肘，以肘来带手，手这个时候有一个翻掌的动作，劳宫穴由向上提变成向下按。手向下按为合，同时胯要向上提，由刚才开的落转为提而合。这个时候合的过程、提的过程中，是胯提膝、膝提踝、踝提足。胯向下落，变成向上提。以上几个动作是上下开合的基本动作。当然在合的过程中，合到膻中穴的位置，依然向内收抱，又回到了起始预备势的状态。这是上下开合功法完整的基本动作要领。

所有的功法，是从练形入手，由形求出一个无形的意，做到形跟意两者分而合之。也就是说，形由实而转虚，无形的意虚而要实。练形绝不只是单纯完成形的开合，我们是通过形的开合来找出其中意的开合，这是修为的关键。左右开合是这样，上下开合同样是这样。

二、意的开合

太极内功中所有的开合，其本质是意的开合，形的开合只是外在的表现。我们是通过形的开合来练形而求意。

太极内功形和意的修为，大概分三个阶段：

第一个阶段是练形而求意。我们从形入手要求内在之意。无极桩功、浑圆桩功，都是在练形求意的阶段。我们是要通过形的修为感知到内在无形之意的真实。我们所练的形就像是过河的船，是求意的一个载体。我们能够体悟到意的真实的滋味了，就不要拿住那个形不放了。

第二个阶段是得意忘形。从练形求意进入得意忘形，就是要牢牢抓住意的修为，忘掉所有外在形上的问题。能不能得意忘形，忘形而得意，是我们能不能懂劲、推门而入的一个重要的分水岭。

第三个阶段是无形无意。我们要进入彻底的有而回无，所有的有都要终结于无。我们并不是拿住意不放，而是要进入无形无意，只有进入无形无意，才能够有而回无。无才是万有的本原，才是本体。返回到了本原本体的境界，就到了阶及神明。只有回到无的本体上来，才能够无而又生出来一个真有。

不管是左右开合、上下开合，以及下一步的前后开合、全开全合，它们自始至终都遵循着意的开合的主旨。它是一脉相承的。

1. 意的开合的要领

意的上下开合，首先仍然要始终贯穿一求三修心法。意的开合，就是通过意来把心的修为落到实处。前面左右开合是，上下开合依然是。所以意的开合第一个要领，就是要牢牢把握一求三修的统领作用。

第二点，是意分两意，动之则分。这个动之则分指的是意动，不是形上的动。要动，意就要分出内外两意。

所谓内意是在我们有形身体之内来寻求那个意的觉知。在上下开合意的开合这个要领中，首先分出两意，和浑圆桩功的内外三合是完全一致的。外三合，即手与脚合、肘与膝合、肩与胯合。手、肘、肩、胯、膝、足，都是有形的身体，但是我们所求的这个合是意的合。这个意的合就要运用心法了，用假借，假修真。

浑圆桩功的内外三合所求的那个意，也就是手与脚、肘与膝、肩与胯合中用了假借，假修真，由无形的橡皮筋把它们上下牵连成一体。浑圆桩功是从静态来寻求意的真实。我们在上下开合的变化中是从动态来体会肩与胯、肘与膝、手与脚之间所产生的开合意的真实。

上下开合的关键，是肩和胯的开合。因为作为上盘来说，肩、肘、手，其根于肩；作为下盘来说，胯、膝、足，其根于胯。上下的开合，表现在手的动作上，但是根在肩和胯的开合。我们在体悟的时候，就要牢牢地遵循肩和胯之间互相牵拉的橡皮筋，很有弹性地产生了开合变化。这个开合变化体现在手上，就是手跟脚之间依然有橡皮筋的弹性连接，肩和胯的开合直接就作用在手跟脚的开合上。换言之当肩向上提的时候，手会被肩所徐徐地向上提，由膻中穴这个位置，手徐徐地随着肩提起，手不自动，是因肩的上提而被提到了鼻尖的位置。上是以手到鼻尖的位置为徼、为界。

在这个过程中，肩向上提为开，胯向下落为开，这个上下开合是同开同合。合是肩向下落，胯向上提。这是上下开合中要把握住的一个意的要领。

在肩和胯开的过程中，我们要寻求意的滋味是肩在向上提的时候，胯是向下落。它们虽然都在开，但是是相反相开，一个是提一个是落。如果这两个同时开的时候，一个是向上提、一个向下落，那么产生相反的互相牵拉的作用。当肩向上提的时候，因胯向下坐而使得肩在提的过程中受到了胯向下落的相反作用，这个提中就提出来一个落。所以肩的开、肩的提，是提出来一个此两者同出胯地向下落和向下开。同理，胯向下落、向下开的时候，由于有无形的意上的橡皮筋，必然会牵拉着肩地向上提向上开。所以这两个在互相开的过程中，就产生了相反力的两个方向的作用。

由于两个相反的一提一落的互相作用，就产生了开中寓合。开，向上提，肩是要开，但是难开，因为它有向下胯的落。向下的落，对于向上的开来说，就是向下的合，所以向上开同时会有向下合的作用。在向下合的过程中，肩同样一个动作里面会有上提之意和下落之意。当形上肩在催着手，徐徐由膻中穴向鼻尖去开的过程中，我们通过有形的动作体会到两个对立的、完全相反的意的作用，而这两个意合出来一个味道。提中要有落，开中要有合。这是意的开合修为中很重要的主旨。我们不是为了这个形的变化，而是要体会出里面两个对立的意合出来一个意的滋味到底是什么。离开了这个修为，单纯练形上的开合，不是太极内功所求得的开合的真意。

同样，在开合过程中，因肩引动肘、手表现出来的开合，和肩一样。由于手跟脚、肘跟膝，有橡皮筋相互连接，当向上提和开的时候，手的开也受到了脚向下牵拉相反的作用。肘随着肩向上开的时候，同样受到了膝向下牵拉的作用。在上开和下开同时开的过程中，肩和胯、肘和膝、手和脚都在产生着相反、互相作用的两种意。在同一个动作中出现了两种意对立的统一。那个意才是我们要求得的意的开合的真实。

当然，我们是通过假借来体悟它内在的两个意相互作用以后合出来的一个意的滋味。这只是一个方法。只要分出来两个不同的部位，它们之间就会出现相反相成的两意相互牵拉的作用，就会存在着无形的、对立的两个不同之意的分而合的问题。分出来各个不同的两个意，要合到一个意上。也就是合出一盘菜来，这个菜就是一个滋味、一个味道。那个味道是说不清的，是有提、有落、有开、有合，但是两个合到一块以后，既是开又是合，既不是开也不是合，是开合合一的那个滋味。这一盘菜最后炒出来一种味道，我们说不清了，假借、借喻叫鱼香肉丝吧。菜里面没有鱼，但有那个味儿。同样，我们的修为就是要分出来两个完全不同的部分，然后求出一个意的滋味。这是意的开合修为中重要主旨要求。

宇宙万物所有的动，就是两种状态：一个开一个合、一个去一个回、一个屈一个伸，进而到生命是一个生一个死。在开合桩中，无论是左右开合，还是上下开合，无非是这两个动作、状态。我们手上表现出来的两个意的开合，也是两种状态：一个是抱、一个是按，一个是向内、一个是向外。如果抱向内叫作合，按向外就是开。也就是抱为内，为合；按为外、为开。

从左右开合到上下开合，以及前开前合，无非是两种形态，从手的形态表现出来的一个是抱开抱合、一个是按开按合。当这两种状态产生变化，我们又分出来一个左一个右、一个上一个下。同样，在抱开抱合中，层层可分，分出来一个左抱右按、右抱左按，但是依然还是一个抱一个按、一个开一个合。

就意来说，我们永远是层层可分以后要合出来一个滋味，合出一个真意。比如从形的角度，左右的按和提的变化，一个向下按、一个向上提，分出来上下以后又分出左手和右手的变化。手的变化其根上在肩、下在胯。在这个形的动作中，手出现了左按右提、右按左提的变化。肩和胯又是怎么变化的，特别是胯在变化中会产生一种什么样的意呢？实际上我们所求得的不只是形上的变化，关键是要找意的变化、意的开合。

在这个过程中，意的变化表现在肩、肘、手、胯、膝、踝，不管它怎么变，都遵循着浑圆桩功中的内外三合，它们都是要合的。当左向下按的时候，手的按是由肩向下落而产生的。肩向下落，肩是与胯要合的；相反的手向上提的时候，手和脚是合，肩和胯也是合。肩向上提，胯向下落，它们是相反相成的。胯这时候的变化，是由肩所产生左右提落的变化而牵动的。胯与肩是相合的，胯和肩同样产生相反的提落的变化。

返回头来我们要体会胯和肩两者是同步的。在同步的过程中，向上提的时候，提到了鼻尖。鼻尖为徼、为边，是我们为了要体会意的开合而设定的。胯骨要向下落，落胯的徼是在手平鼻尖处。因为此两者同出，肩向上提、胯向下落，手到肩到，胯就到，所以胯的徼就以手平鼻尖为徼。我们把上面鼻尖设为徼，无需在底下再给胯设徼，因为我们最终求的是一个意。

在这个过程中，要把握住一个原则，就是心法的运用，假修真、反向求。在提中要落，提的是落，表现的是提，但是其中有一个看不见、摸不着的内在的意是落。你在提的过程中始终是提着落，同理，落就是提，此两者同出，相反相成。

2. 天地人同体

意分内外两意。身内两两部位之间有无形的橡皮筋互相牵拉，这是内意。还有一个外意。开合桩功所有的表现在有形身体上的开和合，最终是要通过形的开合求出意的开合，找出那个滋味。为什么要找到这个意的开合的滋味呢？是为了要求得天地人同体，天人合一。这是上下开合修为的主旨。

上是天，下是地，所谓上下的开合，归根结底是天地之间的开合，因为人居其中。这个时候所有的开合，无非是形由意主宰，通过意的开合体悟天地同体、上天下地的开合。

如何体会出天地人三合一、天地人同体呢？用意来找到天人同体的真觉实感。这是我们通过上下开合要体会到的一个核心主旨。要找这个真觉，还要靠心法，要假借。这时候假借上天这只大手在向上提我，在开的过程中大地同样有一只大手在向下拽我，让我向下落。也就是在上下开合的过程中，尽管我们是由形来求内在意的感觉，但是其本质是上天和大地两只大手的开合在我的身心中产生的变化和作用。因此，在内意的基础上要分出外意，即我之外上天下地两只大手。天地之间犹如一个大风箱。宇宙万物所有的动、所有的变化，归根结底是天地之间这个大风箱动而欲出、虚而不屈的结果。所有宇宙万物生命动力的本原，就在于这一气的周流。这一气的周流是天地二气在天地之间大风箱的作用下鼓荡出来的。动而欲出，只要一动就出来了。虚而不屈，什么都没有，但是只要一动，无而生出有来。正是这一气的周流，才有了宇宙万物生命的繁衍。上下开合就是通过意的开合分出两意。两只大手的开合和我的开合是同一开合。通过天地之间的开合，体会到内外的合一，体会到天地人同体，最后形成了一气周流的开合。

在做上下开合的时候，要注意两个意：一个是内意，互相牵拉之意；一个是外意，外意是在天地之间。所有的开合要和天地之间的开合此两者同出，产生同一的开合鼓荡的作用。

现在站桩已经越来越成为广大太极拳爱好者修心健身有为的功法。但是要把我站无，要把我和天地站出一气同体，这才是修为的目的。把我无了，才有一个和天地相合的同体的真我。也就是说，站桩不是加强有形的身体，而是弱化它，舍掉它，要生出一个和天地同体崭新的我。这个我就是天地，天地就是我。

道生一，一生二，二生三，三生万物。同样，我们分出来的三是上下和中，上为天、下为地，人在天地之间居中。在上下开合中，我们要寻求中这个意、找到中这个意。

这个意到底在哪儿求呢？从有形的身体。上为肩、下为胯，上下开合是肩和胯的开合。既然是肩和胯的开合，那中一定是在肩和胯之间。一般我们说中是在脐下三指，下丹田，这是从整体的人来说的。现在是意在肩和胯的开合上求，这个时候中到底是在哪儿？这时我们应该守住中，守中才能用中。守的中在哪儿守、在哪儿求、在哪儿用？这是意的开合的关键点。

3. 意的开合是中的开合

我们以肩和胯的开合来体现上下开合的作用，中在哪儿呢？中在肩胯之间，在膻中和肚脐两者的连线之间。如果把小拇指放在脐上，往上一摁找到第四指，第四指这个位置就是我们要守住的意的中。我们在膻中和肚脐之间找到了这个中，这个中具体到有形的身体上的一点叫中脘。意守在中脘，这是前人在实践中提炼和总结出来的。

杨氏太极拳的传承对于求“中”规定在中脘，为什么是这一点？杨氏太极拳老谱《人身太极解》中专门进行了阐释：“人之周身，心为一身之主宰，主宰，太极也。二目为日月。”我们从有形的身体上来找它，能看得见摸得着。两只眼睛，一个是日、一个是月。“两目即两仪，头像天，足像地，人中之人及中脘。合之为三才也。”两目，日月两仪，头像天一样，脚像地一样，人居天地之中，人中之中，中脘也。天地人三才。在人的身体上，三才就是头、脚和中，这个中是在中脘。这是意的上下开合一个很重要的理念。

下丹田是中，膻中是中，中脘是中，到底哪个是中？哪个都是中。形和意两个是由形来求意，不是拿住形不放。人们总是在对应的形上求意，这样就把意和形求死了。什么是中呢？执两用中。只要有对立的两部分，就一定有一个中。中者，时中也，处处为中。我们有一求三修的心法，一求是处处求中，每两点都要找到一个中。动之则分，一分就分为两个的对立，一个左一个右、一个日一个月、一个阴一个阳。把中固定死在一个不变的形上，这是修为中很容易造成误解的地方。意是一个滋味，中是一种味道，我们要在形上去体味那个味道，体会中之意的滋味。中脘恰恰是上下开合肩和胯开合两个对立的一上一下两点之中。我们要在这个地方找它的真实滋味。

做意的开合的时候，要体会开，意在中脘；合，意在中脘。上下开合归根结底表现在肩和胯、手跟脚、肘跟膝，但开是由中脘开，合是向中脘合。也就是上下的开合，归根结底是中的开合。

我们从形的开合进入意的开合，意的开合归根结底是两意合一意。我们在以中脘为中的位置上寻求上下两意的开和合，它们在同开同合的过程中合成一意的开合。上下的开是由中脘这一点求得的一个意是开；合是向中脘这个中，合于中。就像拳论说的，分阴阳合太极，一分是阴阳，一合是太极。分由中而分，合向中而合，中就是太极。我们通过中脘这个中寻求一个意，就是分阴阳、合太极。这一点一分上下就是阴阳，上下一合到这一点就是太极。这里，我们是通过上下开合找动之则分、静之则合，即拳论上所说的“诚于中、发于中”。我们说得中、用中，所有的开合无非中的开合，其他分出来的都是表象，归根结底在于中的开合。这才是意的开合的本质，即中的开合。

所有的开合，本质都是意的开合。意的开合自始至终，都遵循着一个贯穿始终的主旨，就是一求三修的心法。意的开合的核心就是牢牢把握住一求三修心法在开合中的应用。这是第一点要强调的。

第二点要强调的，意的开合是分两意合一意。这个分两意，分了内外意。内意又分两意，手跟脚、肩和胯；外意分上天之意、下地之意。同样，层层可分。分成的两个意最终要合出一个意。合出来的意是浑沌的、说不清的，是只可意会不可言传的。它是一种滋味。所求得的分两意合一意，最终要品出来很难说清楚的但是可以真实体悟的一个滋味。这样你就抓住了修为的正确方向。正是这两个意合出来一个意，在一个看得见的形体动作中，里面有一种说不清的滋味。这个滋味是对立的两个部分合出来的，是我们要求得的意开合的真实体悟。

第三点，意的开合从本质来说是中的开合。开于中、合于中，中开中合，这是在上下开合中要体会出的意的核心主旨。我们从有形的身体肩胯之间的中脘位置来寻求这个真意、滋味。用有形的位置来求出无形意的真实，这是我们在上下开合意的开合修为中要牢牢遵守和把握住的核心要领。

从形的开合到意的开合，在开合中最终求出的两意合一意，一个是开一个是合，不管怎么分，一定是开中寓合、合中寓开。如果形表现是合的话，你就要找合中那个看不见的开之意；形是开的话，你就要体会看得见开的形里面那个看不见的合之意。这也是我们要牢牢把握住的意的修为要领。

在上下开合的时候，又分了左右的同开同合、左开右在合、右开左在合。同样也是在分中体会出来开和合，合出来的一个滋味。在这个过程中，遵循着肩与胯合、肘与膝合、手与脚合。浑圆桩功中所有内外三合修为的主旨都体现在开合过程中。

《十三势行工心解》中说，“立身须中正安舒，支撑八面”。具体方位有左右、上下、前后和内外八个方面，最终我们要合成一个浑圆的完整体。但是在练的过程中，我们要分别去体会。从练法上，要分别在不同的方位上去体会它的内涵真义。我们由动之则分，合出来完整的合一的状态。

问答

学员：老师好！我想要请教一下，刚刚在讲形的上下开合时，讲到第三要点，左手上捧、右手下按，或者是右手上捧、左手下按，这个时候胯应该是怎样的？

李光昭：刚才在形的开合中讲了这个动作，但没有从这个动作的完整性，包括肩和胯、上和下之间内在的联系来详细讲解。在讲意的开合时，就会讲左提下落、右按下上，一捧一落一提，解释如何求得这个开合与胯的提落的内在关系。

第八章　开合桩之前后开合

上下为竖，前后为横。竖上的开合跟前后横上的开合，是相反相成、相互为根的。所有的前后开合，一定要产生一个跟它相反的竖上的开合。在前后开合过程中，腰顶是关键所在。要在命门处求出一个顶之真意。

在左右开合、上下开合的基础上，我们进入前后开合。前后开合依然分两个部分，一个是形的开合，一个是意的开合。

一、形的开合

形的开合，不管是左右、前后还是上下，无非是一个开一个合两种相反的状态。合是向内、开是向外，一内一外、一开一合。所有的变化，不管左右、前后、上下，无出于一开一合。具体到修为中，同样是两种开合，又产生了不同的组合的变化。这种组合的变化，无非在分出来左右、前后、上下、内外的基础上，去组合出各种各样的变化。这种变化形于手指，表现出来就是一抱一按、一提一落。

作为有形的身体，前后形的开合，依然是遵循着一个基本动作要领和方式。我们还是在浑圆桩功抱球势的基础上、从形的开合上分出来了这样几个动作：

第一个是前后抱开抱合。所谓的抱，劳宫穴一定是向内合的，手心是向内的，它的方向是前和后，是前后的抱开抱合。这是一个基本要领。

第二个是按开按合。内劳宫向外、外劳宫向内，手发生了一个翻转变化。这个开是按开。向外按为开，合就是向内。内劳宫向外按为开，外劳宫向内抱为合，一开一合……合的时候手的形状还是按。这两个动作，一个抱开抱合、一个是按开按合，其方向是横向的前后。

在按开按合、抱开抱合的基础上，又产生了抱按。此两者同出。一个是左按右抱，这个开合可以是同开，按为开，抱也为开。翻转以后，同样开和合。再一个，就是一按一抱、一开一合，左按为开，同时右抱为合。两个发生了变化，右抱为开，左按为合。翻转以后，一个开，一个就要合；一个按，一个就要抱。按抱和左右的开合，此两者相反相成。

前后开合基本动作和要领，练的时候，先从最基础的抱开抱合、按开按合开始，然后翻转，一个按一个抱，同开同合再一变一个开一个合……从动作上是分不同形上的变化。我们要从形上的变化开始练形而求意。通过形上的变化，最后还是要找到意的变化。我们不是为了练形的变化，而是在变化中求得这个真意。在做前后的抱开抱合、按开按合、左开右合、左合右开的时候，要记住前面所有对形上的要求，遵守一个中心、三个基本点，以及形上具体的规矩、要求。无极桩功、浑圆桩功是静中的动，开合桩已经是形体动起来了。动起来以后，我们要检验无极桩功、浑圆桩功对形体的要求是不是还能够始终如一。规矩没有变，只是在变中，还在遵循着一个不变的规矩。这是形的开合中要牢牢把握住的。

前后开合从形的开合来说很简单，无非是一开一合、一抱一按、一左一右，产生了不同组合的开合变化。形的开合是一个求意的过程，凡此皆是意，我们内功修为的关键是由形的开合进入意的开合。

二、意的开合

太极内功的修为，包括开合桩的修为，主旨是意的修为，在意不在形。我们是通过形的开合来寻求内在的、看不见的、无形的意的真实，这是修为的核心主旨。因此，我们要在形的开合的基础上，去把握、理解和运用前后开合中意的开合。

意的开合中，要遵循一求三修内功的心法。从具体的修为来说，内功包括三大法要：一个是心法，一个是理法，一个是功法。太极内功修为，包括开合桩，一定要紧紧地抓住这三大法要，缺一不可。其中的心法是核心，理法、功法都是围绕着心法来具体展示和运用的。离开了内功心法，理法、具体修炼的功法，就成了无源之水、无根之木。所以，我们一定要牢牢把握住心法的修为。我所传承的内功心法，就是一求三修（处处求中、借假修真、反向修意、层层修分），既可作为我们修炼的根本大法，又能指导我们如何体系性操作和应用。

所有修为的主旨，就是要练形求意。为什么要求意？因为我们是以意修心。我们身心分为两个部分，一个是有形的身，一个无形的心。要把形和意、身和心完美结合起来，关键在心、在意，所以修为归根结底是意的修为。杨氏太极拳内功传承反复强调凡此皆是意，离开了意的修为，就不是杨氏传承的太极内功了。因为只有通过意的修为，我们才能以意修心。心是本原的、是极为抽象的，修意、求意就是修心。

我们不是就意来求意，就虚来求虚，而是从看得见的摸得着的具体的形上求这个意。把虚的意求实，就一定要运用具体的内功心法：借假修真、反向修意、层层修分。

1. 恪守“一求三修”内功心法

前后开合，意的修为第一个要领，就是牢牢遵循和把握住太极内功心法，即一求三修。在这个主旨下，要运用具体的心法，贯穿我们修为的始终。从形来求意的话，通过心法把看不见摸不着的意真的能够求出来，首先就要借助层层修分，同时借助借假修真。

在前后开合中，首先要分出来一个内意、一个外意。内外意在分的基础上，怎么能够把它虚而实之呢？我们依然是假借。内有两只大手，外有同样的两只大手。内在的两只无形的大手，一只手向前开，另一只手就要向外开。这两只假借的大手，同时向外向前进行撑开，这是内意。

作为外意来说，同样有两只大手，我们遵循的心法是反向求，也就是外意的两只大手和内意的两只大手是相反相成的。当内意的两只大手，向外、向前撑开的同时，外意的两只大手是向后向内进行抱合的。

一求三修心法在动作中就都用上了：一是要分，分出内外意；二是假借，假借内外两只大手；三是反向求，完全相反，内要开的时候，外要向内合。所以在做前后开合的时候，一定要运用这个心法，通过意的开合来驱动我们身体表现出外在的开合变化。我们所有看得见、摸得着的外在有形的开合，都是意的开合变化主宰下的结果。我们要在修为中用心体悟、把握内外两意。

这两个意：一个是内意的开，一个是外意的合。外意在合的过程中，内意是开；内意在合的过程中，外意是开。这两者一定是相反相成的。

当内外两意合一意，静之则合，合到了静的时候，就是浑圆状态。但是，一动就要分，也就是这两个意在动起来的时候，它是不同而合的变化。当形向外开、前后向外撑开的时候，两个意以内意的开为主。你要品味意上的变化，内意的开所产生的开的作用，要大于外意向内合抱的作用，这个时候表现出来的形就是开。虽然它表现出来是开，但是外意的抱合与内意的撑开是同时存在的。当形在向外撑开、表现出来开的时候，你的两意合一意，虽然它们一个大一个小、一个多一个少，内大于外、内多于外，两个意不同，但是它们合起来以后合在一个意上。这个意是不同而合，但合出来一个味道、合到了一个意上了。正是这一意，既能够使我们有形的身体表现出来向外开，同时最关键的是这一个意的滋味虽然是开，但是是难开、有阻力的开。为什么是有阻力的开呢？就是因为有外意的抱合同时存在。最终所有意的开合表现在形的开合的时候，是两意合到一意的结果。所以我们在形开的时候，要品味出两个不同的意合到了一个意上。这一意里面有两意。

做形的开合的时候，意的开合既不是要内意的开，也不是要外意的合，而是要这两个意不同而合，合到一个意上。我们去品味这一意，品的是一个滋味，品味出的意是一个味道。这个味道里面有内开外合，是开合同体，当然开大于合，所表现出来的是在形上的开。这个滋味我们把它提炼出来，变成一个味道，这个味道就是开中有合。具体说它的滋味是什么？体悟出来一个什么味道呢？开有难开之意。用难开之意，用两个意之合来驱动我们的形体表现出来的、对外展示出来的是开的动作，因此我们通过形的开来修为出意的开中寓合。离开了两意合一意的开中寓合，单纯形体上的开、形体上的合，就都不是太极内功所求的开合的应用和展示了。不管外在形的开还是向内的合，都是因为两个意（内外意）两者同出而异。由于它们的不一样、不同而合，产生了向外或向内开合的变化，这是修为的关键。

试手体验

下面我们体会一下。当形上要开的时候，是不是能够把握住两个意的开合，而且是不同而合，内意大于外意。一定是两意同时存在，但又有不同，而且要合在一个意上。用这一个意来主宰形上的开或者是合，这才是修为中要牢牢把握住的主旨。

你要向外开，你所表现出来的形一定是要向外开，关键问题是你要有两意，要体会出这两个意的不同，而且要合出一个意来。它们一个内一个外，一个要向外开一个要向内抱，因为内意大于外意，所以形才产生了开。这时候忘掉形，凡此皆是意，全在意。这时我就感觉到两个合出来的一个味道。你如果没有这个外意，就是内意的开，淤堵了。正因为是这两个之间互相在变化中，这才是我们要找的。因此，所做的不是要练这个形，是通过形要寻求两个意的合。

分是阴阳，合就是太极。合出这一意，这一意就是太极。你体会一下，这个时候不用这个形，要用意。这时候开一定是用内意，但要用外意跟它合。这个时候你想通过形，你堵不住我这个意。形是因意所出现的开的表象。完全在意不在形，而且这个意是一意，这一意是两意之合。

再体会一下，两意的变化出现了一意，一意的周流。这两意在开合过程中随时在变化着。不是你想要变化，是因为外在的对手在随之变化，你完全是随着他变化。同样还是两个意，这两个意是因敌变化示神奇，不是你自己的变。所以在假借过程中，一定还要假借有一个对手。因为它要加，你才产生了开合鼓荡的变化。

你从形上看到的是开，实际上关键在于是两个意的变化。两个意是分、是开，但是两意要合到一个意的话，那就是分而合。在分而合过程中，既有向外开，又有向内合，所以开，必然产生难开，这是意的作用。同理，向内合的时候有难合之意。

2. 分清内外两意

前后开合意的开合第二个要领，就是在心法的主宰下，把握住假借两只大手，内外两个意不同而合，求出一个意，合到一个意上。这是修为很重要的主旨。

从意的开合角度，其实前后开合是开合桩功中的上下开合。上下开合的主体是肩胯的开合，上为肩、下为胯。因为所有的变化，不管什么动作，最后都要表现在手上。人有了灵巧的手，同时还有一双能够跟手相分开的脚。手是手、脚是脚，各自在完成自己的主旨任务的时候，手脚分了。人的灵性就在于手脚分了。手脚分了以后手才能够做各种各样的劳动，脚才能够完成各种各样的变化。

手所完成的所有变化，其根在肩；脚所完成的各种各样的变化，其根在胯。因此，我们表现出来的外在开合，其关键离不开肩和胯的开合，上下开合是如此，前后开合也如此。前后开合，归根结底还是肩和胯的开合变化，是以肩胯为主宰、主体的开合。我们在求意的开合的时候，要牢记以形来求意，把握住在肩和胯的开合中去寻求意的开合变化。

3. 意在肩和胯的开合

前后开合意的修为第三个要领，就是通过肩胯的前后开合去体悟它的意的开合变化。我们在前后开合的过程中，首先要求这个意，不是练肩和胯的形的开合。

肩胯开合所要求得的第一个意，是肩和胯在开合过程中表现出来同开同合。上为肩、下为胯，肩向后向外为开，同时胯向后向外也为开。我们把握的肩和胯同开同合，要有一个同之意。肩和胯两个意同样要合出一个滋味，不是肩是肩、胯是胯。既然是同，同在一个意上。

上和下、肩和胯在同一个意上向外向后开的时候，有主次之分。这是我要强调的第二个方面。不但它们同，而且胯为主，肩是因为胯开同时开。胯为主开，向后向外开，使得肩同时向后向外开。肩和胯两个有主次了，还是不同而合。我们在一个意里面有主次之分，最后合出来一个意、一个滋味。意以胯开为主，肩随意而开。

肩和胯，一上一下，胯为主，肩是随胯开。作为肩的开，或者是肩的合，虽然是由胯为主宰的开合，但是这个时候要层层可分。我们要进一步在肩的开合的过程中，去体会这三者之间的开合关系，因为最终是要表现在手上。手所表现出来的开合，其根在肩。在上下开合的时候，上为肩、肘、手，也是我们经常说的根、中、梢。作为肩的开合，在开的过程中，以胯为主，胯开的同时意使得肩要开，向后向外开。作为肩、肘、手之根，肩向后向外开的同时，产生了一个反作用，就是催着肘、催着手向前向外开，所以要牢牢把握住相反相成。

根中梢，最后表现的是梢，在手上。肩催肘向外去开，肘又催手向前向外开，所以根中梢分得很清楚。开的时候不是囫囵吞枣。在一个动作中产生了不同之意的开合。要细细品味这个意，它是渐隐渐微的。为什么说禅茶一味，拳茶一味，品拳犹如品茶，不是咕咚咕咚大口解渴，而是要细品其中之味。让心静下来，让意转起来，慢慢地、细细地、层层分地去品内在意的变化。这种变化是两个对立的、不同的意之间产生了相互的开合作用。总之，肩在胯的主宰下，肩向后向外开，反向催出来肘地向前向外开。同样是开，一个是向后一个是向前。同时肘又催出来手地向前向外。它一定是层层分得很清楚，合出来一个意所完成的完整动作。

在练形求意的过程中，我们品的是意。意，要用心去品。它看不见，是内在的那种无形的意，我们要品出真实的、虚而实的一个味道、滋味。正是品到这一味儿，我们才有了用这一个意主宰下的开合的准则。用这个味道来鉴别、区分，味道的变化就是两个意变化以后在形上所产生的变化，所以关键在内不在外、在意不在形。为什么太极内功修为宜缓不宜急、宜慢不宜快？我们慢练是为了细品，品里面意一点一滴的变化。这个意的变化，你分得越细，分得越清楚，对它就把握得越准确。

比如像素，高清就是分，向内分。同样这样一个面积，变的是看你能分出来多少点，点越多越细，品出来的味道越丰富、越准确、越真实。品茶也是如此，一小口茶品在嘴里面，这个茶味在水里面产生了很多的变化，最终就体现在你能品尝出多少个味道的变化。杨澄甫在《太极拳术十要》中也告诉我们，一定要慢练，宜慢不宜快。我们是向内品，越分越细，无穷小，所以其小无内。做前后开合时，我们要用意去品其中开合的变化味道。

前后开合由形来求意的开合，你能够向内品尝出丰富的不断变化的味道。当你通过假修真能够修出和品出更多丰富变化的味道的时候，你就把握住了它。在外界真的产生各种变化的时候，包括应敌的过程中，你的变不离开你内里意的变化，你就真的能够做到"变转虚实须留意，因敌变化示神奇"。这种变化指的是意的变化。在修为过程中，通过前后开合，形的开合，不管是开还是合，不管是抱开还是按开、抱合还是按合，其关键都是由形品出里面意的滋味、意的变化。离开了这个修为，就单纯变成形体的修为了，那跟去健身房练形的健身没有什么区别。

试手体验

咱们再体会一下。在形的变化过程中，你能不能够细细品味里面无形的意的变化，这是关键。细品里面每一点意的变化，你能分出来多少点，对意的把握就能深入多少。完全品意的变化，形这个时候是静态的。你现在心合到了意上，心是静的，意是动的。细细品味这个意的变化，就好像在尝一盘美味佳肴，你吃的不是这个东西，而是品里面的味儿。

你攥住我，当我做形的开合的时候，我要开，不是练这个开，是里面开的味儿。形看似很慢，我在每一个形的开合的过程中，里面产生了不同的意的变化，完全是走里面意的变化。这才是我们要练和修的太极内功。如果练了半天，没有品到意的变化，只是去求离开意以后形上的变化，就不是我们修为的内功。内功就是里面意的变化，所以它反倒静下来了，迟钝了，形上反而慢了，虽动犹静了。它自己不是盲动、乱动了，因为它的主宰在内、在意上。在做开合的过程中，不是练形上的动作，是品里面两意之合的那个味道。这是关键。

我们做胯的开主宰着肩的向后向外开，肩的向外向后开催动着肘，肘催着手向外开。在这个过程中节节贯串，一节一节分得很清楚，最后表现在手地开上。同样，合是胯主宰下的向内合，胯地向前向内合，主宰肩的向内向前合。肩地向前向内合引动肘向后向内合，这个时候肩是向前、肘是向后，相反相成。肘的向后向内合，又牵动了手的向内向后合。在整个过程中，根中梢分得很清楚。根中梢中存在着相反相成的开合变化。在这个动作中分出来了两种不同的意：一个是向内一个是向外，一个是开一个是合，合到了一个动作上，也就是两意合了一意，在这一意的主宰下，完成了形上的开或者是合。我们要从这儿去体会和把握它。

意的开合主宰形的开合，形是随意开或合的，在这一意的主宰下产生了表现在外的开或者合两种动作。形之所以在意的主宰下能够完成开或者合的这两种变化，其动力在于气的开合。也就是说，意的开合产生了气的鼓荡开合变化，气的鼓荡开合变化又催动着形的开合变化，所以主宰是在意，其产生的内动力则是在于内气。

我们在做意的开合的时候，两个意相互之间开合相反相成，互为其根。此两意同时存在。两意合一意，这一个意的流动变化产生了一气周流，气就是这样产生的。我们在做前后开合的过程中，就要品味到由意所产生的气的鼓荡，来催动着有形身体的开合变化。《太极拳经》上第一句话“一举动周身俱要轻灵，尤须贯串，神宜内敛”，一节一节、一层一层的，产生两个互相不同的开合的变化。要贯串，要很清楚地品味出来。

动力的产生是气。我们一定要感觉到气的真实。这种气的鼓荡的真实就体现在身体被意领、被气催的结果，所以做形的开合的时候，求的是意。到底这个意，是不是能够产生形的开合，关键在气的鼓荡。我们在做的时候要去体会，这时候是不是感觉到在开合过程中里面有一个气感、气的开合的变化。我们做前后开合，在开始进入由意的开合来形成一意以后，要体会气真实的作用。

这时要注意，气所产生的作用是结果。我们不要拿着结果去练结果。比如练气的鼓荡，练了半天练的是鼓肚子，练的是呼吸的急促，结果练不出来。所谓内气的流行和鼓荡，在意不在气。杨澄甫告诉我们，“意之所至，气即至焉”。这种鼓荡是因为气的流行。意的流行，一定要结成气流行的结果。意与气两者是互为因果、密不可分的。如果意的开合变化不能产生气的开合鼓荡的话，这就是假的，不是我们要求的真意。真意的开合，一定会产生气的鼓荡。运用气的鼓荡，能检验出来意的开合是不是完整、真实。

所有动力的来源是因为产生了不同。不同，就一定遵循着道的本原规律。分出来了两个意，两个意向一起合的时候，就产生了冲气以为和。和就是分出来两个意向一起合的过程中产生了气的鼓荡。气的鼓荡催着形的开合产生了各种变化。“其气意之流行”，也就是说，气是意的流行。意的流行，就分出来内外不同的两个意，两个意分出来后，不同而合。动之则分，一分就要分出两个意，分出它的不同。有了不同，才有了向同的动力。能量动力就是这样产生出来的。正因为有了差，才有了驱动力、前进的动力。同样，在开合过程中，你是不是前和后能够动之则分，分出来两个内在前后不同的意，而且分出来它们的差？多一定向少走，大一定向小流。能不能分，是能不能合的关键，所以在分不在合。分是绝对的。

杨澄甫告诉我们，太极拳内功以分清虚实为第一义。内功修为是动之则分，分虚实，分两个不同，一个虚一个实，具体体现在一个前一个后、一个上一个下、一个多一个少、一个大一个小。正因为它们不同，才产生了一个相同的变化。

首先，前后开合和上下开合，都是意在肩胯开合上的具体体现。肩胯上意的开合，第一个要领是肩胯同开同合，而且是以胯为主。意在胯的开合主宰着肩的开合，肩的开合是随着胯的意的开合而产生的开合。

其次，在肩开合的时候，肩、肘、手，根、中、梢，它们之间的开合同样是相反相成，而且是同时存在。一个要向后一个就要向前，前后为开；一个向内向前，一个就要向外向后。胯、膝、踝或足也一样，下肢胯为根，膝为中，脚为梢。下肢的变化都是在胯的开合的基础上，一直节节贯串到脚的变化。脚的开合变化，根在胯上。在前后、肩胯的意的开合上，第二个要领就是根中梢的开合。

最后，意的开合是意之所至，气即至焉。意的开合产生了气的鼓荡。以意来主宰形的开合，本质是气意之流行，以意来导气、以气来催动形的开合。

4. 意在横竖的开合

肩和胯的开合，是前后开合意在形上一个重要的表现。从根本上来说，前和后的开合离不开上下的开合。前后开合和上下开合之间存在着不同而合内变的关系，这种关系体现在横竖的开合上。无极桩、浑圆桩，实际上解决的是我们和自己的关系。

太极内功的修为，包括开合桩功的修为，都紧紧围绕着横和竖的关系进行。把握住横和竖之间的开合关系，就把握住了内功修为的主旨。一横一竖打天下，因为宇宙万物实际上就是一横一竖的变化，一阴一阳、一虚一实就体现在这儿。

我们在做开合桩的时候，离不开横竖的开合变化。这一竖指的就是虚中线，它是不以人的意志为转移的先天自然之能。人居天地之中。我们往这儿一站，天和地之间就必然有一竖贯穿，把人贯穿在天地之间。上为天、下为地，《人身太极解》告诉我们，“头像天，足像地”，顶天立地，一上一下。天地之间，这一竖从人的百会到会阴，贯穿出一条虚中线。

这一竖是真实存在的，但是看不见摸不着的，是虚的。在开合变化的时候，一竖是上为天、下为地，一上一下。上下是一竖，前后就是一横。在前后开合中，竖上的开合跟前后横上的开合，是相反相成、相互为根的。所有的前后开合，一定产生一个跟它相反的竖上的开合。当前后要开的时候，竖上是合；前后为合的时候，竖上为开。前后向内合，上下向外开。前后向外开，上下向内合。它们遵循的主旨，就是相反相成、相互为根，谁也离不开谁。前后的开合因上下的开合而开合，上下的开合因前后的开合而开合。横上要开合，竖上就一定会开合。竖上开合，一定会引起横上的开合，此两者同出。

横上的开合这两个意，层层可分，又分出不同的两个意合到了一个意上。看似是前后的开合，其实贯穿着上下的开合，这两个相反相成。前后的开之意中，一定蕴含着一个上下的合之意；上下的合之意中，一定蕴含着一个前后的开之意。同理，前后的合之意一定蕴含着一个上下的开之意，上下的开之意一定同时蕴含着前后的合之意。

我们做前后开合，同时也是上下的开合，此两者是同出的。体现在一横一竖上，这一竖可以说是虚中线，前后横上的开合离不开竖上的开合。前后是横，左右也是横，凡是横上开合都一定有一个竖上开合的主宰。所有形上的开合就是虚中线的开合，就是竖上的开合。竖上的开合，能够产生横上的前后、左右，产生与竖相反相成的开合变化。

我们通过开合桩是一层一层在修、在练、在找，从左右开合、上下开合、前后开合，越来越向内走。所有的左右、前后、上下的变化，都离不开虚中线的主宰作用。虚中线是虚的，我们要把这个虚的虚中线修炼出真实的意的开合变化，虚的就实了。恰恰是虚中线，能够产生实的开合的变化。它的变化产生了左右、上下、前后的开合变化。所以我们从前后意的开合，要把握住的第四个要领，就是横竖的开合。横竖的开合，归根结底是虚中线的开合。

天地之间这条线是生命线，是主宰着我们所有变化的根本。我们是通过形上的左右、前后、上下的开合，寻求意上的开合。意上的开合，两意合一意，除了内外，我们又给它归结到横竖的开合。横竖的开合是以竖主宰着横的开合。归根结底，所有开合，是虚中线的开合变化。虚中线上顶天、下立地，虚中线的开合变化，就是天地之间的开合变化。我们通过虚中线具体的修为，把所有的开合变化和天地之间的开合变化同体合一。通过修为把天地人合一了，天人合一就不再是一个理论的认知，而是真的产生了同气相求、同体合一的修为结果。我们所有这些修为，归根结底就是让我们和天地同呼吸共命运。一气的开合周流变化，才是我们生命的本原和主体。

我们修为前后开合、虚中线的开合，关键要把握的是中脘。阴阳二气合成一气以后运化不了，就不能产生开合的一气周流变化。很大的问题是中脘没有能够产生运化。从人体上，中脘是土位，它的运化决定着整个人的五脏六腑气血是否畅通。它是我们人之中。

5. 意在腰顶

前后的开合变化，以及上下开合、左右开合，归根结底都归到虚中线的开合、竖的开合。我们以实而求虚、以形而求意，能够把握住的点在腰。腰是有形的位置，顶是我们由腰求得那个意的真实。腰和顶，一个是有形的形、一个是无形的意。通过左右、上下、前后的开合，要把握住由形求意的关键——腰顶。

腰顶是杨氏太极拳内功修为的一个核心理念，是杨氏太极拳的独门贡献。它用腰顶两个字，把有形的身、无形的意能够统一到一个点上。太极拳的修为，离开了腰顶，就无法得其门而入。把握住腰顶，就把握住了内功修为的关键。开合的关键就在于有没有腰顶。杨氏太极拳老谱有一篇专门谈腰顶的文章，叫《身形腰顶》：

身形腰顶岂可无，缺一何必费功夫。
腰顶穷研生不已，身形顺我自伸舒。
舍此真理终何极，十年数载亦糊涂。

身形关键在于腰顶，修为的核心、就是腰顶。离开了腰顶，“缺一何必费功夫”。“腰顶穷研生不已”，只要拿住了它就会生生不已，无穷无尽的变化就在其中。你让自己中正安舒，离开了身形的腰顶，就是“舍此真理”。你舍掉了它，最终“十年数载亦糊涂”。很多人练了几十年，还在门外徘徊，还是糊涂，就是因为没有重视身形腰顶的重要性。

前后开合中意的开合第五个要领，就是意在腰顶。我们要求出前后开合的真意的话，就在腰顶上求。不管是抱开抱合、按开按合，一定有一个意要放在腰顶上。腰顶，一个是有形的位置，一个是要求得顶之意。这里面的顶之意，不是用力，而是用意。顶是一种意、一种味道，我们要求得的是顶之意。我们在有形的身体上腰这个位置规定一个点，就是命门。我们要在命门这个地方求出一个顶之意。

在做前后开合的时候，外意要有一个意在腰顶这个位置上。我们假想，当向前开的时候，身外有一只大手在向后拉拽我。拉住命门这一点向后拽，同时前面的双手要向前开，这是前后开合的时候意的一个很重要的要领。这时候就要把命门之外的这只大手意想成真，借假修真。也就是在腰的命门这个位置上求出一个顶之意，求出那种真觉实感。

为什么要通过腰顶来求意？腰顶是太极内功修为中一个非常重要的原则，也是杨氏太极拳过去的不传之秘。杨氏太极拳老谱《身形腰顶》的第一句话“身形腰顶岂可无，缺一何必费功夫”，就是说缺了这个腰顶，你所有的功夫都是白费。如果不能够通过腰顶体会出来顶之意的话，就差之毫厘、谬之千里，背离了我所传承的太极内功的真义内涵。

十八个部位中一个重要的部位是头顶。头顶，依然是借假修真，意想上天有一只大手向上提着我，所以叫提顶。当时我也强调了，绝不是自己用力向上顶，而是意想有只大手通过百会穴把我提起来。人一身之中，上通天、下通地，贯通百会穴、膻中穴、会阴穴有一条无形的看不见、解剖也找不着的，但是通过修为真的能把它虚而实之的虚中线。它是我们的生命线，是天地之间一气周流的通道。在修为过程中，通过这只大手百会穴一提，提的就是这条虚中线。把这条虚中线向上一提以后，我整个人给提起来了，提到脚下虚空灵、虚灵空。如果不提的话，由于大地的重力作用，再加上脚用力，脚下就会滞重，就不能灵动。脚下要想灵动，上提之意必须通过百会，把虚中线上提。《太极拳论》上讲虚领顶劲，顶是提，一提以后提出来的结果是虚领。脚下要想虚灵，要靠提顶。

解放我们的手，能够直立行走，成人了。我们要让自己真的能够不偏不倚，独立守神、独立不改，还需要解放自己的双脚。只要有依赖、有偏有倚，你就不是独立自在的你。我们最终是天地人三才合一，不倚不靠。天不靠我、我不靠天，我不靠地、地不靠我，各自是独立的，是分而相合的。我们脚下能不能够解放、独立地灵动起来，该怎么动就怎么动，关键是脚下能不能够虚灵、虚空。当然这是一个结果。

我们怎么得到这个结果呢？上提。假想百会这个地方有一只大手，提顶把我提起来。提着我这条虚中线，我们脚下虚灵、虚空了。由于我们后天常年的习惯，各种各样的动作总是依赖于手去完成。有了依赖以后，我们身体的这只手经常自作主张，而且需要它怎么样的时候它不一定执行。它做不到随势而为、随机应变。现在通过开合桩，特别是通过前后开合，让我们的手在一次解放的基础上进入二次解放。这是修为的关键。我们有了一双灵巧的手，而且还要让这双手能够做到完全灵动、自由又合道。要想做到这一点，就得把这个实的手实而虚、有的手有而无，也就是手要虚、无、空。

杨氏太极拳提出了一个很重要的理念：太极无手。在太极无手的基础上，进一步告诉我们："太极不动手，动手非太极。"这两句话非常经典，但是又很费解。怎么能不动手呢？拿支笔写字、拿双筷子吃饭也要动手啊！这是常人的理解。我们要进入太极的修为，就要用太极思维来理解太极无手。

把有形的手无了，不是这只手没有了，而是无了手以后才生出来一双该怎么变就怎么变、该怎么用就怎么用的真正随机而变、随势而为的可用之手，是无而生出的真手。这是太极无手的一个重要理念。常人的思维，认为做任何事手都要动，这个手的动不是太极思维所提的真动。

拳论上说“勿自伸缩”，这个手不是自己在这儿动，它要服从命令听指挥。手所有的动，是在意的指挥下的动。在真意的指挥下，它才能够随意而为。这个时候，我们所用之手是一个表象，这只手动是因意而动，是随意而动。它自己不自动，是意动的结果。手不自动，随意而动，这是需要修为的。我们真正能够独立不改、独立守神，打造合乎道的本原规律的真我，要从手和脚开始修为，把手和脚真的彻底解放。我所传承的开合桩，特别是前后开合，就是通过腰顶来解放我们的双手，让手得到二次解放。二次解放以后的手是实而虚的、有而无的，手不自动、手不用力。

怎么形成呢？顶之意虚而实之，前面的手实而虚之。腰顶向后的拉拽，我们得到了实而虚、有而无处在虚空的一双手。在相互摸手、太极推手的过程中，我们有一个重要的原则，就是把这双实的手推虚，把有的手推无。

在我传承的太极推手四正手中，很重要的一个要求，就是手要虚接，不用力。这样手与脚合到一个意上。这个意虚而实、无而有。手实而虚，有而无。我父亲当年一再给我强调，通过桩功站出三空。站出来三空了，就符合站桩的主旨要求了。

哪三空呢？上空手，下空脚，中空胸。通过桩功要站出来空手、空脚、空胸。当然，这里的空不是常人理解的空，是真空生妙有，是空出来一个真实的可为之有。这里的虚是把实的手虚了以后虚出来一个真实。这里的手不用力，是手要虚接。腰顶而手虚空以后，得到的结果是前节真有力。手所表现出来的力，不是手用力，是虚出来的一个真力。

脚要虚，意在百会上提；手要虚，意在命门要顶。头顶腰顶，一个是上一个是下，一个是前一个是后。上提和下落，前拉和后拽，它们是一对，谁也离不开谁的。此两者同出是关键所在。要想脚下虚灵，必须要有上提之意；要想前节有力，手不自动，必须后有腰顶。腰顶的重要性就在这儿。

我们通过腰顶，进一步让手虚、空、灵。

试手体验

下面我们体会、体验一下。你来摸着我的手。你现在摸到了手的力、摸到了手的形，这个手你摸到的是实的。我如果用实的手去实上加实的话，你可以用实来对抗。如果变转虚实，刚才实的手现在开始虚了。虚的手在虚的过程中要虚出来一个真实，和我们的腰顶密不可分。虚了以后它出来一个真实。不是它自己用力，是腰顶以后反而产生了一个前节的作用。虚的过程中顶就出来了。现在你摸到的是一个不用力的手、一个虚的手。但是不用力，真有力。这是真力，我们管它叫内劲。你摸到的是一个虚的手，但是这个手是虚而实的，你无法挡住它。你使大力顶一下，体会一下，不虚就是这样，虚了以后，马上产生一个真的像海浪一样的力。这个力不是它本身用的，是后跟前两个一开一合所产生的内在的动力。这个跟手用力不一样。这时对手好像拿住了这只手，但是拿不住你的真实。命门的顶之意真实以后，作用出来一个虚的手的真力。我越要去用力，你这儿就又要加腰顶。所以，以后走前，虚实要分清。

在前后开合过程中，我们在找意的开合的时候，腰顶是关键所在。腰顶是在命门处求出一个顶之意。切记，不是用力，而是用意。

通过开合桩的前后开合意的开合，在腰顶上求出它的真意。

这个地方有了真实的体悟以后，不但解放了手和脚，也解放了腰。我们一再强调命门处是腰顶，是意，不是腰用力，是意想有一只大手向后拉拽命门。这个时候腰要完全松通。不要在形上做开合动作，完全是意。凡此皆是意，关键在意。腰在人之周身中处的位置非常重要。《十三势歌诀》告诉我们，“十三总势莫轻视，命意源头在腰隙”，就在腰那儿。我们有形的身体很重要的一个主宰就在腰。《太极拳经》告诉我们，“其根于脚，主宰于腰，形于手指”，最后表现在手上，但腰是主宰。

杨氏太极拳老谱《太极平准腰顶解》中说，“有准顶头悬，腰之根下株”，一个是顶头悬，一个是腰之根下株，根本在腰。上下一条线，全凭两手转。凭着两只手的转，关键要做到上下一条线。上下一条线关键就是两个点，一个是顶头悬、一个是腰的主宰。

问答

学员：请问老师，上下开合的时候要在中脘这个点求中之意，那么左右开合和前后开合，是否也要求中，这个中在哪里？

李光昭：左右开合、上下开合、前后开合，以及最后的全开开合，归根结底都是中的开合。我们通过几个不同形的开合，归结出一个意的开合。其实左右、前后或者是上下，最终要合出来一个球，是球的开合。球的开合就是环和中的开合。我们一步一步最终要实现环中的开合。前面我们分了左右、上下、前后，既不是为了练前后，也不是为了练上下，而是分着练，合着用，要合成一个完整球的开合。这才是开合桩最终为什么要落实到全开全合的原因。

第九章　开合桩之全开全合

开合桩最终是要求得左右、上下、前后合到全开全合上。开合桩的核心主旨，就是要能够进入全开全合。对于全开全合，我们依然从形的开合开始，然后再到意的开合。

开合桩从左右开合开始，到上下开合、前后开合，最终是要求得全开全合。开合桩的核心主旨，就是要能够进入全开全合。对于全开全合，我们依然从形的开合开始，然后再到意的开合。

一、形的开合

1. 同开同合

形的开合第一个要领，是上下、左右、前后同开同合。全开全合形的开合，其实非常简单，只有几种动作的变化。全开全合，开的时候，不是左右开了，也不是上下开、前后开了，而是上下、左右、前后同开，一开无有不开。合的时候，一合无有不合。

2. 抱开抱合

虽然是全开全合，上下、左右、前后，依然遵循着抱开抱合。从形的开合动作上，这个时候是抱开抱合。

3. 按开按合

按开按合，也就是手的内劳宫向外按。在这个过程中依然是上下、左右、前后同开同合。

4. 左抱右按，右抱左按

左抱右按，依然是在左抱右按形态下来完成上下、左右、前后的同开同合。右抱左按，也是如此。

二、意的开合

形上是很简单的，关键在意。当我们在形上全开全合的时候，肩、肘、手、胯、膝、踝等十八个部位依然要守住原来所求得的动作要领和滋味，这是不变的主旨。关键是以形求意，归到意的开合上来。对于全开全合中的意的开合，我们要牢牢把握住以下几点：

1. 一求三修

一求是处处求中，三修是反向修意、借假修真、层层修分。在全开全合中，更主要体现出了一求，处处求中。也就是在运用三修——借假修真、反向修意、层层修分的时候，其目的、主旨就是为了求中。这样说来，全开全合，从意的开合的角度上，是求中的开合，求球的开合。

2. 球的开合

全开全合是球的开合。在开合过程中，只有是一个球，前后、左右、上下，以及内外，才能够同开同合。

在浑圆桩功五圈成球的基础上，这个球本身要有开合的变化。上下、左右、前后，一开，球全开了；一合，球又全合了。全开全合是假借球之意，让我们形成一个浑圆一气、浑然一体的状态，把我们改造成一个合乎太极之道的完整的我。这种完整的我所表现出来的品质，就是球的性质。

宇宙万物，最合乎本原规律的形态是圆。只有圆无始无终，才是一气周流，才是循环不息，才是永恒的。宇宙间，不管哪一个星球，一定是圆的，是球。因为这个圆的状态是最合乎道的本原状态。《太极拳经》告诉我们，“一举动周身俱要轻灵，尤须贯串，气宜鼓荡，神宜内敛，无使有缺陷处，无使有凸凹处，无使有断续处”，这三无虽然没说球，但把球的圆的品质、特征已经揭示得一览无余。它无凹凸，不是鼓一块、瘪一块。它没有断续，圆上的任何一点，既是开始又是结束，既没有开始又没有结束，它是无。有没有，有，但是这个有是无而有，这个无是有而无。有和无对立的两个部分，完全合到一个最圆满的状态。它没有缺陷，是因为它没有凹凸、没有断续，所以非常圆满。

我们所有的修为实际上就是本着球的品质特征，通过太极的有为功法，来重塑和改造我们自己。全开全合，就是要做到像球一样，在开的过程中，没有不开、没有凹凸、没有断续、没有缺陷；在合的过程中，依然要做到没有不合、无凹凸、无断续、无缺陷。这个修为过程，就是通过全开全合的功法，让自己体会到球的开合变化。这是我们要求的意的开合很关键的问题——球之意。

球的开合之意，开，前后、左右、上下全开；合，上下、左右、前后全合。先贤、前人运用球的特征和品质，很高明地归纳出球的开合理论，即环中理论。所有的变化无非一开一合。这个变化在开合过程中最本原的状态是一个环、一个中。只要遵循着太极阴阳之理，把握住环中理论，去认知所有的变化，我们就能够掌握变化的内在规律。我们的修为也要牢牢遵循环中来体悟球的开合。球的开合，其实质是环中的开合。

问答

学员：上下开合是意在中脘，前后开合意在腰顶，左右开合和全开全合，意应该守在哪儿呢？

李光昭：左右开合是开合桩功中的第一个功法，我们的意要靠假想。假想手如撕绵，就像扯棉花一样，在两手指之间有弹性皮筋相联系。当开的时候，要把这个皮筋拉开。这个皮筋还有一个向内合。意就在两者之间。这个意是假想的。靠假想在虚空处找出一种真实的真觉实感来。当开的时候，有难开之意。除了假想手指之间有皮筋以外，还有身外之意。身外的空间永远不是空的，宇宙万物之间永远没有绝对的空，是空而不空。

当我们的意在这个空间中，感受到它真实存在的时候，它有阻力。你可以假想是水，也可以假想是泥，还可以假想是对手的手，只要能求出真意的假借，都可以。当它开的时候，外边往出拉、里面往内合，当外边往里合左右两臂的时候，里面还有假想的球向外撑，内抱外撑。一个向内抱是合，一个向外撑是开，那么意在哪儿？其实，假想皮筋也好，假想有两只手也好，这都是假借。意在那儿？这个意应该守在开有难开之意、合有难合之意，也就是开中有合、合中有开，意守在这个滋味上。开的时候难开，合的时候难合，这就是你要守住的意。其他都是法，都是求得这个意的工具。

所谓的全开全合，就是环中的开合。环中的开合是以中开环，也就是环是中之外，环是有，有上有下、有左有右、有前有后。中是无，无上无下、无左无右、无前无后。全开全合，归根结底是中的开合。中是在变中的不变，中的开合就是全开全合，如同汽车的发动机，不管是前进、后退、左转、右转，发动机只有一个动作，一开一合……它是不变的。又如同我们每个人，我们的中是中心，作为有形的人来说是我们的心脏，它是不变的。不管你行住坐卧，它总是在一开一合、一舒一张，所以它遵循了一个不变的开合，就是全开全合。我们进入全开全合，就体会出在所有的开合中，内里一定有一个不变的主宰的开合，意就在这儿求。

第二部分　抱三关

第十章　抱三关之理

太极内功，特别是开合动桩功，其核心主旨是围绕着三关进行功法具体修为的。依然和开合桩一样，抱三关是以两臂环抱来展开的。在功法修为过程中，要求出一个内抱之意。通过抱三关功法的修为，就能够达到气血流注，最后得到真正内劲。

一、目标与方向

抱三关是开合动桩功中的一个非常重要的功法。

抱三关的学习依然要牢牢遵循着这三问——什么是、为什么是、怎么才是去找答案。

1. 什么是抱三关

只有对“什么是抱、什么是三、什么是关”有了理解以后，才能够找到“什么是抱三关”这个答案。在回答什么是的时候，也一定逆着来。反者道之动，抓住一个反字。我们的心法也是反修真意，反向求。

(1)“关”字的内涵真义

关，古汉字“闗”，跟门有关系，经过几代的演变，变成了两扇门关上。怎么把两扇门关上了呢？关键不在这两扇门，而在于门里有门栓。古人告诉我们，门里面的栓就是关。

《说文解字》说“以木横持门户也”，古人把横木叫关。为什么这个横木是关呢？在古建筑中，两扇门关上以后，一定从里面把横木横在两扇门之间。两扇门上各有一个空槽，横木直接插过去，这个门才能够关上。古人就认为，有这个横木才是关。

作为名词来说，关就是以木横持门户，这个横木就叫关。当然它还有动词的意义，把开着的物体合拢叫关。所以从名词上来讲，关是横持门户的木，从动词来说关是由开而合的过程。这是关的内涵真义。

关就是这个横木，这个门栓就是关。由此，我们就引申出来“关键”两个字。关和键是密不可分的，古时候的门，除了有关还要有键。当两扇门关上以后，只有横木关不住，外边的人还可以通过门缝横向拨横木。解决这个问题要有键。横木在穿过槽孔以后，加上了个竖，把横的木在竖上固定起来，横竖合二而一了，合到一个整体上了，这时候再想横向拨横木的时候，由于有键的作用拨不开了。正因为横的木和竖的键形成了关键，门才真的能够关住了。

通过关字，我们引申出来了关键。横木为关，竖为键。抱三关的关，体现的是一横一竖，而且是横竖合一。对这个关的理解，一定要抓住一横和一竖，一个关一个键。当然有的时候这个键写作楗，因为古时候的键都是木质的。

关键应用着太极阴阳学说之理。一横一竖就体现在一阴一阳，它是一阴一阳在我们日常生活中具体的体现和应用。它揭示的就是阴阳分合之理。我们分开是一个横一个竖，一个阴一个阳，合到一起还是一个阴一个阳，但是合到一起以后阴阳合一了。你要想让它开不开，就要把它们合到分不开。合到一上它就开不开，它就能处在静止状态。分是一横一竖、一阴一阳，把它们一合起来，还是横竖、还是阴阳，但是合出来一个完整如一的状态。这个状态就是太极。

从关这个字的真意上理解了横和竖、阴和阳的关系，我们还要通过具体的抱三关修为，在自己的身上找出来阴和阳、横和竖，是如何分而合的。这是我们理解关字内涵真义的目的所在。

“關”字不断演变。演变到现在，就变成了一个简化字“关”，但依然体现太极阴阳学说之理。“关”字，上面两点，一个高一个低、一个左一个右，但是它们是向中而合的。这两点代表一阴一阳，一个长一个短、一个高一个低、一个左一个右，它们是分着的，但是要向一起合，所以说分阴阳合太极。两点下面两横，上短下长、上高下低，又是一对阴阳。它代表天地，上是天、下是地，天为阳、地为阴。在两横的基础上，是一个人。有了天地的阴阳，人居于中，这个人是和天地阴阳相合的。宇宙万物无非三才，天地人。天为上为阳，地为阴为下，人居其中。人是在天地之中，人是天的阳、地的阴合出来的万物之灵。“关”归根结底体现在一阴一阳，一阴一阳之合即为关。抱三关功法最后要落实到关的结果上，一横一竖、一阴一阳，而且是横竖相交、阴阳相合。通过抱三关的具体功法，修出来的是横竖相交、阴阳之合。

这个关字，从动词上解释，是使开着的物体合拢。两扇门合上了就是关。怎么才能关呢？前提一定是分开的两扇门是开着的。由开而合即为关。关就是一开一合，就是由开而合的过程。只有开着，你才能由开而合。

抱三关的“关”字的真义内涵，就是一横加一竖。横竖相交，一阴一阳要相合。围绕着这个主旨去修为，我们就不会走错路。

（2）三关的内涵真义

对于什么是三关，没有明确的定义。我们在御敌上有三关，在人生中也有三关，每面对一个事物都有它的三关。

①三关是合道的

为什么提炼出三个关呢？三关是合道的，道就是一二三。宇宙万物无非是一二三，老子很明确地告诉我们，道生一，一生二，二生三，三生万物。第一关，道得生一；第二关，一得生二；第三关，三生万物。所有的事物都离不开三关，事物发展运行的本原规律就是要过这三关。

三关没有一个明确统一的定义，我们只能是从道的角度，给“三关”一个相对统一的说法。具体到太极内功修为，特别是我所传承的太极拳的内功修为，三关的内涵真义到底是什么。

②太极拳内功修为的三关

王宗岳在《太极拳论》中很明确地指出:“由着熟而渐悟懂劲，由懂劲而阶及神明”，他把修为分了着熟、懂劲、神明三个阶段。这三个阶段实际上是一个完整的过程，是不可割裂的。我们可以把这三个阶段看作是三个关口。

第一阶段着熟，对应的是知规矩。这个阶段的修为主旨是练形求意。通过练形求意来知规矩，所知的规矩就是形和意之间的内在关系。我们是通过形来求出这个意。

第二阶段懂劲，守规矩。练意脱形、得意忘形，这是第二关修为的主旨。这个时候我们已经通过练形求意，能够把握住意了，进一步需要脱形而有意，无形而有意，以意来主宰形。

第三阶段阶及神明，脱规矩而合规矩。我们进入有而回无，也就是无形无意。当形意皆无以后，我们才由无而生出神明之有，不被规矩所约束，能够从心所欲，随势而为，但是处处合规矩。我们就进入人生的大自在、大自由、大自然，就能够回到最本原的自然状态。

太极内功，特别是开合动桩功，就是围绕着这三关的核心主旨进行功法具体修为的。

③抱三关功法的三关

我所传承的抱三关功法，可以说是对三关修为的一个具体运用和展示。抱三关功法中的三关，是指下尾闾关、中夹脊关、上玉枕关。

下关尾闾关。拳论说“尾闾中正神贯顶”。尾闾关和尾闾穴不是一回事，它们的区分在哪儿？尾闾穴通常指的是尾巴骨，就是大椎最后尾巴骨的那个端儿。尾闾关不是一个点，而是一个范围。我所传承的太极内功，对于尾闾关所给出的范围是在脊椎上的两个点之间，一个点是下端长强穴，长强穴在肛门和尾巴骨之间，另一个是命门穴。从长强穴向上正好到带脉，也就是命门这儿。这个范围为尾闾关。

下盘稳不稳关键就在尾闾关。尾闾关是人之底盘、下盘。这个底盘正好是腰胯这个范围。尾闾关形似一个倒三角，这个倒三角分左右，有八个孔，叫八髎。李时珍讲，骨之空处就是骨髎。它之所以稳，有相当大的支撑强度，和八髎有密不可分的关系。

中关夹脊关。夹脊一般指从膻中穴相对画一条横线，到大椎的点。但是作为夹脊关来说，依然是一个范围。这个范围从命门一直到大椎，这是我所传承的太极内功关于三关给它的定义，就叫夹脊关。下尾闾、上玉枕，中正好是夹脊关。

上关玉枕关。上关依然是一个范围，在大椎和玉枕之间。也就是颈椎这个范围，就是玉枕关。

关于三关的具体位置，三关的定义，各家有不同的说法，我只从我传承的抱三关功法中三关的具体位置做介绍。

(3)“抱”的内涵真义

首先，还是要对什么是抱有一个认知。只有把握了抱的内涵真义，才能够知道什么是抱三关，才能够在具体修为中知道怎么去抱、如何抱三关。

抱字，从形上来说，是手、是包，也就是用两臂环绕、环抱、围拢。形上，抱就是两只胳膊环抱环绕。意上，抱字，有怀藏、怀抱之意。你要守住、要抱住一种信仰、一种志向。这时抱是内在的，是看不见摸不着的。

具体到抱三关的抱，到底是哪一种真义内涵呢？既有外在之形的抱，也有内涵的抱，两者皆有之。从外形来说，抱三关依然和开合桩一样，是以两臂环抱来展开具体功法修为的。当然这只是外形。我所传承的太极内功都是练形求意，以外在形的变化和动作去求出内在的主宰之意。我们在具体形的功法修为过程中，要求出一个内抱之意。

太极拳内功遵照着太极阴阳学说、太极之理、太极之道。在这个理的基础上，具体体现的是道家思想、道家文化。太极文化是道家的一种思维方式。太极拳和道家文化、与中医是同道同脉，是同源的。不管是道家的养生，还是中医，还是太极内功，对抱都有很严谨的定义。

道家的修为，要抱圆守一。抱和守两字谁也离不开谁，它们之间是因果关系，其结果是要守一。太极内功修为，最后要达到的结果同样是守一。一分二，就是阴阳；阴阳一合，合二而一，一即太极。怎么能够结出这个守一之果呢？要抱。抱为因，守为果。在修为过程中，你抓住了抱，才能够得到守这个果，结出这个果实。

老子对"抱"字有重要论述："万物负阴而抱阳，冲气以为和""道生一，一生二，二生三，三生万物"。万物是怎么来的呢？负阴而抱阳。离开抱阳，就没有道生一，一生二，二生三，三生万物。

守一是因抱而守。老子说："是以圣人抱一为天下式：不自见，故明；不自是，故彰；不自伐，故有功；不自矜，故长。载营魄抱一，能无离乎？专气致柔，能婴儿乎？见素抱朴，少私寡欲，绝学无忧。"老子在说道的时候，一个是以水来说道，水是几于道的；另外他用圣人来论道，圣人是几于道的。抱而守一，是老子一个很重要的主体思想。老子的思想也是我们所修为的太极内功的一个核心的主体思想。因此，理解抱三关的"抱"字，不只是一个形上的抱，还有一个内在的抱守、遵守。守一，一就是太极。

道家养生告诉我们抱圆守一，我们给它定义为抱关守一。抱关是具体的功法，守一是最后的结果。

2. 为什么要抱三关

我所传承的太极拳内功，不管理法、心法、功法，很明确的是我们要求得的结果是懂劲。

能不能够阶及神明，关键在于懂劲。懂劲是太极内功修为的一个分水岭、一个门槛。只有懂劲了才进入了太极内功之门。

如果我们修为了半天，思慕经年，下了很大的功夫，最后没有进入太极之门、内功之门，没能进入懂劲阶段，真的是悲哀。

迈过这个槛儿，过了这一关，才能够阶及神明。

抱三关就是让你懂劲。知阴阳，阴阳相济，方为懂劲。先得懂劲，你才能够见证从心所欲，阶及神明。开合动桩功，特别是抱三关，就是迈入这个大门的修为大法和路径。

为什么抱三关能够让我们懂劲、得真正内劲呢？怎么得这个真正内劲呢？杨澄甫在《太极拳术十要》中说，要想得太极的真正内劲，你就得做到“气血流注，日日灌输，周流全身，无时停滞，而且久久练习”。很多太极拳爱好者没有遵循这样一条道，就不可能得到太极内功的真正内劲。

换言之，得真正内劲只此华山一条路。要想得内劲，就得对气血流注有一个明确的认知和把握。杨氏太极拳内功，对于气血流注有非常明确的阐释和要求。杨氏太极拳老谱《太极力气解》专门谈气血：“要之，明于气血二字之功能”。你对“气血”这两个字的功效要有一个明确的认知。在《太极血气根本解》中，“气以血之盈虚”，气跟血的盈虚有密切不可分的关系。“血以气之消长”，气的消长与血的盈虚又有密切的关系。“消长盈虚周而复始，终身用之不能尽者矣。”

人的生命内动力的实质，就是气血两个字。不管你是想健康长寿，或者是防身技击，首先是生命力得强壮。一个人百病皆来，就是因为气血不能够时时流注，不能够做到无有停滞。可以说生命就是气血，气血就是你生命的内在力量。

气血能够充盈、日日灌输、无时停滞的话，人就气力十足、血气方刚，而且充满了使不完的劲。

杨氏太极拳老谱说：“气走于膜络筋脉，力出于血肉皮骨”。为什么说气血流注最后就能得真正的内劲呢？气与力合，就合出来一个内劲。我们要从这个角度去把握气跟血两者之间的内在关系。

从道家和中医的角度，“气为血之帅，血为气之母”，气和血两者密不可分，互为其根。气能够生血，能够行血。血之所以能够流通，是因为有气的作用。离开了气的作用，血就不能够周流了。同时气还能够固血，让血不外溢。血载气，同时血也养气。对于修为来说，我们是以气为主。在气血日日灌输、周流不怠的过程中，抓住气的修为，是我们修为的核心。《十三势歌诀》告诉我们：“气遍身躯不稍滞。”气遍身躯不稍滞了，你就能够做到气血周流全身，没有停滞了。

通过抱三关这个具体功法，我们修为气遍身躯不稍滞，从而能够让我们做到气血流注、日日灌输、周流全身、无时停滞，最后得真正内劲。

为什么抱三关能够让我们做到气遍身躯不稍滞呢？太极内功修为和道家养生、和中医是同道同原，异曲同工，都是要做到气血流注。从道家养生来说，要想做到气血流注、气遍身躯，就要打通任督二脉。道家认为，通过任督二脉，阴阳二气能够升降循环，气遍周身。只要任督二脉打通了，就能够一气周流了，就能够循环了，气血就流注了。身体气血流注，才能够健康长寿、防身御敌，才能够有顽强的生命动力。

这里我是从太极内功的角度去理解道家的小周天。周天就是天地能够产生阴阳二气的鼓荡和循环。天地之间一气的周流，从道家养生来说，指的是任督二脉小周天的运行。这个运行要能够做到无时停滞的话，有一个很关键的修为法要，叫通三关。所以打通任督二脉，从道家来说是通三关。

人与天地相合以后，阴阳二气合为一气。要达到一气周流，从太极内功的角度，有这样两条路径：一条叫虚中线，也就是百会、膻中、会阴这样一条通道。还有一条实中线，也就是大椎、脊梁骨，是看得见摸得着的。这条实中线要通尾闾关、夹脊关、玉枕关，才能够形成任督二脉的一气周流。要形成一气周流，气遍身躯不稍滞，就得把虚和实发生一个变转，而且虚实要合一。

怎么才能够通出一气周流呢？具体功法就是抱，抱三关而达到通三关的结果。

具体到修为中，通过抱三关的功法就能够达到气血流注，最后得到真正内劲。这就是为什么要抱三关。

3. 怎么抱三关

抱三关可以说是由着熟渐悟懂劲的修为阶段。抱三关修为的成果是懂劲。因此，在修为过程中，要弄清楚怎么才能懂劲、什么是懂劲。王宗岳在《太极拳论》中说，“阴不离阳，阳不离阴，阴阳相济，方为懂劲。”

第一个功法要义，是要遵守阴阳相济的原则。在具体修为中，我们用开合来知阴阳、修阴阳，用开合相济来修出阴阳相济、方为懂劲。阴阳相济、方为懂劲是《太极拳论》的一个主旨要求，我们在实修实证过程中要落实在开与合两者之间的分合关系上，也就是开不离合、合不离开。开合相济，就是阴阳相济的具体体现。

第二个功法要义，要始终遵循《太极拳论》“动之则分、静之则合”主旨要求。在动的过程中我们要动之则分，分出两个完全不同的表象，一个是开一个是合。杨澄甫在《太极拳术十要》中告诉我们，以分清虚实为第一义。要分清虚实，一处一虚实，处处总此一虚实，这是需要把握和遵守的法则。怎么体现出虚实分清呢？也就是动之则分，要分清开和合。

为什么还要静之则合呢？开与合所表现出来的是完全相反的两种表象，但是它们是一体的两种表现。离开了开就没有合、离开了合就没有开。因此，对于开与合既要分清，又要不同而合，此两者同出。当开的时候就一定会有合，当合的时候就一定会有开，开不离合、合不离开，开就是合、合就是开，有开有合。当合就是开、开就是合的时候，我们就有而回无了，由有开有合，进入无开无合，开合同体、开合合一的阶段。

第三个功法要义，分出来一条虚中线、一条实中线。三关就是实中线上的三个关、三个部分。我们通过抱三关要达到实中线的三关与虚中线的三丹相开合，也就是虚实中线的开合。最终我们是通过具体的功法落实到虚实的开合，具体体现在虚中线三丹和实中线三关之间内在开合的关系。我们在修为过程中要牢牢把握住虚实的开合。它是通过虚中线和实中线，具体到三个关和三个丹，一开一合相互之间产生密不可分的内在关系。

第四个功法要义，太极拳术以分清虚实为第一要义，我们要通过修习来体会阴阳、分清虚实。

在具体修为中，从这五个方面来体会开合中阴阳、虚实：

①蓄发

拳论说“蓄劲如张弓，发劲如放箭”，一蓄一发。一个是蓄劲、一个是发劲，而且要蓄而后发。蓄和发体现在懂劲中，是懂劲的具体体现。抱三关功法，开与合就体现了蓄发。开是发、合是蓄，一开一合，一蓄一发。通过开合就能够修为蓄发，蓄而后发，就能够做到发劲如放箭、蓄劲如张弓。

②收放

发就是放，蓄就是收。一收一放、一蓄一发，就是开合的具体应用。发是向外，收是向内。一内一外，一蓄一发、一收一放，这都是开合的具体体现。我们在开合功法中具体的体悟和实修实证蓄发和收放。

③升降

我们知道升与降是一上一下的关系，所谓的上升、下降。在修为中，上升对应的是开，下降对应的是合。因此，在抱三关功法修为中，就是要通过升降来体会开合的真感实悟，以把握开合的真义内涵。

④出入

开是出，合就是入，开是向外，合是往里，所以开合就体现在一出一入中。这是开合的第四个具体的内容。

⑤呼吸

呼是开、吸是合，开合与呼吸是密不可分的。我们通过开合能够体会出来呼和吸，与蓄发、收放、升降、出入之间存在密不可分的内在必然联系。最终我们通过蓄发、收放、升降、出入得到一个自然的呼吸。这个自然呼吸和开合有密不可分的关系。

开合体现在蓄发、收放、升降、出入、吸呼。特别是吸和呼，我们虽然强调自然呼吸，但不是练呼吸，而是练开合。我们通过开合得到的吸和呼是非常自然的一个结果。《五字诀》上说："吸呼通灵，周身罔间，吸为合为蓄，呼为开为发。盖吸则自然提得起，亦拿得人起；呼则自然沉得下，亦放得人出。此是以意运气，非以力使气也。"拳论非常清楚地告诉了我们，吸和呼与开合、收放、蓄发密不可分的内在关系。

《十三势行工心解》："极柔软，然后极坚刚，能呼吸，然后能灵活。气拟直养而无害，劲拟曲蓄而有余。"通过开合动桩功，特别是抱三关，我们要得到一个自然而然的呼吸。你现在的呼吸非关学力而有为，在遇上各种紧急的情况、各种妨碍的时候，不能够永远保持住始终如一的自然状况。我们修为的呼吸是要关学力而有为，要达到该呼则呼、该吸则吸、吸呼通灵、自然呼吸的境界。抱三关的每一个功法都体现着蓄发、收放、升降、出入、吸呼。

内外三合是我们在抱三关修为中必须要牢牢把握和始终遵守的重要法则。五个功法要义，始终要牢牢遵循和把握住内外三合。在具体功法的修为过程中，始终要遵循心与意合、意与气合、气与力合（内三合），始终要把握住肩与胯合、肘与膝合、手与脚合（外三合）。

二、把握一个核心、三个关键

1. 一个核心：拿住丹田

太极拳是内家拳之一，内家拳是以道家太极阴阳学说为理论基础，以修为太极内功为核心要旨而创生的有为之拳法。道家修为的核心是内丹功。所谓内丹功，其实质正如张三丰在《歌诀六首》中所说："拿住丹田练内功，哼哈二气妙无穷。动分静合屈伸就，缓应急随理贯通。"我所传承的开合动桩功是太极内功的基础功法之一。抱三关是开合动桩功的三法之一。因此，修为抱三关功法也必须恪守"拿住丹田练内功"这个唯一之法门。

"拿住丹田练内功"的首要关键在于要能"拿住丹田"，而"拿住丹田"就必须对什么是"丹田"，如何找到"丹田"，有清晰的认知和把握。只有找到并把握住"丹田"的真实，才能通过具体功法的修为真正做到"拿住丹田"！

（1）什么是"丹田"？

中国古人认为在浩瀚的宇宙间，一定有一个神秘的"主宰者"，决定着万事万物的生存、发展和变化。亦如老子所云："有物混成，先天地生。寂兮寥兮，独立而不改，周行而不殆，可以为天地母。吾不知其名，强字之曰道。”古人把“不知其名”的“主宰者”强名为“道”，进而把不知其名而强名的“道”具体为一个阴一个阳！阴与阳如何主宰并决定事物的变化呢？老子亦一针见血地指明：“万物负阴而抱阳，冲气以为和”，进而把万物的生存发展变化归结为事物内部阴阳二气相冲和而形成一气周流的过程和结果。故此老子更加形象地揭示出“天地之间，其犹如橐籥呼，虚而不屈，动而愈出”。老子把天地之间比喻为一个大风箱，正是这个风箱产生生命动力的一气。由此可知，生命的本原就在于一气，生命的动力，也正是这一气的周流。

作为天地人三才的人，也一定有一个提供生命一气的“风箱”。古人依据太极阴阳学说把隐藏于人之内的视之不见、触之不得而真实存在的产生一气的“风箱”，定义为“丹田”！换言之，所谓丹田就是一阴一阳相冲合产生生命一气的“气机”！也可以说丹田即一气，一气即丹田！进而言之，丹田即道的具体体现，或许可以认为：丹田之功就是证道、入道之不二法门！

“拿住丹田练内功”不仅要知道什么是“丹田”，关键是解决如何“拿住丹田”！拿住丹田的关键在于找到并掌握住产生一气的“气机”所在！

我们要明确道家内丹功修炼的核心是人生命的三宝即“精、

气、神”，并把“精、气、神”分有上中下三个丹田，分别对应人的三个穴位。上丹田主神，在督脉两眉之间印堂穴；中丹田为中气之所聚，在膻中穴处；下丹田为藏精化气之地，即“气机”所在。为此，需要强调一点：所谓丹田之田，并非一个点，而是一个范围。丹田之丹是田中横竖相交之中点。例如下丹田之田包括神阙、气海、关元等。下丹田之丹，就定在脐下三指气海穴处。

（2）意守丹田

太极内功修为的主旨是“凡此皆是意”。拿住丹田练内功，就要做到意守丹田。丹田本是虚空之性体，拿住丹田，就必须拿住空而不空的、虚而实的真意。这个意的真实，用借假修真的内功心法，想象丹田处有一个轮子，轮子盘旋即产生了内气的鼓荡。亦如杨澄甫在《太极拳术十要》之六“用意不用力”一文中所言：“若不用力而用意，意之所至，气即至焉。如是气血流注，日日贯输，周流全身，无时停滞。久久练习，则得真正内劲。”

拿住丹田的关键在于“意守丹田”！作为太极内功修为，拿住丹田就要意守三个丹田。虽然是意守三个丹田，但并非三个不同的意，而是守一意通一气！在“拿住丹田练内功”的修为中，更注重的是意守下丹田，因为下丹田为人之生命的“主机”所在，又是人生命之藏精之府。道家所言“炼精化气”就是在下丹田完成的。下丹田犹如汽车的发动机，人生命之肾精犹如汽油，经过发动机点燃压缩成气，提供了汽车运转的动力。上中两个丹田如同两台气泵，增加了一气周流的动力。通过意守丹田而丹田内盘，从而产生一气的鼓荡。所产生的一气在意的引导下，沿着人的大椎即人体实中线的尾闾、夹脊、玉枕三关上升，并顺着百会、膻中、会阴虚中线沉降。通三关、穿三穴而一气周流，在意气的作用下，关与穴发生了开合变化，同时，意领气催形随动，产生了内劲并催动了形体的开合。由此可见，抱三关功法所表现出来的有形身体的开合变化，是意气作用在关穴产生开合变化的结果!

2. 三个关键

（1）定之方中

太极内功修为的主旨是"拿住丹田练内功"。能否真正"拿住丹田"成为了"练内功"的关键。拿住丹田首要在于能"定之方中"！拳论有云:"得中、用中，妙用无穷。"父亲曾多次对我说：丹田之丹就是所求之中，能得中、守中就是拿住了丹田！因此，"定之方中"是开合动桩功之抱三关修为过程中必须牢牢把握的关键要素之一。

在杨氏太极拳的传承中，把太极十三势提炼和归纳成八门五步。八门对应八卦，五步对应五行。杨氏太极拳老谱第一篇《八门五步》，很明确地告诉我们，“五行者，进步火、退步水、左顾木、右盼金、中定土”。“定之方中土也”。从五行来说，脾胃就是中土。内气运转的一气周流，关键在于脾胃。脾胃如果转不动了，会影响人的一气周流，人的身体就会出现各种病痛。杨氏太极拳很清楚地告诉我们:“夫进退为水火之步，顾盼为金木之步，以中土为枢机之轴，定之方中土也”。以中土位为枢机之轴，不管进也好退也好，左也好右也好，轮子转得动转不动，关键问题在枢机、在中轴。所以太极内功修为首要:“定之方中”！

我们不仅在静桩功的时候要定之方中，在动桩功的时候也要能定之方中，守这个中土。当动起来以后是不是还能够守住这个定之方中？杨氏太极拳关于站桩有一篇拳论《对待用功法守中土》告诉我们，“定之方中足有根，先明四正进退身”。无极桩功、浑圆桩功，定之方中都是在静态的时候。从开合桩到抱三关、到四动功，要动步了，这个时候如果离开定之方中，脚下就没有根了。离开了定之方中，所有的动如无源之水、无根之木。在开合动桩功，特别是抱三关修为中，我们要在定之方中足有根的情况下，先明四正进退身。四正是前进、后退、左顾、右盼。

先明进退身，守住中土位，就定之方中了。我们要明确地把握进、退、顾、盼这四正，所以要让自己能够中定。正如杨氏太极拳老谱《太极圈》一文中所言：“所难中土不离位，退易进难仔细研。此为动功非站定，倚身进退并比肩。”

“定之方中”源于《诗经》：“定之方中，作于楚宫。揆之以日，作于楚室。”当年卫文公要盖新的宫廷，做规划设计的时候，首先，他定之方中来定方位。古时候认为天上有一颗星，在农历十月中旬处在天宫的正中，所以定之方中，它在正中。“揆之以日”，用太阳垂直的影子来确定这个方位。要确定一个准确位置的时候，关键是定之方中。

什么是定之方中的方中？方中者方圆，方中的方是四方，东西南北；四方之中，就是中心，四方中心也是圆之圆心。一个是方一个是圆，定之方中，就是定方圆。这个方中既然是确定的，就是要遵守的、不能违背的，这就是规矩。无极桩功、浑圆桩功修为的是规矩。比如“凡此皆是意”“用意不用力”，就是规矩。规是圆规，矩是四方。没有规矩不成方圆，太极拳内功修为必须要遵循规矩。

杨氏太极拳老谱《太极正功解》专门谈的是方圆、规矩：“太极者，圆也。无论内外、上下、左右，不离此圆也。太极者，方也。无论内外、上下、左右，不离此方也。”太极拳内功修为，始终不离方和圆。其实人生也是如此，人生的规矩就是要外圆内方。刚在其内、柔在其外。我们对任何人要以柔相对，又不失内在刚毅的精神和原则。这就是亦圆亦方，也是做人做事的规矩。太极内功的修为，就是通过有为的拳法让你知道规矩就是方圆，方圆就是规矩。

具体到修为过程中，《太极正功解》指出“圆之出入，方之进退”，一个出入一个进退；“随方就圆之往来也”，随着方你就得是圆，不能随方就方。要遵守刚毅、坚强的原则，但是这个原则是对你自己的，你不能够对其他人也用方相对。对人要用圆，在圆中不失方，这才是规矩。“方为开展”，方要向外开展，因为方在其内；“圆为紧凑”，圆要向内合，一开一合。“方圆规矩之至”，通过方圆能够把握住规矩，“其孰能出此以外哉？”万事万物，包括所有人，谁都离不开这个规矩。“如此得心应手”，这样就得心应手了。“仰高钻坚，神乎其神，见隐显微，明而且明，生生不已，欲罢不能也”。杨家老谱《太极正功解》明确地告诉我们，太极内功修为离不开最基础的规矩，所以要知规矩、守规矩、合规矩。不离规矩，也就是不离方圆。

方圆，一个方一个圆；方中，方是四方，亦是四正，杨氏太极拳老谱《太极四隅解》中明确指出："四正，即四方也。"四正之正，正字是一上一下颠倒合中而成！要做到天地上下相合，天为阳、地为阴，阴阳相济相合而中正。

《十三势行工心解》说："立身须中正安舒，支撑八面"，中正的主旨就是规矩之至。离开了中正，就离开了修为的核心主旨。立身要中正安舒，只有中正了才能安舒，才能支撑八面。在我传承的太极拳内功修为中，从一开始就要定规矩，立出守中正的准则。我们必须要牢牢把握和遵守中正这个不可逾越的准则。

我们通过太极内功要修为出一个立身中正安舒的、阴阳相济合太极的我。其实，为人处事，成败的关键就在于能不能立身中正安舒。这是太极内功修为的准则，也是一个做人做事的准则。

孟子说："于己能中正平和，于人可兼济天下。"周敦颐在《太极图说》中告诉我们："圣人定之以中正仁义，而主静立仁极焉。"什么是主静呢？"无欲故静"，就是把那些不该有的欲望、贪欲舍弃掉，就能静了。

立身须中正安舒，是太极内功修为的法则。要做到中正安舒的关键在于"定之方中"！在抱三关的功法修为中如何才能"定之方中"？答案非常明确：定之方中之中，必须中不离重，重不离中。人之中心与重心，合于一心！

（2）中重同心

我们知道太极内功修为的核心主旨是“拿住丹田练内功”。在抱三关功法修为中，首要做到“定之方中”。在“因敌变化示神奇”时，是否依然能“定之方中足有根”，从而守住中定而“立如平准”，关键在于调重而守中。如何调重而守中，是抱三关功法修为的又一个关键。

王宗岳在《太极拳论》中明确指出太极拳修为的准则是“立如平准”。所谓平准是要求习拳者做到：面对外在的干扰变化时，能始终保持自己的“三平”状态，即平静、平稳和平衡。

这个状态是通过修为要达到中心和重心合二而一的结果，当合为一心才能做到“立如平准”！

我们经常说一心一意，不能三心二意，就是要同心协力，众志成城。中、重同心，合二而一，两心合一心了，你就能把握住一心一意，就能让自己处在平静、平稳、平衡的无过不及、不偏不倚的太极状态。从无极桩功到浑圆桩功，再到开合动桩功，都离不开要寻求中重同心，合二而一心。

如何才能“中重同心”？宇宙万物千姿百态，只有一种状态既是重心又是中心，这个状态就是中正而安舒的状态！亦如拳论所云“立身须中正安舒”！我们要找到中重同心的话，就要找到并守住中正安舒的状态。找到并守住这个状态的关键在于找准中重同心的那个点。用找到的这一点来做圆，中重同心是同在圆心。找到了圆心，就可以以圆心为中点做出无数个圆环。亦可实现古人云：“得其环中，以应无穷”。亦如杨班侯《乱环诀》所云“欲知环中法何在，发落点对即成功”！

具体到修为中，抱三关就是要找到这个中重同心点。如何找到这个“点”？宇宙万物形状各异，但只有三种形状，即正方形、正三角形及圆形，才是中重同心。杨氏太极拳老谱《太极正功解》云：“太极者圆也。无论内外、上下、左右，不离此圆也；太极者方也，无论内外、上下、左右，不离此方也。圆之出入，方之进退，随方就圆之往来也。”在具体习练中必须遵守“内方外圆，以方做圆”这个修为法则！修为的具体法门就是通过正三角形找到中重同心的同心点。

从根本上来说，就在“其根于脚”四个字。我们在脚下找到三个顶点，做出这个正三角形，就能通过正三角形找到中重同心的这一点了。

左右脚的涌泉是正三角形的两个顶点，尾闾（长强穴）至脚下的垂点是正三角形的另一顶点，找到了这三个顶点，我们就找到了一个正三角形。找到脚下的正三角形，我们就确定了自己的中心、重心同心的这一点，也就是圆心。这一点恰恰就在虚中线到大地的垂线上，也就是由百会到会阴与大地相交的垂点上。其根于脚，脚下的根就在这一点上。

找到了这一点，就找到了中心，也找到了重心，最后就能找到同心圆。我们守住了它，就可以产生大圆小圆、大环小环。无数个环的变化，都不能离开这个根本。守中的关键，就要用意守住中重相合的这一点。

在静的状态下中心、重心是同合为一且相对不变的！但是，人总是要动的，无论前进、后退、左顾、右盼，只要一动就会产生形变，脚下的正三角形就会出现“不正”。

当形变了以后，中心与重心就会“动之则分”。其实，中心确定后，重心总是在变动的。在任何时候重心都是动态的，中心和重心是相对而合。即使身形相对静态时，重心也不是静止不动的。就连一呼一吸，甚至一动念，重心都跟着变化。变化是绝对的，静止不动是相对的。尽管有时动得很微小，甚至感觉不到它的动。为什么要练平衡的灵敏度呢？越练，你就越对平衡有灵敏的调控，能在平衡这杆秤中把细微的变化秤出来。

地震专家说，地震仪动不可怕，可怕的是它不动了。地震仪指针总是在一个范围里面摆动，当它大动的时候，就说明大震来了，所以动是绝对的。提高了自己的灵敏度，自己这杆秤就能随时感受到重心的微小的变化。灵敏度越高，你就越能够感知到它在萌芽状况下的变化。我们从静桩功到动桩功，要不断修为这杆秤的灵敏度、提高它的灵敏度。不只是感知到它，而且要能够不断地调整它，让它不要离中太远。永不离中，我们就能够近似得到中重相合的那个点，也就是立如平准的那个点。立如平准的"平"不是一成不变的，平是动态的平衡。我们站桩，要找到那个点，立如平准，方能偏沉则随，活似车轮。当重心偏离中心时候就要调重，才能达到守中、平衡的结果。因此，要想平衡、守中，我们就要知重、调重。一动形就变，即使形不变，重也是在微小的变，看似是不变，实际上呼吸、心脏收缩、气血流通都在动，都在变，所以重心也跟着在变。我们找到了中，又得到了重，就能感知到中和重两者之间"动之则分，静之则合"的既分又合的内在关系了。

我们在修为中要调重来守中，怎么去调、去守？关键在开合、提落。任何时候，动是绝对的，静是相对的，也就是平衡是相对的。我们看到的身形的变化都是形勿自伸缩，也就是形不自动。动的关键在意不在形，是形随意动。

意在守中，即意动是中动，是中的开合。身形的开合变化不是它自己的开合，而是中开中合的结果。所以意不在形上，在无形无象的虚空的中上，意是在中的开合。由意来导气，由气来催动形，形体的变化在意气，关键在意。亦如拳论有云“在内不在外”“凡此皆是意”！

我们通过修为，把身体修出立如平准这样一杆秤。秤平不平关键在于秤砣。所谓“秤砣”即裆下垂吊的重锤。守中而平准就要调这个重锤。怎么调？提落，也就是随着中的开合，重锤相应要提和落。我们在抱三关功法修为过程中，要随着中的开合用意提落这个重锤。意在中的开合，实质是重的提落。所以中的开合、重的提落是一回事。中的开合，意是虚的、是在虚空处的；重的提落，由于有重锤重力的真实作用，它是实的，所以一虚一实。这个时候虚跟实、中和重是此两者同出的，是合一的。中在开合过程中，必然有重的提落，重的提落一定不离开中的开合，这两者互为其根。

我们在做抱三关的时候，就要把中的开合和重的提落合二而一，合成一心一意。这个一心是重心和中心两者之间的关系，一意是开合和提落两者之间的关系，最后合到一个滋味上。一个外形动作的变化，里面就有中重、虚实、开合、提落之间同出同在的变化。我们在修为过程中，要牢牢把握住形所表现出来的开合，实质是中的开合结果，而中的开合和重的提落此两者要同出。中开重锤要提，这个时候要用意真的提着这个重锤，向中来合。吊着的是重锤，中心和重心是同一心。《太极拳论》上讲“动之则分”，一动就要分，分了中和重、开和合。中开的时候重锤是上提而向中合，中合的时候重锤是下落而由中开。

开要提，合要落，一开一合、一提一落。开合的时候你一定要品味。由意品味重锤的提落，是不是中的开和重的提、中的合和重的落，此两者同出而合到一个滋味上。

需要明确的是：中的开合与和重的提落永远是相反相成、互为其根的，一个开一个就要合，一个合一个就要开。中开，重就要合；中合，重就要开。重提是向中合，重落是由中开。很明显，当把重提向中的时候，是把重锤合到中上，中重相合即拳论《五字诀》中所说：“吸为合为蓄。”当重锤下落时，是由中开。它对应的是呼，即《五字诀》所云“呼为开为发”。当年父亲把中重的开合提落形象地比喻为茶杯与茶水。他指着端在手里的茶杯说：中就是这个空杯子，茶水就好比提落的重。把茶水倒入空杯里，就是提重合而蓄中，把茶水倒出杯子就是落重开而中发。

做到了中开重合、中合重开，就懂得开合了。在合的时候做到吸而合，合而蓄、蓄而收；在开的时候做到开为呼，呼为发、为放。你懂得了开合，就知阴阳了。当你懂得了开合、知了阴阳，就能做到如《五字诀》所说的“功用一日，技精一筹，渐至从心所欲，罔不如意矣”。

开合动桩功抱三关就是用具体功法去懂得开合。懂得开合便知阴阳，进而做到了阴阳相济，方为懂劲了，便入了太极内功的门境。懂劲不是一句空话，而是要经过一步一步地修为，懂得开合，然后知阴阳。达到开中寓合、合中寓开，阴阳相济，才能“由着熟渐悟懂劲，由懂劲而阶及神明”！

（3）关穴开合

太极内功修为的核心就在于阴阳的开合。离开阴阳的开合就离开了太极拳内功的修为。正如杨班侯《虚实诀》中所云：“太极阴阳少人修，吞吐开合问刚柔”。这句经典拳论，一针见血地指出：世上练太极拳的人数不胜数，真正修阴阳开合者少之又少！同时，杨班侯明确地告知后人修为太极内功的三个要素即吞吐、开合、刚柔。其中吞吐为法，开合为体，刚柔为用。由此可知，作为内家拳的太极拳，修为的核心主旨就是通过有为功法的研习，把自己打造成为一个能做到《十三势歌诀》中所说的“屈伸开合听自由”的太极体！太极拳前辈李亦畬在《五字诀》一文画龙点睛地指明：“能懂开合，便知阴阳。到此地位，功用一日，技精一日。渐至从心所欲，罔不如意矣”！更有前人把太极拳内功修为高度归纳为一句真言：“一开一合，足尽拳中之妙”！当年父亲也反复强调“离开开合，无太极”！

我所传承的《无极桩功诀》揭示出人体分有“三盘三腔三丹田，三关三穴虚实牵”。通过无极桩功的研习，清楚地知道并把握了人体虚实两条生命线。一条虚中线贯通百会、膻中及会阴三穴；一条实中线即人体的脊椎，穿越尾闾、夹脊及玉枕三关。太极内功修为的主旨是“拿住丹田练内功”。“拿住丹田练内功”的法门是“动分静合屈伸就”。“动分静合屈伸就”的本质是动分静合。开合动桩功修为的核心主旨就是“开合”二字！其中抱三关功法的核心就是通过关与穴的开合修为动分静合！

拳诀阐明：“拿住丹田练内功，哼哈二气妙无穷。”因此可知，太极内功有得，归根结底是修得“内气”。所谓“内气”即是哼哈（阴阳）二气相合为一气。太极前辈孙禄堂精准地阐释：“太极即一气，一气即太极。”

所谓拿住丹田，就是拿住了产生“内气”的气机！当气机点燃发动产生了“内气”，内气就沿着虚实中线周流不殆。虚中线与实中线一前一后，下丹田发动机产生的内气在意的引领下沿虚中线下降，经会阴转尾闾关沿实中线上升。内气前降后升的过程中，实中线的三关与虚中线的三穴在意领气运的作用下，发生了开合变化。例如当内气在意的引领下沿实中线上升至夹脊关时，夹脊关节随着意的变化产生对拉拔长而关开，夹脊关开的同时，意气顺利通关而沿实中线继续上升。需要注意的是，在夹脊关开的同时，虚中线与夹脊关相对应的膻中穴产生了闭合的作用！换言之，关开的同时，虚中线上相对应的穴一定产生相反的变化！

通三关穿三穴一气周流的作用，为关与穴的开合提供了动能！进而通过关穴的开合产生了人体的内劲。内劲为人体所有运动变化提供了动力。

综上所述，开合动桩功之抱三关修为的主旨是“拿住丹田练内功”，拿住丹田的关键是意守丹田，以意守下丹田为重中之重。意守丹田的关键在于丹田内盘，以至“意之所至，气即至焉”而产生一气周流。在意的引导下内气通三关穿三穴而使关与穴开合变化。关穴的开合产生了内劲，最终为人体运动提供了动力！

在抱三关功法关穴开合的修为过程中，要牢牢把握住三个基本要素。

1. 穿针引线

父亲当年把以意导气通关穿穴形象地比喻为“穿针引线”！

把意喻为针，线比作气。我们知道太极内功要求“内三合”，即心与意合、意与气合、气与力合，其中意与气合是太极内功修为的核心要素。用“穿针引线”作为心法，统领抱三关的理法与功法，遵循“意气为君”的修为法要，从而达到以意导气，以气催形，在意不在气，用意不用力，意之所至，气即至焉，气血流注，日日贯输，久久练习，终得内劲！

2. 后发前至

抱三关功法的修为，在意气的作用下，关与穴产生了开合的变化。关与穴，一实一虚，一前一后。在关开穴合、关合穴开的开合变化中，始终遵循在意不在气，在气不在形，在后不在前，以意导气，以后主前，后发前至的原则。关穴的开合使得人身的肩、脊、胯及各部位随之产生开合动作。有形之身的开合动作同样遵循“在后不在前，后发前至”的原则。例如，夹脊关与膻中穴的开合作用，使得左右两肩随之开合。两肩的开合，同样遵循以后主前，后发前至的原则。两肩分为前肩与后肩，夹脊关开，膻中穴合，两后肩随夹脊关开而开，同时两前肩向膻中穴合。反之，夹脊关合，膻中穴开，两后肩随之合，两前肩自膻中穴由中而开。至此，同一个肩关节，分出前肩与后肩。前肩合，同时后肩开，后肩合，同时前肩开。随关穴开合而开合的同一个肩，产生了开中有合、合中有开的不同而合的变化，也就是开合同在、动静合一。亦如《太极拳论》所云："动之则分，静之则合。"

由此可知，人身各部位随虚实中线的关与穴的开合而产生开合变化，从而实现形与意合而为一。人之一身犹如一张弓，贯通三关的实中线有如弓背，穿透三穴的虚中线好似弓弦。一实一虚，一后一前，一蓄一发，蓄而后发，后发前至。正如拳论《十三势行工心解》所云："蓄劲如张弓，发劲如放箭。曲中求直，蓄而后发，力由脊发。"通过抱三关功法的修为，就是要把自己打造成后发前至、前节有力、蓄而后发的一张可用之弓！

3. 身形腰顶

在抱三关关穴开合而随之产生形体各部位开合变化时，还必须始终牢记杨家老谱《身形腰顶》一文中"身形腰顶岂可无"这句谆谆告诫！前文已述，抱三关修为的核心是关穴的开合，关与穴的开合实质是虚实中线的开合。通过后关前穴、后实前虚的虚实开合变转，来体悟阴阳相济方为懂劲的真实觉知，从而使习练者迈入"由着熟而渐悟懂劲，由懂劲而阶及神明"的太极内功的最高境界。因此，在抱三关功法修为中，关与穴、形与意的开合变化，要认真落实杨家老谱《太极圈》一文中所言的“退圈容易进圈难，不离腰顶后与前”。在关穴开合、前后进退的变化中，始终不能离开腰顶，反之就必然如《身形腰顶》一文中所言“身形腰顶岂可无，缺一何必费功夫！腰顶穷研生不已，身形顺我自伸舒。舍此真理终何极？十年数载亦糊涂”。

综上所述，在开合动桩功抱三关的研习过程中，要严格恪守“拿住丹田”这个“练内功”的核心主旨。同时，要始终牢记并把握定之方中、中重同心及关穴开合三个关键要素。其实，以上所强调的一个核心、三个关键，不仅是抱三关功法要认真体悟及运用的法理，也同样贯串在太极内功修为的全部过程中。习者不可不详辩焉！

问答

学员A：我有一个问题，师母在读书的时候，讲过中是虚的、空的、无的，后来您在《乱环诀》解释环中的时候，又讲到这个环实际上是虚的，中是有的，是实的。我现在的问题就是这个中究竟是实的还是虚的，好像在不同的方面，或者是在不同的功法里面，是完全相反的看法。请老师帮我梳理一下，我应该怎么去看这个中？

李光昭：这个问题带有普遍性。我们从太极阴阳学说、太极内功修为的角度去理解虚和实的真意，和常人对虚跟实的理解是完全不一样的。我们眼睛看得见的、摸得着的，是有形的，在常人看来都是实的；看不见的、摸不着的就是虚的。这是常人的理解，不是错，是对的，眼见为实，摸得着的就是实。但是我们现在的修为，要把实的跟虚的两个合起来，不是看得见摸得着的就是实，看不见摸不着的就是虚。通过有为的功法，我们要修为出能把虚和实合起来，合到一上。分是虚实，一合就是太极。我们既然是修为太极，把两个对立地合起来了，那也就是虚实合一了。虚实怎么样才能合一？不是把一个虚一个实捆在一起，而是要转化。我们既不是修虚，也不是修实，而是把实的修虚了，把虚的修实了。什么是实的呢？有形的身体，看得见摸得着的。无极桩、浑圆桩和开合桩，就是把有形的看得见摸得着的身体给它虚化。经过虚化、转化以后，同样是看得见摸得着的身体，已经跟原来那个实的身体不一样了。这个时候你再摸原来有形的身体，虽然还是实的，但是摸到的身体本身的那个有的力无了，没有力了、虚了。原来它有自己的想法、自己的意，自己想怎么动就怎么动，现在不是了，它自己不动了、它自己无意了。它有的一无了以后，实的就虚了。还是看得见摸得着，但是虚实发生了转化，阴阳发生了颠倒。我们对有形的身体是这样，实而虚之。

无形的心就是太极。杨氏太极拳老谱告诉我们：“人之周身，心为一身之主宰，主宰，太极也。”我们要想合太极、修太极，就得把心修出太极来。可是心是看不见摸不到的，是虚的，是极为抽象的。谁也摸不着，但是它又真实地存在着。我们要真实地把握心的话，就得让它虚的真的起到实的作用。也就是那个心真能主宰你的身了，你的身体服从心的主宰了，心就虚而实了。我们整个修为，就是本着这样一个修为的主旨——实的身实而虚之。怎么让它实而虚？修意。不是修这个形，不是把这个有形的身体给修没有了。因为意变了以后，这个形就发生了本质的变化。意是内心派出的使者，心与意合。意是无形心的真实，你抓住了意，意能指挥你的身体了，就是心的实，就是那个虚空的心真的有用了。因为它所派出的那个意，能够左右和主宰你有形的身体了。从这个角度理解虚和实，有形的身体实的虚了，无形的心虚的实了，真正起到作用了，身心相合了。无非一个虚实，实的虚了、虚的实了，有的无了、无的有了，有无相生，虚实合一，形成了一个完整的真人，你的身心相合了。你的心能主宰你的身，你的环能够服从你的中的指挥。你这个中能够定住，让你变环。在变的过程中，万变不离其中。通过环和中、虚和实、身和心，达到和谐统一。这就是修为的主旨。真我就是虚而实的和实而虚的合一了。实而虚的那个实，才是真实。虚而能实的那个虚，才是真虚。

学员 B：想请教老师两个问题，第一个问题是升降和出入比较容易分，蓄发和收放好像是很相近的。蓄和收、发和放是如何区别开来的？

第二个问题，老师在讲前开后合的时候，说两肩收于脊背，是两肩松开以后，向后收在脊背。那么在讲后开前合的时候，两肩是向前合，还是因为后面的脊背开了，所以肩是向前合。请老师帮忙指导一下。

李光昭：先回答第二个问题。动之则分，任何一个都要分前后。两个肩，照样分前后。当肩向后合的时候是向脊背合了。拳论上讲两肩收于脊背。开的时候，是由脊背这儿开，但是前就是合，两个前肩就要合。

后开的时候是由夹脊开，前合的时候两肩向膻中穴去合。肩的开和合主宰着肘、腕、指的开合。肩的开合又分了前和后，当后开的时候，由夹脊开的同时前就要合，两肩向中去合，向膻中穴去合。你要用意体会到这一点，一个是后面的夹脊，一个是前面的膻中穴，两个肩要向膻中穴去合。

第一个问题，蓄发和收放的问题，实际上是从不同的角度去说开和合的。太极内功修为关键是要懂劲，懂劲的标志是能够蓄而后发，就是能够做到如《十三势行工心解》所说“蓄劲如张弓，发劲如放箭”。蓄和发两者之间，像一张弓一样，一个是张弓，一个是放箭，一蓄一发。

收放与蓄发，是同一个开合过程中两种不同的状态。收放与蓄发，存在着相互联系的内在关系。需要强调的是：收放与蓄发不能画等号！收与蓄虽然都是向内合，蓄的过程当然是在收，但是蓄必须收到可发的状态，收不到可发的状态，这时的收就不等同于蓄。同理，放与发同样不能画等号！只要向外开都是放，只有蓄而后地放才是发，即拳论所云“蓄而后发”。

还要强调的是：收与放，蓄与发，要做到收时有放、放时有收，蓄中含发、发中存蓄。亦如拳论所云：“阴不离阳，阳不离阴，阴阳相济，方为懂劲。”抱三关就是通过理法、心法及具体功法的实修，使自己迈入懂劲之门。

抱三关是开合动桩功功法中一个难点，也是太极内功中的一个难关，只有迈过去，才能进入懂劲的阶段。

学员C：在修为过程中要把握住一个什么思路？

李光昭：在整个修为过程中，要把握修为的具体思路。这个思路和路径很重要，即是一层一层地，越修为越接近核心，越向里走。比如抱三关前开后合，我们从关和穴的开合开始修为。这个时候意就要在关和穴的开合上。要一层一层在意的引领下过一关又一关，通过意形成一气周流。但是最后会发现，关穴的开合其实质是丹田的开合。我们要体会丹田的开合、一气周流。当我们体会到丹田开合的时候，关穴的开合已经完成任务了。关穴的开合就是为了让我们进入丹田开合。把握住丹田开合，就不需要再拿住关穴的开合。通过丹田的开合又发现，当我们体悟到中重开合的时候，丹田的开合就是中重的开合。

由关穴的开合到丹田开合、到中重开合，有一个修为的层次。要知道我们是层层递进的，拿住这个就要放下前面一个。能不能够把这个拿住，体现在能不能把前一个放下。最后中重的开合也没有了，就是一个阴阳太极的开合、一个点的开合，就是一气的开合。

我们修为到最后就是达到无形无意、无身无心的境界和目标。

学员D：老师，您上次讲，气从实中线脊椎上来的时候，到夹脊关，过了大椎盘旋而上。那么在大椎的时候意是怎么引导气盘旋而上的？

另外，老师提到气贴于背，气贴于背是只有脊椎这边，还是整个背部？

李光昭：我们在意的引导下，穿针引线要透三关，盘旋而上。后面关合前面穴开，给内气前进的动力。我们过三关的时候，关和关之间有一个开合，内气过了尾闾关到命门，进入夹脊关时候，命门关是由开而合。当它一合以后，也给了内气向上的动力。内气在真实运行的过程中，绝不是直上直下的。太极拳论上说内气的运行是有往有来，往来是同时存在的。它是一波一波，后浪推前浪。它是一去一回、一往一来、一开一合。在大的开和合的过程中，我们才能进入层层可分，开中要有合、合中要有开，永远是无限可分的开和合。

大椎是夹脊关和玉枕关的关口、关卡。当过夹脊关时，玉枕关要打开，这时候夹脊关要合。要有一个意，就像管子里面充满了水，我们往里一合，给了它一个动力，这股水一下子冲出去了。我们有一个合和开，合是开的动力，给了气的运行的一个内在的能量，一个冲量，是冲过去的。就是说，除了有盘旋上升，还有一个直的动力，它是曲中出直。曲是蓄，直是力的作用，虽然它是往来、是曲的，但是给它一个方向的力量，这个力是直的、直通的，它才能冲关过去。

第二个问题，气贴于背从狭义上讲，是指气在脊柱骨肉之间的缝隙中贴着筋膜由意产生气的鼓荡，产生筋膜的腾起。这个时候我们是沿着骨肉之间的筋膜来把握气行走的通道。通过修为以后，我们体会到了气敛入骨，气贴于背，而且气走于膜络筋脉，它能产生筋膜的腾起和鼓荡，最终气遍周身。筋膜是一个完整体，牵一发而动全身。现在你走的这条实中线，是我们的生命线。实际上它动了以后，一动无有不动，全身的筋膜都会跟着产生腾起的鼓荡作用。气贴于背，是意之所至，气即至焉。意到了，气就是意的开合、意的变化。通过修为，我们能够做到气遍周身不稍滞。那个时候全身就是空出来的一个完整的球体，没有了脊椎，也没有了各种组织，就是空空荡荡的虚空的性体。只要是意一动气就动，就产生了内气的鼓荡，内动力的变化。从这儿入门以后，我们最终达到的是气遍周身。

学员 E：前开后合的时候是尾闾向前向内收，这个时候命门是要向后拉，尾闾跟命门，一个是向前、一个是向后，它们的开合是可以相反相成的吗？

李光昭：关开关合、穴开穴合，以及丹田的开合，都是意的开合。意没到的时候这个关是关着的，意到了以后它就要开，因意而开。意到以后气到，我们会有一种真实的觉知，它开了。我们借助于尾闾关这个位置来找到意的开，由关而开，目的是要得到一种真实的觉知。当意由下关徐徐上升，过了命门到夹脊的时候，夹脊关要开。这个时候用夹脊关的开之意去检验尾闾关，尾闾关合了。关的开合是一开一合，只有用意才能在开合变化过程中体悟到开合的真实。它不是形上的开合，而是一个意的真实，一种意的滋味。

如同肺一舒一张、一开一合，总是这种变化。其实不管你用不用意，有没有感觉，我们都能感知到它一张一弛的变化。我们用意感知到呼吸的真实，呼的时候，肺就合；吸的时候，肺就开。只有通过一呼一吸，意才能真实感觉到肺的开合。

关和穴的开合是意的开合，我们最终从意的角度去体会它的开合。

学员F：我有一个问题。之前您讲到一气周流、其根在脚，手是表象，要有从脚经过胯、腰、背，到手这样一个过程。我们练的时候会比较麻烦，但是将来形成习惯了其实是更加方便的一种真动。我就想，站桩的时候是这样一种状态，坐下、躺下了会不会断掉呢？脚为根、手为象的话，人的姿态变了，那么一气周流会不会有一种变化？是一种什么样的变化？

李光昭：现在我们的修为有脚有手，但是形成一气周流以后，最终的结果是没有了手，把有形的手无掉了。我们不用这个手，浑身皆手，哪儿都是手。脚也一样，无手还有脚吗？通过站桩，其根于脚，根本是把有的脚要站无，实的脚站虚，形成一气周流。无了，无形了，无手、无脚、无头、无肩、无胯。它们合起来以后有而回无，才真的形成一气的周流。如果还有的话，就没有形成一气周流，没有合出太极。太极是有而无、无而有。我们怎么才能把脚下彻底解放？真的其根在于脚，让脚有而回无了。当你无手无脚形成一气周流的时候，不管是躺在床上，还是站在地上，不管去任何地方，都是一气周流。那个时候有而回无，你就形成一个真正的浑圆一体、浑然一气的太极状态了。那个时候，不管你怎么变化，始终如一，犹如不变。也就是虽动犹静，虽然变了、动起来了，跟你没动的时候，那个一气周流内在的主宰是没有变化的。不是躺着就是躺着、走着是走着、坐着是坐着，各种变化中都有周流不息、一气周流这样不变的主旨。这就是修为的核心主旨和目的。

第十一章　抱三关之前后开合

做前开后合，气由上而降，到下丹田气机发动，继续下降，经过会阴到尾闾以后，进入实中线。到尾闾关要虚实变转，前开后合转为后开前合。

抱三关就是要通过前后开合功法把我们自己练成蓄劲如张弓、发劲如放箭、曲中求直、蓄而后发这样一张弓。我们借助蓄发这样一张弓来修为太极劲，就要对弓有一个把握和了解。

弓无非由两个部分组成：一是弓背、二是弓弦，一个是弓的后、一个是弓的前。我们要修为前后开合，首先得在自己身上找到哪儿是弓背、哪儿是弓弦。所谓的弓弦就是虚中线，也就是由百会通过膻中到会阴这样一条虚的，但是真实主宰着我们，与天地人相通合的生命线。弓背即脊柱，也叫脊梁骨，在太极内功修为中，叫实中线。

要把自己修为出能够蓄劲如张弓、发劲如放箭、蓄而后发的一张弓的话，我们就要把这张弓在自己身体上找到。虚中线在内，实中线在外；虚中线在前，实中线在后。我们要通过前后开合让虚实中线能够像一张弓一样做到蓄劲如张弓、发劲如放箭，也就是一蓄一发。因此，前后开合，归根结底，是虚实中线的开合。

在具体功法中，通过修为做到虚实中线的一开一合、一蓄一发，我们就要牢牢地把握实中线的三关——尾闾关、夹脊关、玉枕关和虚中线三个丹田。三个丹田都在虚中线上，是竖横相交的点，那个点叫丹。虚实中线的开合，弓的张和放，离不开三关、三丹田。

虚实中线能不能形成一气周流，是我们能不能蓄劲如张弓、发劲如放箭，形成太极内劲的关键所在。

一、形的开合

我们练抱三关前后开合功法绝不是为了练这个形，而是由形来求意，由意得气，由气得劲。形的开合虽是得意、得气、得劲的具体工具和载体，但从这个意义上来说，形也很重要。

抱三关功法，第一个形上的动作是由预备势、起势到抱球势。我们依然是由无极预备势开步到起势四动——欲起先落、随落而起、起中有落、起而回落，形成最终内抱外撑的抱球势。

从抱球势开始，前后开合分了两个部分：一个是前开后合、一个是后开前合。这一个圈是由前开后合、后开前合来完成升降、周流一气的，它们是不可分割的。求这个意，我们就要分出来两个部分由形来得意，通过得意把握住最后得这一气周流的结果。

1. 前开后合

前开后合功法重点把握以下动作要领。

一是分清前后。左右肩和左右胯都要分出前和后，即肩分前肩、后肩，胯分前胯、后胯。

二是前开后合。前看开，在形上表现的是双手掌由抱球势向左右两侧开，手指尖开至与两个肩尖同宽。双手掌的开，是以左右两肩的前肩开为根，肩开带肘开、肘开带腕开、腕开带掌开而完成的。同时，前肩开则后肩合。后肩合，是左右两肩的后肩向后合，如《五字诀》言:“由两肩收于脊骨，注于腰间”，即左右两个后肩要向脊骨处收，最后归于腰间。收便是合，这就是后合。注意的动作要领是前开后合以后为主、后肩主宰前肩。开与合异而同出，开中有合，合中有开。

三是肩胯同开同合，以胯为主宰。左右胯的开合，即后胯开则前胯合，后胯合则前胯开。胯开合依然是以后为主、后胯主宰前胯。后胯开于命门、合于命门，前胯开于关元、合于关元。后胯合则前胯开，整个胯产生松、落、坐，即无极桩的敛臀、坐胯。

左右胯的开合，主宰了左右肩的开合。当后胯合、前胯开时，带动后肩合、前肩开；当后胯开、前胯合时，带动后肩开、前肩合。胯、肩的开合是以下主上、上下相随，以后主前、同开同合，一开一合、相反相成。

从形上看得到的双掌开，不是双掌自动的开，而是因前肩的开。再进一步说，前肩的开是自己不开、是后肩合的结果。后合产生了前开，前自己不动、不开，因后合而被合出来前开。同理，肩和肘也一样，前肩在开的过程中，两肘必然因两个前肩开随之而开，所以肘被肩开。当肘随着肩开，肘自己不动，你所看到的动是不动之动，是因肩开而动。形是无力、无动、无意，一定既不用意也不用力，不自动，是随动。它是静中动。看似在动，但它是虽动犹静。

肘被肩开而开，同理，腕随肘而开。当左右两个肘随着肩开的时候，肩膀虽然是后合前开，但是肩挂而沉，肘自然而垂。垂肘而挂肩，完成了以肩开肘。同样，肘开腕，腕依然不自动，腕被肘开而开，也就是腕随肘开。在肘开腕的时候，腕不自动，是随肘开而动、而开。这个时候只遵循意的要求，腕还是要塌腕。

最终是以腕开指。手在行抱球势的时候，两指之间如同有橡皮筋把它们牵连在一起。当以肩开肘、以肘开腕、以腕开指时，指随腕而开。腕要塌、指要展，自然伸展，不用力，无意无力。这便是形上双掌开的过程及动作要领。

2. 后开前合

后开前合功法与前开后合功法相反相成。后开前合功法具体动作要领如下：

一是后肩开。左右两肩的后肩由夹脊而开，从实中线上脊骨的一个点向外放开。

二是前肩合。左右两肩的前肩向膻中穴合，即两前肩收入虚中线上膻中之点。在两前肩向虚中线上的膻中穴收合之时，肩催肘、肘催腕、腕催指，使两掌合到抱球势的状态，即双掌手指之间一拳距离。

三是胯为主宰，胯肩同开同合。依然遵循以下主上、以后主前的法则，当左右后胯由实中线上的命门向外放开时，左右前胯则向虚中线上的关元收合；同时，左右后胯的开又催动左右后肩由实中线上的夹脊向外开放，左右前肩因后肩的开而向虚中线上的膻中穴收合。总之，后之开合，则开于实中线、合于实中线；前之开合，则开于虚中线、合于虚中线。概言之，前后开合实为虚、实中线之开合，一前一后、一开一合，虚实同体、开合同在。

二、意的开合

我们是通过形的开合来求意，由形的开合进入意的开合。关键要得到意。只有抓住了意的开合才能够得气、得劲。得劲是意气开合的结果。

“气宜鼓荡”“一气周流”“总须完整一气”的“气”，和我们的“呼吸的气”不画等号。这个气是生命的能量。老子说：“万物负阴而抱阳，冲气以为和”。天地之间之所以有生命的繁衍，就是因为在天地之间存在着一种神秘的、无形无象的、看不见摸不着的，包括用现在的科学仪器无法证其有也无法证其无的能量。为什么叫气呢？常人对气都有一个真实的感知，比如气的流动，氧气、空气。这里我们说的气不是常人理解的气，但是也具有常人所认知的气的特征。老子说，天地之间是一个大橐籥（大风箱），它动而欲出、虚而不屈；它是空的、看不见摸不着的，只要一动气就来了。从特性来说，我们说的气的能量，也是动而欲出、虚而不屈的。但是这个气本质上是极为抽象的，是看不见摸不着的，是一种无的真有、虚的真实。它是虚，但它是真实；它是无，但它是真有。我们修为起来难就难在这儿。这种气看不见摸不着又说不清，但是我们还要虚出一个真实来、无出一个真有来。得气，把虚的真实了。只有真实了，才能够把握住气，才有用。天地之间所有生命的繁衍就在于这一气。我们人也在于这一气。不管是健康长寿，还是防身技击、行住坐卧、生老病死，全在于这一气是否能够周流、旺盛、畅通。生命的本源就在于它。把握自己的生命，就要把握住这一气的运行。把握住了这一气的运行规律，你就能运这个气了。

1. 静心凝神

意气开合的第一个要领是静心凝神。我们从预备势开始到起势、抱球势，始终要遵循着静心凝神这个基本点。前开后合、后开前合，所有功法的变化过程中，不变的是始终如一静心凝神。

李亦畲的《五字诀》是抱三关功法修为的重要理论基础。《五字诀》:“一曰心静，二曰身灵，三曰气敛，四曰劲整，五曰神聚。”抱三关就是遵循着这五字诀。

李亦畲把心静放在第一的位置上。心不静则不专。我们要得劲这个结果，就要得气，要得气就要得意，也就是意到气到劲才到。意的修为关键在于一心一意、专心专意。心要静，意才能够专。意不专，事不成。所以第一个就是要心静，心静得意专。这是抱三关意的开合第一个要领。

在心静的基础上，我们以意导气，进入意气的修为。整个修为过程，遵循着意之所至、气即至焉，在虚实中线形成一气周流。

试手体验

我展示一下，什么是蓄劲如张弓、发劲如放箭。关键问题是蓄，蓄是要张弓、发是要放箭。我要想放，就先得蓄。

我要想蓄，就得开。所以当对手来的时候我要开门，前头的门要打开，把对手给蓄进来。蓄进来以后，我再把他蓄而合到一个点上。蓄进来才能有发。完全是像一张弓一样，一开一合、一蓄一发。如果不蓄的话，非丢即顶。我们只有用意不用力，在自己身体内，特别是在虚实中线形成蓄发开合，才能像一张弓一样蓄而后发。所以当你来的时候，我一定前面是开的。开不等于丢。这张弓蓄起来了。发的时候，蓄而后发，由后发前。刚才我讲了前是由后发，在后不在前。蓄由前开，蓄而后合。发的时候，由后开开到前合，后发前至。必须走出这样一个完整的路径。这张弓不是一个理论，是实修实证的结果。你在做前开后合、后开前合的时候，就要体会出这张弓来。开不是丢了，是蓄到后面去了，蓄到弓背上了。发的时候是由弓背跟前面合，这叫蓄发。这不是推，是把对手发出去。你没有用力，用的开合之意。所有的修为是要实修实证的。明了理以后，要在自己的身上得到落实。

抱三关功法始终不变的是专心专意。也就是，意不因开合变化而发生变化，意要始终如一。

形和意两个内外相合，才是我们要求得的开合。最后形的开合和意的开合，合出来一个气的开合、劲的开合。

杨澄甫《太极拳术十要》第八要“内外相合”:“所谓开者，不但手足开，心意与之俱开。”“所谓合，不但手足相合，心意与之俱合”。形的开合，一定是不能够离开意的开合。由形而得到了意，以意的开合主宰形的开合。“内外合为一气，则浑然无间矣”，内外合一了，合出来一个一气，浑然无间。

由意的开合合出来一气周流。抱三关功法围绕着这个主旨一层一层、一步一步展开。怎么形成了内外合为一气？“三腔三盘三丹田，三关三穴虚实牵”，有形的身体分出来身和心，分出来虚和实，虚中线过三穴，实中线过三关，它们合起来以后合出来上中下三个丹田。虚实开合，就体现在一气沿着虚实中线，在意的导引下能够形成周流不息、一气周流。

由虚入实、由实回虚，在虚实中线上形成一气周流，是有路径、有步骤、有顺序的。我们要在意的导引下一步一步、一层一层，让气过关斩将，冲关过穴，在虚实中线处形成周流不息、一气周流。

意之所至，气即至焉。气怎么才能够形成一气周流？要在静心凝神、心静意专的基础上，意守丹田、发动气机。

气机所在是下丹田。下丹田的范围在脐下，整个下腹部是下丹田的田。下腹部有三个重要的穴：一是神阙（肚脐）、二是气海、三是关元。下丹田的丹在脐下一寸半，气海在脐下三指。

我们在意的导引下，要沉于气海，就要发动气机。气机没有发动，内气就不可能沿着实中线冲过三关，形成一气周流。意专于丹田，是要发动这个气机。

2. 气沉丹田，入气海

意的开合第二个要领，在于气海。做前开后合，前开而气降，气向下沉，沉于下丹田，入了气海。这个时候要静心凝神，意要专，要假借在气机这个地方有一个汽轮，在意的导引下，由慢到快、由小到大、由缓到急，顺时针旋转。

我父亲告诉我这叫盘丹田。《十三势行工心解》说“气如车轮，腰如车轴”，假想轮子顺时针围绕着轴进行旋转，轴是中定，轮子是环，环要转，中就要定，定这个轴。这时候用意假想有一根轴穿过轮子，前开后合的时候，有一个意在命门这个地方，从命门到气海横穿一根轴。轮子和轴两个合起来，气机才能发动，轮子围绕着轴顺时针由慢到快旋转起来。

这个时候不但要静心凝神，还要周身松通。“腹内松静气腾然”，没有腹内的松静，意气就不可能围绕着轴盘旋而产生气机的发动。不但心静，而且腹内要松静，这是抱三关意的开合第二个要领。气机发动以后，内气不但鼓荡而且沉厚，越来越充盈。腹部这个时候是活的，里面是有动静的。当意的开合导致气的鼓荡、气的充盈的时候，小腹部是暖暖的，犹如阳光普照一样，非常舒服，如有一股暖流在腹部周流鼓荡。我们做功的时候，一定要有这样真实的感觉。

意到气到，气是结果。意是虚的，通过气来证实意的有无，证实意的真实。意的真实就在气上。气虽然是虚的，但它是可感可觉的。

3. 过关元到会阴转尾闾

丹田的气机发动产生了内气的充盈和鼓荡。气在意的引导下，要过关元到会阴，这是抱三关意的开合第三个要领。内气下沉下降，首先要过下丹田的门户（关元穴）。下丹田的三个主穴，下是关元穴。关是门户、关门，元是元气。

古人说，变一为元，元者气也。万物本原就是一，就是这一气。老子说：“道生一，一生二，二生三，三生万物。”变为一者就是元，这个一是一气，关元这个地方守住的、关住的是一气。

一气能不能够沿着虚实中线畅通无碍地周流，第一个重要的关口、门户就是关元。要是打不开的话，气就过不去。

气机发动以后，内气充盈，意到气到。意要过关元，就要把关元打开，让气通过去。凡此皆是意！这个时候假想前后胯的前开后合使关元门户打开，从而开关转窍，让一气通过。这个时候前要开、后要合，要意想后边后胯有两只大手拉着左右胯向中而合，向实中线、命门处合。由于后合而前面的胯开了，前胯开关元打开，意气能够通过。我们做前开后合时，一定是用意来主宰主导着形的动作。这是意达关元。

意过了关元，气随着意就到会阴了。会阴是虚中线的最下端，虚实中线通过会阴相交合、相变转。

意气到了会阴，这个时候我们用意的开合在会阴穴产生一收一放，我们有形的身体上的肛产生一提一缩、一落一放。我们要通过意的修为找到它的真实。

在内功修为过程中，肛门要有提和收，就是为了让内气由虚中线通过会阴升到实中线，最终形成一气周流。一气由意的导引通过会阴进入实中线的时候，会阴是有收、缩、提、落的真实反应的。意的开合不是假想，而是借助假借得到一种真实的觉知。杨氏太极拳内功管它叫知觉运动。真正的知是觉，有觉了，就是真知了。

意过了关元到了会阴。在意的导引下，内气通过会阴进入尾闾。意和气过了会阴以后由虚转实，这时候变转虚实须留意。虚中线到了实中线的第一个关口——长强穴。意过了长强穴，气就开始在意的导引下进入尾闾关。这时候发生了虚实变转，前开后合转为后开前合。从尾闾开始要后开前合，抱关而开、抱关而合。

后开的时候，气在意的导引下能够徐徐上升。通过开胯让意和气沿着尾闾关上升。这时候要用意开胯了。要开后胯的时候，反向求，假想在左右后两胯各有一只大手向前拉拽合，向虚中线合、向关元合，也就是向中合。当前面左右两个胯两只大手向前相合的时候，左右两个后胯就被前胯的合而拉开了。这时动之则分，分了两个意。前要合、后要开，后开是前合的结果。由于前合使得后胯开。意和气要通尾闾关，门一打开，进了关了，意气过关。

要注意胯打没打开，尾闾关是否开关转窍。怎么由意开胯而意气通达呢？《走架打手行工要言》说：“运动在两肩，主宰在腰，上与两膊相系，下与两胯两腿相随，收便是合、放即是开”。尾闾关的开合关键在两个胯上，胯松落坐，胯在开的时候要开出尾间的内收、内合。尾闾、尾巴骨，在胯开的时候，要向内合。所以开中要有合，收中要有放，放中要有收，是合一的。

尾闾关要通、意气要通，就要开胯，就要用意，胯要松落坐，要坐胯而敛臀。抱三关功法，是无极桩功、浑圆桩功两个静桩功的一个具体的应用和展示、检验，它们是一脉相承的。

胯一开，尾闾关开关转窍。意到气到，意引气行，以意导气，这时意要沿着尾闾关走。尾闾关的一个核心，是八个孔（八髎），意要走八髎，气要穿八孔。

我父亲把意跟气的关系比喻成穿针引线，意如针，气如线，线要过去离不开针。意到气到，针到线就到了，它们是相随的。意和气就像针跟线一样，在尾闾关的八孔（八髎）中穿过盘旋而上。在意的导引下，气要盘八孔、过八髎，螺旋上升。这个时候宜慢不宜快。要把心静下来，把气沉下来，把意专起来。螺旋顺时针，一髎一髎、一孔一孔穿过。过好八髎，要静心凝神，意要专。

当意引导气沿着八孔（八髎）盘旋而上升时，气在尾闾关产生了鼓荡的作用。这个时候我们有气充盈的感觉，前面的小腹、下丹田和后面的尾闾关，能够形成完整的虚实相合的合一状态，内气让我们变得非常沉稳、厚重。

下盘胯以下稳不稳，关键在尾闾关，在腰和胯之间。因为在这个部位腰、胯和骨盆形成一个完整的状态，这是人身最大的支撑，也是最厚重的、最大的骨头，它稳了、厚重了，你的下盘就稳固了。我们要用意通过气的鼓荡，让身体产生沉、厚、稳重的觉知感、真实感。

过三关，第一关就是尾闾关，尾闾关决定着我们能不能一气通三关，能不能虚实相牵形成一气周流。

《五字诀》有一句重要的论述："有不相随处，身便散乱，便不得力，其病于腰腿求之。"我们身体在各种变化过程中散乱了，不能保持住完整性，就会出现问题。解决身的散乱，由不得力转为得力，关键就在尾闾关。尾闾关上是腰、下是胯。实际上在腰和腿之间能不能够解决不得力、身散乱的问题，关键在胯。胯是解决问题的一个重要的核心点。《十三势歌诀》中说"尾闾中正神贯顶"，要想支撑八面、身不散乱，时时处处无不得力，你就要尾闾中正。中是左右两胯合于中，向中合。不管是前开后合、后开前合，胯都离不开这个中。左右两胯要平准，不管前胯、后胯，在前开后合、后开前合的时候，一定要中而平。平则正，正就是平。

杨氏太极拳老谱《太极平准腰顶解》说："顶如准，故云顶头悬也。”准不准在这儿，也就是中不中。“两手即平左右之盘也”，两个胳膊相系起来，两手像两个盘一样。“腰即平之根株也”，腰平不平，在于根株的主宰。上于两膊、两手，下边是两个胯，所以左右两胯要平，这一点很重要。过尾闾关的时候，关键在于左右两胯要平。

4. 意达命门、气通腰隙

意的开合第四个要领，就是意过八髎（穿八孔）以后到了命门。意达命门，在意的导引下，气走腰隙。《十三势歌诀》说“十三总势莫轻视，命意源头在腰隙”，我们生命的这一气，能不能够周流，很重要的源头、关口就在腰隙。

所谓腰隙就是命门这个关节。节是两个骨骼连接的地方，节有凸有凹有缝隙，既能分而合，又能灵活地产生各种各样的变化和动作。这种结构，就像古建筑的榫卯结构，有凸有凹，既有紧密的结合，又有缝隙、活动的余地。命门既是尾闾关的最上端，又是夹脊关的开始，起到承上启下的重要作用。内气从八髎（八孔）在意的引导下徐徐向上盘旋上升要透过腰隙。意过节，气透隙，所以意到气就到。一定在命门留意！要有意地用意来引导气，在腰隙产生气的鼓荡。

《十三势歌诀》中“刻刻留意在腰间”，揭示得非常清楚。我们由尾闾关进入夹脊关，关键就在于命门能不能气透腰隙，能不能刻刻留意在腰间。

虽然大椎实中线、三关是有形的，但它是实中有虚，它不是死的。气之所以在意的引领下能够上下贯穿，是因为气走虚，有缝就走。意能够在虚空处求得真实，意到气就到。意是一种意想，甚至是假想，但是意到了以后气到，是真实的结果。意到没到，气说了算。气走缝隙，在走的过程中，气是鼓荡的，是有去有回的。鼓荡的时候，你会产生真实的觉知，甚至这个地方有发胀、发热的感觉。

这时当你松腰、坐胯、敛臀，命门意到气到了，会产生向后的张拔。有的传承叫后突，杨氏太极叫腰顶。

腰顶作为杨氏太极拳的内功传承至关重要。真的能够懂劲、得劲，进入内功修为的门里面来，就看你能不能够结出腰顶这个果。这是一个重要的分水岭。杨氏太极拳老谱《身形腰顶》中说“身形腰顶岂可无，缺一何必费功夫。腰顶穷研生不已，身形顺我自伸舒”。对于腰顶的重要作用，要下大的功夫，反复地去消化、理解、体悟，要找到它的真实体悟、实觉真知。只有对腰顶穷研不已，才能够达到自伸舒。“舍此真理终何极，十年数载亦糊涂”，如果不穷研腰顶，舍掉了这个真理，练习一辈子练了一个糊涂。

命门是修为中非常重要的关口。杨澄甫在《太极拳术十要》第三要中告诉我们要松腰，腰主宰我们整个身。“能松腰然后两足有力，下盘稳固”。意达命门、气达腰隙，很关键的是，腰要松活。腰一松以后，下盘的两胯才能松落坐，腰才能够顶。腰顶是命意源头在腰隙产生的结果，它是用意，而不是用力去顶。

下丹田是气机，像汽车的发动机一样，是产生元气动力的部位。这个地方前边是产生气的动力的发动机，后边就是底盘和变速箱。如果胯是支撑着发动机的底盘，尾闾关就是变速箱。“心为令，气如旗，腰若轴”，腰是一个轴，命门是轴的关键部位，发动机所产生的动力通过变速箱、命门才能传达到主轴。

“腰为一身之主宰，能松腰，然后两足有力，下盘稳固”，下盘稳固，变速箱才能够正常运转和工作。“虚实变化皆由腰转动”，虚实变转的关键在腰的转动。故曰：“命意源头在腰隙”。下盘稳固关键体现在腰的虚实变转、转动上，腰虚实变化就能产生因敌变化示神奇的作用，这就是“命意源头在腰隙”的内涵真义。我们要通过抱三关具体功法，把前人对于内功修为理论上的论述和指导，在我们身上得到真实的体悟。

5. 气敛入脊骨

意过了命门，气透过腰隙，我们就进入三关的中关——夹脊关。这是意气开合的第五个部分。意引领内气出尾闾关以后，在夹脊关中运行。

人的实中线，实际上是由颈、脊、腰三部分组成：上是颈椎，中是脊椎，下是腰椎。由命门到大椎，这是脊椎，也叫夹脊关。

《五字诀》中“三曰气敛”：“气势散漫，便无含蓄，身易散乱。务使气敛入脊骨”，身体气的运行很大的问题是散乱，人的身体能不能够一气周流，达到“气遍身躯不稍滞”，很关键的是气不能散乱。气一散乱，内气的运行就不能畅通了。我们通过具体的功法，能够让生命的内气内敛，向一块聚，形成一气周流。这是很关键的一点。不管是健康长寿，还是防身技击，都要做到气敛，而不散漫。

《五字诀》中“务使气敛入脊骨”，《走架打手行工要言》“欲要神不外散，先要神气收敛入骨”，都讲得很清楚。抱三关的修为主旨，就是要气敛入脊骨。

很多太极拳爱好者对如何气敛入脊骨感到困惑。《十三势行工心解》中“牵动往来气贴背，敛入脊骨”对如何气敛入脊骨提出了一个方向。要想敛入脊骨，就得气贴背。怎么才能气贴背？

要牵动。谁来牵动？用意。只有用意牵动气的往来，才能够气敛入脊骨。

前为胸、后为背，脊骨就是后背。向脊骨去敛，也就是内气要向脊背去聚合，用意去收敛，向实中线的脊椎去敛入。

《太极力气解》说“气走于膜络筋脉”，内气的运行是沿着膜络筋脉，特别是筋膜。人身所有有形的组织由一张完整的筋膜敛成一个整体。如果气能够沿着筋膜运行的话，就能达到气血流注、日日贯输、气敛周身的结果。

筋膜恰恰又在骨和骨之间、骨和肉之间。所有身体组织中都有膜，我们要用意在夹脊、脊骨中去体会气敛于脊骨、气走于膜络筋脉。在筋膜中、在骨肉缝隙中，意到气到，意领气行。所谓气贴背，就是气贴着骨肉之间的筋膜往来鼓荡。

气是意牵的结果。意到了，气也到了。当意沿着筋膜穿行，气就会在骨肉之间的筋膜中往来鼓荡。这时候由于气的鼓荡的支撑作用，筋膜会产生弹性的变化。筋膜的弹性变化是意引导气、气鼓荡往来的结果。在气的鼓荡下，筋膜产生了弹性的作用，我所传承的修为叫筋膜腾起。腾起的筋膜能够使骨和肉全身形成一气的完整。因为筋膜就像弹簧、皮筋一样，很有弹性、韧性，当它腾起时就产生了弹性的力。这种弹性的作用所产生的力，是气的运行所产生的真实结果，叫劲。

我们管劲叫气力，气与力合最终合出来一个内劲。气敛入脊骨，实际上是在意的引领下，气走于骨肉之间的筋膜，使得筋膜产生弹性的腾起变化，拥有内在弹性的力。我们以意导气一关一关地运行时，在夹脊关能够气敛入脊骨，就会产生真实的气力，也就是内劲。

《太极力气解》第一句“气走于膜络筋脉，力出于血肉皮骨”。气与力合，就是“气走于膜络筋脉”，能够和出于血肉皮骨的力相合。

当整个背的膜络筋脉连成一个整体，气敛入脊骨，并沿着脊骨在缝隙中穿行，就达到了气与力合。这时既不在气也不在骨、既不在气也不在力，就在意。当意领气行时，犹若无骨，只有骨肉之间的筋膜，形成气的通道。我们用意引领内气贴着筋膜盘旋上升时，我们要把自己假想成管状的通路，这是一气周流的关键。让自己形成管道的关键在意！

拳论上说：“气以直养而无害，劲以曲蓄而有余。一动无有不动、一静无有不静，牵动往来气贴背。”筋膜在全身是一个完整体，气在任何地方运行，都能够做到牵一发而动全身。就这一气，它一动无有不动。

《十三势行工心解》说:“全身意在精神，不在气，在气则滞。有气者无力，无气者纯刚。”当以意导气，有了内气穿行于骨肉之间的筋膜，与出于骨肉的力相合即气与力合。气与力合，其结果虽有而回无，即无力亦无气。此无，无中生有，太极内劲由此而得。最终如《太极拳术十要》所云“久久练习，则得真正的内劲”。由此可知，太极内劲是气与力合而无力亦无气，虽有而无结出的硕果。

力是有形的，是直的，去就是去、回就是回，力有竭，用之即竭；气是柔的，是无形的，是没有方向的。气和力合出来的劲是全无定向的，可前可后，忽大忽小，而且取之不尽、用之不竭。得内劲，就要气与力合。怎么才能真正有气呢？在意不在气。气的鼓荡产生筋膜的腾起，我们在筋膜腾起的状态下，感受到内在弹性的内劲作用。这需要一步一步深刻地去体悟。

命门位置有一个腰顶，意到气到，通过夹脊关的时候产生的一个结果是拔背。杨澄甫在《太极拳术十要》中专门谈到拔背，无极桩功十八个部位也讲到含胸拔背，浑圆桩功做抱球势的时候要含胸拔背，内抱外撑。在具体修为过程中，我们要通过抱三关功法，以意导气，气敛入脊骨，牵动往来气贴背来达到拔背的结果。杨澄甫在《太极拳术十要》中阐释得非常明确:“含胸者，胸略内涵，使气沉于丹田也。”含胸是为了使气沉于丹田。“拔背者，气贴于背也，能含胸自能拔背。”含胸、拔背此两者同出而异，一个是前一个是后，前为胸、后为背。要想拔背，就得要含胸。拔背，气才能贴于背。拔背是气贴于背的结果。“能拔背则能力由脊发，所向无敌也。”气的鼓荡作用产生了内劲，力由脊发，由夹脊关、脊椎骨来发。

太极内功所求得的内劲在实际应用的时候，有一个很重要的原则是后发前至。前面发出的力都不是前面自己发的，而是由后面发，由后发到了前至。凡是由脊发的力，都不是肌肉所产生的力，而是太极内劲，是太极的真力。这个真实的力量是后发前至的。因为力由脊发在后面，作用在前面，所以后发前至。要想力由脊发，就得要拔背，背要像弓背一样拔起来；要想拔背，就要气贴于背，同时要含胸，气下沉。气下沉以后，意才能沿着尾闾关进入夹脊关，产生牵动往来气贴背，达到了力由脊发这样实际的作用。

6. 过玉枕走泥丸入虚中线

意过尾闾以后过命门，气透到夹脊，产生牵动往来气贴背，含胸拔背力由脊发。我们不是就停留在这儿，而是要形成一气周流。这个时候出夹脊入玉枕。玉枕关是三关的最上端。过玉枕关，才能使内气的循环由实中线入到虚中线，才能形成虚实变转、一气周流。意由大椎依然在颈椎椎骨筋膜之间进行盘旋、往来鼓荡，徐徐上升。能不能穿过玉枕以后回到虚中线上来呢？关键在意。内气在意的引领下由大椎直达玉枕，才能够走泥丸。这时候的意在顶，也就是百会。通玉枕关的时候，我们的意一定要牢牢地把握住提顶竖颈，要保持住守意而不变。

玉枕关过不过得去，关键在于提顶竖颈，在于能不能够虚领顶劲。我们的意在百会这个地方，有只大手要提，不是用力，而是要用意提着我们。只有不用力，被这只大手自然提起来以后，颈椎才能自然而竖地拉开，这样气就有了畅通的路。

《十三势行工心解》第一句说："精神能提得起，则无迟重之虞，所谓顶头悬也。意气须换得灵，乃有圆活之趣，所谓变转虚实也。"这个时候顶头悬是为了让你不迟重，意气换得灵，能够有圆活之趣。精神提得起很大的问题是在意。在通玉枕关的时候，我们在意的引领下要提顶而竖颈。

杨澄甫在《太极拳之练习谈》中讲："摩练时，头部不可偏斜与俯仰"，"所谓顶头悬也"。顶头悬就是头部中正，不偏斜俯仰。"若有物顶于头上之意"，头顶如有物，所以不可偏斜俯仰。这里是假借有一物，或者顶着碗什么的。“切忌硬直”，颈切忌用力、硬直。

杨澄甫的《太极拳术十要》说：“虚灵顶劲，顶劲者，头容正直”，头是要正的。“神贯于顶也，不可用力，用力则项强，气血不能流通，须有虚灵自然之意。非有虚灵顶劲，则精神不能提起也。”只有精神提得起，无迟重之虞，才能顶头悬。

我们意到气到，能不能够顺利地过玉枕关，由玉枕关入泥丸，就在于精神提得起，虚灵顶劲，切忌用力，用意不用力。

当我们过了夹脊关，走泥丸，能不能够入到虚中线，关键还在于意。怎么用意让我们内气的运行能够走泥丸而入虚中线呢？关键是意要守住收颔而扣齿，舌自然微曲抵上颚。这都是无极桩功十八个部位意的要求。这些都是在我们意到气到的循环过程中得到实修实证的，是要守住不变的。我们要用这些意打通通道，形成一气的周流。

问答

学员A：老师刚才说盘气，是顺时针盘这个气，在腹部，顺时针是从上面到左手到下面从右手回来这个方向吗？

李光昭：顺为升、逆为降，当顺时针的时候它是螺旋向上升的，逆时针是往下降的，跟我们旋转螺钉是一样的。开和关、升和降、顺和逆，都是按照这样一个规律进行的。不管是水平的还是上下的，我们按照螺旋的方式去体悟它。总之，它是由下而上，由降而升，走的一个一气周流的路径。

学员B：老师刚刚说胯的前合，总是想象意的大手往前，然后把左右两胯前合后开。我上次听老师讲肩的时候都是后肩的开、后肩的合，是由后肩主导，请问老师今天讲胯的前合，是后主导的意思吗？

李光昭：动之则分，一分分了前和后。我们假想前边左右胯有两只大手，同时后边胯也有两只大手，但是我们在体悟的时候、分的时候要有一个主次，后要开，前就要合，前合和后开是互为其根的。虽然各有两只大手，当后开的时候，前面这两只大手是往一起合的，这时候你会有难合之意，其实前后是同时存在的。我们在修为的时候，以开为主还是以合为主？如果以合为主，这时候前面这两只大手为合，实际上后头这两只大手是往回不让它合。它是开中有合，合中有开。我们修为的时候是同时存在的，有前就有后、有左就有右。

学员C：我想请教一个问题，您在讲抱三关的时候，刚开始讲到肩和背的前开后合和后开前合，现在讲一气周流，那么肩背的前开后合和一气周流彼此之间是怎么样配合？

李光昭：你先得知道在意引导下，内气在过三关时，是怎么意到气到的，是沿着什么样的通路运行的，在这个基础上再去体悟前开后合、后开前合如何成一气周流。归根结底是虚实中线的开合，形成了一张完整的弓。我们是从这儿去理解和把握，一步一步地修为。

学员D：老师，您讲从腰开始，气从命门往上去。我就联想到上一节课您说的会阴要提着。因为老师在讲的时候，我是跟着老师在做，所以感觉到好像需要一个源头。是不是丹田的气要通过会阴然后往上，到后面的尾闾关、命门再往上去，是这样联系起来的吗？

李光昭：是这样的。气机发动以后，走了关元，由会阴入尾间。今天只是讲了一个通路的问题。气到底在意的引领下是一种什么样的变化？气是牵动往来，是有去有回、有出有入、一出一入、一鼓一荡。气到会阴的时候，要收肛提会阴，目的是让气从这儿过去，当气过去的时候，会阴会产生一个意，产生收缩。不是提着不放的，是产生了提落。所以一直是虚实变转须留意，一直是变化的，不是一成不变的，是气宜鼓荡的。

第十二章　抱三关之上下开合

抱三关之上下开合，是上开下合、上合下开，在开合过程中是相反相成的。我们通过上下开合这个功法，最终修为的是“往复须有折叠”，也就是得到了折叠劲。

在抱三关功法前后开合、蓄发劲的基础上，我们进入下一个功法的修为，就是修为出具体的折叠劲。

开合桩有前后开合、上下开合、左右开合，抱三关依然是这三个功法，它们都是为了让我们“懂得开合便知阴阳”，懂内劲。开合桩的上下开合是上开下开、上合下合，抱三关的上下开合恰恰相反，是上开下合、上合下开，在开合过程中它们是相反相成的。

一、形的开合

从有形的身体来说，上下开合功法首先还是形上的开合。上为肩、肘、手，下为胯、膝、足，上下又各分出来根中梢。上肩为根、肘为中、手为梢；下根在于胯，膝为中，脚为梢。上开下合、下开上合，其根本在于肩和胯的开合。下面讲解抱三关的具体功法上开下合、上合下开形的要领。

先说上开下合。上开，首先是肩开，然后以两肩开催两肘开、以两肘开催两手开。这个开是全方位的，既有左右拉开，还有前后的开、上下的开。下合，在上开的同时下要合。下合先是胯合，左右两胯向内合、向中合，继之两胯合催两膝合、两膝合催两足合。

再说上合下开。上合，在上开定势的状态下，先是左右肩向内合、向中合，然后以两肩合催两肘合、以两肘合催两手合。这个合也是全方位的，即前后、左右、上下向中点合。下开，在上合的同时下要开。下开是在下合定势的状态下，以胯为主宰，左右两胯由中点向外开，继之两胯开催两膝开，两膝开催两足开。

上下开合形的基本要领是，上开下合、上合下开两个具体功法，分别是上边开下边合、上边合下边开，要做到开合异而同出、上下相反相成。

浑圆桩功修习的是一个球，球里面是方圆相生。从外圆来说，无上无下、无前无后、无左无右；从内方来说，是正三角形，有上有下、有左有右、有前有后。外为无，内是有。我们站浑圆桩功的时候，要站出一个球，球里面要站出正三角形。我父亲当年跟我讲，一点是灵，中重合一。一点它最灵，触之即旋。你一触它，就三百六十度无凸凹、无断续、无方向，全方位产生一个触之即旋的变化。一点最灵，三点最稳。灵中还得要稳，稳得要浑厚。要浑厚稳重的话，就得找到三点，而且这三点是分上下的。下大上小，上边一点是顶，是百会，下面两点一左一右，两个脚的涌泉。上百会、左涌泉、右涌泉形成了三角形。有它支撑的时候是最稳定的。道生一，一生二，二生三，到了三，最稳定了。三生万物，由有回无，形成圆了。

所谓上下开合，从内在的意来说一定要有三点的概念。上面一点是顶，在百会，下面是左右涌泉，与上头这一点形成了三角形。这是浑圆桩功中最稳妥的内在支撑。杨氏太极拳老谱告诉我们，所谓太极，不离此方，上下左右，不离此圆。一个方一个圆，这两个谁也不离开谁。圆指的是外，方指的是内。内方支撑外圆，所以内固精神、外示安逸。外面是非常圆满的，因为在圆中有一个刚正的方的支撑。

开合在内不在外，在方不在圆。表现在外圆的开合，其实质是内方即内在正三角形开合变化的结果。内在正三角形的开合体现在三个顶点开合变化。三个顶点开合变化遵循，一个顶点开或合，另外两个顶点必然同时相反合或开的原则！亦如上一个顶点由中而开为左右两点，同时下两个顶点必然向中而合为一点，经过三个顶点的开合变化，圆内正三角形，由一个顶点在上，两个顶点即底边在下，形成了底边在上、一顶点在下的倒三角形！

圆内正三角形的开合由此产生了颠来倒去且相反相成的开合。在三角形颠倒的过程中，形成了一分为二同时合二而一的分阴阳、合太极的开合变化。从而，圆内如同一个风箱，往复循环，形成一气周流鼓荡，亦如老子所言“虚而不屈，动而愈出”，产生了强大内动力，内劲即由此有得！

杨氏太极拳老谱中说，上下一条线，全凭两手转。前人又告诉我们，全凭这两手转是没有问题的，但是这手只是两扇门，其根不在手，而是在脚。当手开的时候，上开下要合，合出来一个开的内动力。当年我父亲也告诉我，上下一条线，全凭两手转；手是两扇门，全凭脚打人。所以，手表现出开的时候，一定是在脚不在手，而且手与脚的开合变化相反相成，手要开是双脚相合的结果！亦如拳论有云：“其根于脚，发于腿，主宰于腰，形于手指。”手与脚之间的开合相互为根且相反相成！正因为相反，反者道之动！手与脚的开合相互作用，手开脚合，脚开手合，上开下合，下开上合，“总须完整一气”，形成一气周流而产生了内动力即太极内劲。

试手体验

上开的时候下要合，上合的时候下要开，而且上下一条线，以这条线的上和下来体会出上开下合、下开上合。体会一下，具体的上开下合、下开上合用起来的时候是一种什么样的滋味？为什么我们能够通过上开下合、下开上合，体会出折叠劲的具体应用？

我现在站出一个浑圆桩功的三角形，这是合一的。上现在实际上是合的、下是开的，这个时候我要由开而合。如果上开下也开的话开不开，但是我现在上要开的时候下要合。这一定是相反才能反出来的内在的劲力。上合也一样，现在上开着，上要合的时候，下如果也合是合不上的。你看上合下是开，这儿合的时候那是开，肩往里合，胯就要往出开。

再体会一下，这样上下开合才产生了内在的劲的变化。

上下开合一定是遵循着上开的时候下是合，上合的时候下是开。这是我们在上下开合修为过程中要把握的第一个要点。

不管它怎么开、怎么合，必须有一个点是定的，是不变的。定住了，它才有上下的开和上下的合，才有上开下合、下开上合。上开下合、下开上合都是围绕着这一点。这一点是中定，也就是定之方中。拿住了这一点、定住了这一点，上开下合、下开上合就保持住了中定。

开和合是变化的，上开下合或者上合下开，不变的是这个中定。这三点的开合围绕着中这一点。你找到了这一点，所有的开合变化都可以在灵动起来以后万变不离其中。在上下开合过程中，如果上为梢、下为根的话，关键是在于中，中就要定。离开了中定，就没有上下的开合。这是我们在上下开合修为过程中要牢牢把握住的第二个要点，即上下开合不离中定。

上开下合、下开上合，在形上开合的时候，我们要定这个中。如果上是肩、下是胯，上是手、下是足，这个中在腰。也就是说，用腰顶来定这个中，腰顶即为中定。上开下合、下开上合都是在中定的基础上，离开了中定就没有上下开合。因此，意不在上开或者下合，上合或者下开，这时候应该牢牢地定之方中，把中要确定下来。

上下开合，我们要把中定在腰顶这个地方体会出来。我们找到这一点，然后通过上和下的开合来体会折叠劲。关键问题是我们最后要用这个折叠劲功法要清楚地知道折叠劲跟上下开合、根中梢、中定到底是什么样的关系。

二、意的开合

如何具体体现出来中重的开合，能够达到形意分而合之，最后进入阴阳相济、方为懂劲呢？由形的开合进入意的开合。意的开合，实际上是中重的开合，一个是形一个是意，一个是虚一个是实。我们修为上下开合，就离不开形跟意、中跟重之间内在开合的关系。我们要通过这个形拿到这个重。形、中、重，合出来一个劲。

形分上下，上为肩、下为胯，上下开合，从有形的身体来讲是肩胯的开合。上要开下就要合，上下这两个是分着，同时它们在开合变化过程中是相反相成的。具体从形来说，上开是肩开，下合是胯合，上要开下就要合，肩是开胯就要合。这两个是完全相反的。

当肩开、胯合的时候，上开是把门打开了。手是两扇门，门一开以后，引进落空，把外面来的给请进来，引到中上去。当引进来的时候，中是虚空之性体，中这个时候是空的、开的。像一个水库一样，水库是空的，水才能够蓄进来，所以外形看是入，内里的中就是开。

由于中的开，重就要上提，这个重锤就要向上向中而提。中开，形要入，这时候它是意的开合，是两意合一意，与上来说是入之意，与重来说是提之意，最后一入一提，入到并提到中上了，这时中已经空而不空了。我们有形身体在开的时候要用意不用力，周身要松通，要给内气打通通道，也就是意之所至、气即至焉。意领气往里入，气入到中上了。动之则分，分了两个意，一个上一个下。另外一个意，意领提重。提的重受到地球引力的作用，它是自然之重力。如果意之所至、气即至焉的话，一个气一个力，中是虚空之性体，当它们都合到中上的时候，中由空而空出一个不空的真实。气与力合，合于中了。

内三合，即心与意合、意与气合、气与力合，就体现在抱三关形跟意的开合上。气与力合，是内气和自然之力相合，合出来一个内劲。这个劲在中上，也就是中空空出来一个气与力相合的实实在在的内劲。这时中空变成中实，对于劲来说实是蓄，蓄中存了一个实实在在的劲。形是入，中是开，重是提，劲是蓄，形、中、重、劲，实际上是入、开、提、蓄。

《十三势行工心解》上说，“蓄劲如张弓，发劲如放箭”，太极的内劲，就表现在一蓄一发上。蓄为体，发为用，最后就是要把蓄了的劲发出去。也就是水库蓄满水以后，要开闸放水。开闸放水以后，高下相倾了，水中的能量由势能转为动能，才能灌溉、发电。内劲就体现在能量上。虚空的性体已经蓄了劲。拳论告诉我们，中不空了，通过功法修为真正感觉到懂劲而得劲了。也就是中虚空的性体实了，实出来一个内劲来。这个时候水满而溢，中实即发。拳论告诉我们，“中实不发艺难精”，水库已经满了，如果不开闸放水的话，就失去了水库的作用。到了一定的水准，就得要开闸放水，所以蓄劲了以后，就要转向发劲了。也就是用在发上，蓄是为了发。

怎么才能发呢？这时候肩开胯合、上开下合，就要发生一个变转，由上开下合变成了合即出。即由入要出了，出的时候是上合，上合的时候下要开。一开一合，一出一入，这个时候，水库像一个中空的球体蓄满了，里面充满了气体。把这个球往一块挤压的话，出了。中是要合，太极拳论上讲合即出，所以这个出是合，中合。中合的时候，这个重要回落，所以重是落。出，刚才气与力合，现在这个中一合以后气就要出。气出以后以气催形、以气运身，这时气催着有形的身体合即出，这个劲就发了。

上下开合从形上来讲是一出一入，从中上来讲是一开一合，从重上来讲是一提一落，从劲上来讲是一蓄一发，所以太极内劲就是在形、中、重和意的开合，合出来一个劲。就是通过上下开合这个具体功法，最终从形上的开合以意导出来气的出入，通过中的开合以意把握重的提和落，得到劲的一蓄一发。

具体来说，上下开合是相反相成，一个开一个合。从有形的身体来说，中的开合，体现在腰。拳经上讲形于手指，主宰于腰。腰是主宰，腰为轴，腰主宰着形的出入、中的开合、重的提落，这个内劲的蓄发劲就在腰。合出来的内劲，不是凭空想象的虚空的劲，而是一个实实在在的可用的实劲。腰有劲了，腰要主宰全身。由于带劲，腰起到了承上启下的作用，使得周身一气贯通，意达四梢，气遍周身不稍滞，浑身都是劲。气遍周身，劲就遍周身，关键是腰要合出来这个劲，也就是我们要找到这一点。这一点就是中。有形的中就体现在有形身体的腰上。

得中用中，妙用无穷。具体到抱三关上下开合这个功法来说，太极内劲就是一蓄一发，蓄劲如张弓、发劲如放箭。同时这个蓄发的内劲，体现在往复须有折叠、进退须有转换。这也是拳论告诉我们的，蓄发劲的本体是一蓄一发，它的用是折叠和转换。往复须有折叠，从形上来说，一往一复、一出一入，一去一回，在形的去回和往复过程中，合出来一个折叠劲。这个折叠劲实质是中的开合。这一点就体现在腰上，腰是主宰，腰为轴。

三、找到中这一点

找到中这一点，得中用中妙用无穷，万变不离其中，得一中就得万变。定之方中，就是要定这个中。把中定下来，就可以有无穷的变化，可以折、可以叠，在往复过程中折叠劲就能有具体、实际的应用了。

班侯在《乱环诀》中明确地指出："发落点对即成功"。什么是点对？一个发一个落对立不同的两个点，合到一个点，并且这个点定在中上，就是"发落点对"的内涵真义！发落能否成功就取决于这个点是否定于中。正如杨家老谱《对待用功法守中土》（俗名站桩）一文开篇即释"定之方中足有根"。换言之，发落之根就在于这个"点对"！

能否找到中这一点，是能否成功的关键！亦如拳谚有云："得中用中妙用无穷。”我们强调太极内功修为是“守中之功”，就是要通过内功修炼找到并守住自己的“中”！其实人的一生为人处世能否守中用中，依然是成败的关键！正如老子谆谆告诫后人“多言数穷，不如守中”！每个人活在世上离不开一个发一个落完全对立的两个点，即你来的那个起始点，你落到的那个终结点。这两个点是不以人的意志为转移的，也可说是你无法选择的两个必然因素。但是，由起点到终点每个人所走过的路程是必须由自己决定的。在人生的每一个前行的路口都会出现各种各样的曲折和变化，能不能迎难而进，拾级而上就在于你能否始终如一地找到中这个点，并且时时做到“守中用中”！

在太极拳内功修为中，“发落点对即成功”是如何把握并运用的？这是开合动桩功修炼的关键！我们知道太极拳无论是健康强体还是防身技击，无论是进攻还是防守，无出于一个发点一个落点。当我们把发与落两点合于一点并定在中点上，发与落合为一个点其结果，发点就是落点，落点也是发点，发与落两个对立的点由有而无，即有发有落亦无发亦无落，发落两点异而同出！由此可知，“发落点对即成功”其实质是“发于中、落于中”，也可以说是：中发中落！当我们找到了中这个点，就把握了《太极拳论》所要求必须遵守的准则即“立如平准”！中发中落之所以保证了“发落点对即成功”，是因为中点是发落对立两点的支点。小时候都玩过跷跷板，一块木板中间是支撑点，木板两边分别坐一个小伙伴，一个人向下落，另一个人被向上压起。两端没有人时，木板处在平的位置，此时是“立如平准”的平衡状态。当任何一边向下受力，另一边虽不用力但被向上压起。

综上所述，我们就是要通过开合动桩功的习练，找到并守住自己中定的那个支点。守住这个中点就可以做到因敌变化，需要发而向上打起或者向下沉落，都是中发中落的结果！只要找到并守住这个中点，在与人打手过程中，就能实现“以小博大、以少胜多”，从而四两拨千斤而柔弱胜刚强！

著名的物理学家阿基米德有一句名言：“给我一个支点，就能把地球撬起来！”“发落点对即成功”的关键就在于找到中这个支点！

张三丰《太极拳经》也讲过：“向前退后，乃能得机得势。有不得机得势处，身便散乱，其病必于腰腿求之，上下前后左右皆然。凡此皆是意，不在外面，有上即有下、有前则有后、有左则有右，如意要向上，即寓下意，若将物掀起而加以挫之之力。斯其根自断，乃坏之速而无疑。”你要想上，你的意就要下，也就是说意上要寓下。找到了这个支点的时候，我们是不是再加一个力呢？其实不用。这只是从力学的角度来阐释它们之间的关系。从我所传承的太极内功以及阴阳学说的角度，不需要加力，因为这个就是我们的重力。我们的重力是多少就是多少，不需要再加一个外力。既然不需要加力，还把它向上提的话，要寓以下意。这个下，我不加力，怎么才能够把它打起来、掀起来呢？中是定的，重也是定的，我只需要挪动重的位置。不改变它的重量，挪这个秤砣。你现在练了半天，没找到这个支点，就像这杆秤你还没找到秤砣，就更不能在这个秤杆上平移它的位置了。太极内功修为关键就在这儿。当你能够找到这样一杆秤，找到了秤砣，又找到了定盘星，不管它的重怎么变，决定它的平和不平只需要调重。所以修为的实质，要想得中、守中，关键要学会调重。

当然，用意不用力，是不改变这个力本身，但是还是要点力的。你要拨这个重锤还得要用力，不过那个力是很小的四两力，它决定了这一千斤的重物是提起还是落下。太极内功的四两拨千斤就是这样一个原理。

我们通过中重的开合、形意的开合，合出来一个折叠劲。也就是找到了这个支点，能够相反相成，一折一叠就体现出一蓄一发的太极内劲。我们在实际应用的时候，蓄发劲就体现出来折叠，一折一叠、一蓄一发。

试手体验

咱们体会一下。我现在要把他打起来，他的体重比我的要大，我要找到这个支点来挪这个秤砣，就要以小博大，找这个折叠蓄发劲。不是力大打力小。当他拿住我的手，我要想把他打出去，如果用力的话，就比谁力大力小。他还是用力拿住我，只需要折叠，把这一点定住，中定。我要把他打起来，得要向下调这个重锤。一折一叠、一提一落，关键是要能找到这个支点。太极的内劲很简单，就体现在往复须有折叠。不管他拿住我任何地方，我拼的不是力。我如果用力，他比我重得多，我怎么能把他拿起来呢？拿不起来。往复须有折叠，找到一个支点以后，就可以做到。拿住丹田练内功，就要找到这个中重开合的支点。这就是上下开合的功法体现出内劲的具体应用。

再来体会一下折叠。拿住他以后，定住中。找到了中，他刚才可能没有意识到，在这儿定中以后，重锤提落，重锤提、重锤落，一蓄一发。蓄劲如张弓、发劲如放箭，往复须有折叠。这就是太极内劲的一蓄一发具体的应用和展示。

我们通过上下开合这个功法，最终修为的是往复须有折叠，也就是得到了折叠劲了。其实太极内劲的一蓄一发，蓄发劲在具体应用中，一个是往复、一个是进退。我们在蓄发内劲的基础上，通过上下开合，求得了往复须有折叠的折叠劲。我们还要通过具体的功法去修为进退须有转换。一折一叠、一转一换，这就是太极内劲的两种具体展示和应用。

第十三章　抱三关之左右开合

左右开合，我们实际上是通过形的进中退、中的合中开、意的提中落，最后得到一个进退须有转换的转换劲。

左右有形有象，在形上能分出来，这个不需要练，每个人都有左右之分。以中分的话，虚中线一分，就分为左手右手、左肩右肩、左胯右胯、左脚右脚、左眼右眼、左耳右耳……一定是对称的。上天打造我们人类的时候，就把我们打造成了一个左右相合的人，也就是人字有一撇就有一捺，有左就有右。这个不需要练，但是要分清。

左右不需要我们再去分了，但是我们现在要练的是左右的开合，功在开合上。当分了左右，能不能够做到该开就要开、该合就要合，这就需要具体的修为了。

一、形的开合

左右开合从形上来讲，动作依然很简单，它是相反相成的。这个动作只有两个方面，一个是左开右合，一个是右开左合。这个左和右的开合体现在形上，就是一进一退、一开一合，开为进、退就为合。这个开合和左右，在进退过程中此两者同出，有左就有右。拳论告诉我们，有上就有下、有前就有后、有左就有右，前后左右皆然，分出来开合同在。也就是左开的时候，左进右就要退，左开右合。右进就要左退，右开左就要合。开是向外、合是向内，一个出一个入、一个进一个退、一个内一个外。关键是分出来左右、进退对立的两个动作，我们要把它们合二而一。此两者分不同而合，要合到一上，这是修为的要点。

就左肩来说，拳经上讲其根于脚，主宰于腰，形于手指。手是表象，手的进退、开合本身是勿自伸缩。拳论上讲，它自己是不动的，它是被开被合。手在进的时候是被进。为什么它是被进呢？手是随着肘进而进。也就是说，以肘进手，手进是表象、是结果，因肘而手进。是不是手进的时候就是肘进呢？不是，肘进是因为肩。在左开右合的时候，表现在手上实际上是以肩开手、以肩进手。肩催着肘进，以肘催手。肩、肘、手在进中分出来了一、二、三。肩、肘、手，手的进其根在肩，表现在手上。我们以肩进手的时候，是不是就是肩进呢？不是。肩也是被进、被开。谁在开它呢？是胯来开这个肩。也就是肩向前进，是因胯的进。左肩的进是因左胯的进，以肘进左手，最后完成了左手的动作。

同样，当左进的时候右要退，也就是左出的时候右就要入。这时候入，肩、肘、手，依然是形于手指，手的入是因肘往回入，肘的入是因肩的入。同理，右肩的入是因右胯的入，也就是一个开一个合，左要开右就要合。所以在胯不在肩，在下不在上。

左肩右肩、左胯右胯，它们的一开一合，同出同在，一进一退。左要进的时候右就要退，右要进的时候左就要退。做抱三关左右开合的时候，要遵循着左开右合、右开左合的原则。当左要开的时候右就要合，右要开的时候左就要合，左要进的时候右就要退，右要进的时候左就要退，一进一退、一开一合。开和合、左和右、进和退，这两者是同时存在的。为什么能够同时存在呢？关键不在左也不在右，这个开和合、进和退，关键在腰。左肩的开、右肩的合、肩胯左右的开合，这种开合的变转，关键在腰。腰为轴、腰为主宰，是腰的开合驱动着胯和肩的左右的开合。形上的开合第一个要素，是左开右合、右开左合。

左开右合、右开左合是肩胯的开合，肩胯的开合是以胯来主宰肩，胯的开合主宰着左右肩的开合。胯主宰左右肩的开合，其实质是腰的主宰、腰的开合，因此以腰为轴。在开合的时候，找到了一点，这一点是中。中定的这一点就定于腰。因此，虚实的变转、进退的转换，从形的开合上讲，关键在于腰。这是形上的开合第二个要素。

二、意的开合

形上的开合，不管是左肩左胯、右肩右胯的开和合、进和退，其实质，归根结底还是意的开合。所以在意不在形、在内不在外。外形上表现出来的左右开合，其实质是意的开合。

意的开合从其理来讲，总斯一理。前后开合、上下开合、左右开合，具体到意的开合来说，就是中的开合。换言之，形、中、意、劲，最后进退须有转换，这个劲依然还是由形、中、重合出来一个转换劲。

从形的开合、中的开合、重的开合，具体到左右开合，怎么能够实现一个转换劲、得出这个劲呢？形与意、实与虚、阳与阴，求得这个中，把形和意合为一中，最后就合出来这个内劲。

这个时候，开和合的关键是把左右和开合要合二而一。左的开和右的合是相反相成，是不同而合到一上。一里面的二，有一个左开有一个右合，把左开右合合到一个滋味上。可以说，这个左开右合、右开左合是表象，关键在于这个一，在中。对于中来说，如果左要开是进，那么右合就是进中退，左进右退是左开右合。形的进和退，实质上是中的开合，中这个时候是合中要有开，是合着开。不是开就是开、合就是合，这跟上下开合有一个很大的不同点。上下开合的中在这个时候是开。左右开合因为它的进和退同时存在，这个时候中是要开，但是是合着开。开的时候不离这个合，才能够由中同时出现左开右合、一进一退，此两者同出。也就是说，它是进中有退。左进右退的话，是因为中的合，合中要有开。意这个时候是提中落，也就是中要开、重要提。这一开的时候是要提，提的时候是两个意合一意，提之意不离落之意。在左进右退、左开右合的时候，作为这个重是提落合一的。上提是提着这个下落。你要体会出来中的开，中的合，重的提中落，也就是提和落是一个滋味。

动之则分，一动意就要分，有开有合，有提有落。但是要合出来这个劲的话，我们就要分而合，要把两个意合到一个意上。太极内功修为难就难在把二合一，这一合以后合出来提中要有落，提的是这个落。提说得清，落也说得清，但是提中落这个滋味说不清了，只可意会不可言传。它是合道的，是浑沌的。它是真实的一种滋味。我们就是要把说不清的滋味品味到真实，功夫就在这儿。要通过这个功法把两意合一意。两意相合以后，合到一个意上，一个进一个退，一个提一个落，最后就合出来一心一意一气。也就是阴阳二气合到了始终如一的一气周流中，最终太极即一气。前辈孙禄堂告诉我们，“太极即一气，一气即太极。”我们求得的就是这一气。两意合一意，意之所至，气即至焉。你合了一个意，意的流动就形成了一意一气的周流。

《十三势行工心解》对于太极内劲的修为很明确地指出来两个渠道：一个是往复须有折叠，一个是进退须有转换。如果说上下开合是体现往复须有折叠的话，那么左右开合就是体现进退须有转换。

左右开合最终从意的角度是提中落。我们实际上是通过形的进中退、中的合中开、意的提中落，最后得到一个进退须有转换的转换劲。形的开合，左开右要合、右开左要合，这两个是进退须有转换。用左右开合来体现它的一进一退，在进退中左右开合发生了一个转换。

三、形的开合转换要领

在形的左开右合、右开左合发生转换的过程中，有三个要领。第一个要领，转换在脚。杨氏太极拳老谱《太极平准腰顶解》中告诉我们，“上下一条线，全凭两手转”，也就是左右开合的时候，凭的是左右两手的变转，左进右就要退、左开右就要合。开合、左右在转换过程中同出同在，不断发生着左右开合的变化和变转。太极拳经也告诉我们，形于手指。也就是左右手的开合是表象、是表现，左右手的开合转换其根是在于脚的虚实变转。《十三势行工心解》很清楚地告诉我们，变转虚实须留意。这个变转虚实表现出来的是左右手，但其根在脚，是脚下的虚实转换。“上下一条线，虚实脚下变”。变转虚实须留意，就是要求在开合动作中要分清虚实，要以虚实变转为第一意。“变转”这两个字的真意，转在手，但是其根于脚，变在脚。因此，做形的左右开合的时候，主宰着左右手的开合变化的是脚，手是随脚的变而发生了转。

第二个要领，手与脚、肩与胯、肘与膝形成了上下一条线。

上下一条线从形的角度来说，左右开合要遵守外三合，也就是手与脚合、肩与胯合、肘与膝合。脚的虚实变化而产生了手的左右转，手和脚合这两个是不同而合。

脚在变，手在转。手转是因为肩催肘、肘催手，这个时候作为肩肘手来说，手是表象，肩为主宰、为根，是以肩来变手、转手，左右手都是这样。但就肩和胯来说，作为上下这一条线在胯不在肩，是因为胯的变转主宰着肩的变转，肩的转换是因胯的转换而转换。这体现出肩和胯的不同而合，依然是在胯不在肩，胯主宰着肩的转换。

当以肩来催着肘和手发生左右转换的时候，肘与膝一定要相合。以膝主宰着肘、肘催着手发生左右转换的时候，要做到肘不离膝，膝和肘永远是上下相随的。上下必须是一条线。手与脚、肩与胯、肘与膝，形成了上下一条线。

这一条线是中线，左右虚实变转的时候，以这个中线为轴。我们一定要在形的变转过程中把这个中线、这个轴虚而实了。在左右转换过程中一定要不离这条虚中线，这条中线要虚而实。

第三个要领，腰为主宰，也就是不离腰顶。形在发生左右转换的时候，不管是左开右合、右开左合，在变换中一定不离腰顶，以腰为主宰。杨氏太极拳老谱《太极圈》第一句话就告诉我们发生变转的时候“退圈容易进圈难，不离腰顶后与前”。前后变转、左右开合，一定不能够离这个腰顶。变转的时候，是以这条中线为轴，但是以腰为主宰。腰为主宰，就体现在腰顶上。杨氏太极拳老谱《身形腰顶》中也很明确地告诉我们：“身形腰顶岂可无？缺一何必费功夫。腰顶穷研生不已，身形顺我自伸舒。舍此真理终何极，十年数载亦糊涂。”作为身形来说，腰顶是重中之重。如果练开合动桩功，离开了腰顶，练了半天，就连太极内功的门都没有进。

凡此皆是意，形与意合，最后合出来一个中的开合。形的开合，从有形的身体上表现的话，关键在于意的开合。意的开合的关键是在中的开合的时候重的提落。从而，中的开合和意的开合得到一个两意合一意。开合就是一个意，不是开一个意、合一个意，是开合为一。也就是，开就是合、合就是开，开中合、合中开，开和合是一个滋味、一个意，我们要牢牢抓住这一个意的开合。

四、劲的开合

通过左右开合，我们要把两个合一，合出来一个一心一意一中。开或者合就是一个中，是中的开合。开或者合，是一气，合出来一劲。蓄发为一，这是通过抱三关的左右开合要达到的结果。一意的开合在中，中开中合，即是在开的时候开中合，在合的时候合中开。重在提落的过程中，是提中落、落中提，提落是合一的。在开合变转过程中是一气的变转，作为蓄发内劲来说，是发而蓄、蓄而发，蓄发合一。如果蓄是守的话，发是攻，攻守是合一的。守就是攻，攻就是守。通过左右开合，从意的角度要两意合一意，这个要牢牢把握和体会。

当我们能够做到形的开合和意的开合围绕一个中的开合、重的提落时，就合出劲的开合。劲的开合，是我们通过左右开合要得到的。进退须有转换，转换劲就是合出来一个蓄发的完整的内劲。

所有的功法都围绕着一个结果，就是要懂劲、得劲、用劲。这个劲是蓄发。如果形是左右转换，中是开合，意是重的提落，劲就是一蓄一发，是蓄发劲。在做左右开合的时候，要通过中和重的开合来体会出进退须有转换这个转换劲的具体应用。

劲的蓄发从具体应用中归纳了三个字：接、蓄、发。蓄发之前有一个接手，具体应用的时候是分了三个过程：一是接，二是蓄，三是发。这三个过程离不开中的开合、重的提落。

左开右合体现接、蓄、发。发是由左发，首先是左进右退。进退须有转换，这个时候接手要左进右退，左开右合。在这个过程中，一个前一个后、一个进一个退，这两个同时存在。左手进的过程中，作为中来说，左开右合、左进右退，这个时候就体现在中的开和合。左右进退是中开合的结果，中的开合这个时候是开中合。在左进右退的时候，重是提中要有落。左手左进，手是接，和对方接手，所以在第一个过程中，体现了左开右合、左进右退。这个时候，在合中要开、开中要有合，开合为一。当开的时候要提，但是提中要有落；当提的时候，在意上要把两意合一。当提中有落的时候，左手为落、右手为提，这时候把一个提一个落要合起来。接的时候，是左落右提，因为是左手接敌。左手接敌，是为了要引进落空，这个时候对方会以实手相接于你。当对方实手相接的时候，这个手就要发生虚实变转，实的要变虚。左手在前面为实，虚为后。前接左手，接触了对手的实，要转虚，实而转虚的过程中又发生了左右的虚实变转。

刚才是左进右退，现在虚实一变转，左退右进。当左退右进的时候，左手由实而虚，对手的实被我虚的左手引进落空。左进的时候，是和对手相接，接了以后就要由实变虚，也就是要引，往中上引，这时候中是合而开的。要开，引进要落空，把对手的实落到我的中空中来，这个时候重是提中落，同时落中要有提，也就是把这个重随着对手的引进落空，蓄到中和重相合。也就是说，这个时候，对手的实和我的重合到了中空上来。第一是引、引进，第二是蓄实，蓄中。这个转换等于把我的中由空蓄实了，蓄而后发，中实即发。这时，中已经蓄实了，又发生第三个转换。因为左回退，蓄中以后又发生了转换，左进右退，这时候左要发了，蓄而后发，左为发。左发的同时，蓄和发是合一的。当左发的时候，实际上右是在蓄。一个蓄一个发总是同时存在。在和对手接手的过程中，接、蓄、发三个阶段实际上都是进中要有退、开中要有合、提中要有落、蓄中要有发，最后是合一的一个劲。虽然是左右在开合变转，但合出来蓄发一个劲。从这个角度，对内劲、蓄发劲，通过左右开合转换的时候，要把握住接、蓄、发。

当左进右退的时候，作为蓄，左是落、右是提，发生了转换，也就是提中要有落、落中要有提。这个过程是接。第二个就是左退右进，发生了变转，这个时候提中有落、落中有提。接手是引进，引进到落空，这就是蓄了，蓄劲。蓄实了以后开始左进右退，实际上是左发右蓄，又是一个蓄发。这个蓄发劲在具体应用的时候，进退须有转换，我们要牢牢把握住接、蓄、发这三个要素、三个阶段。

试手体验

下面来体会一下。先来接手，一接手以后一定要牢牢把握住上下一条线、全凭两手转，都在两手上。但是两手是表象，实质是在中轴线的基础上脚下的虚实变转。脚下虚实变转推动两个手的左右变转、左右开合。当左手要发的时候，我先要蓄而后发。要想蓄而后发，就先要进、先要接手。一进以后，左进右退，左是落、右是提。在这个过程中，因为他的实碰到我的手上，我要发生转换，这个手变虚。要引进，实不行，实进不来。这时发生了一个变转，是左手退、右手进。左手退不是为了退，而是为了蓄，蓄了以后发。还是在它的发（左发）！所以在发的过程中出现变转，前边是接和蓄的过程，不可缺少，这是左发。右发也一样，接、蓄、发，发落点对即成功，最后就在于这个落点上。但是它发生了一个虚实的变转，分了这么三个阶段。

再体会一下接、蓄、发。这三个过程非常清楚，但是是一气呵成的，实际上就体现出来引进落空、蓄而后发、合即出三个环节。当蓄和发合起来以后，这个时候就要出、要发了——中实即发。你在做的时候，就要根据来的情况判断，你是准备左发还是右发。你自己转换，必须得有虚实变转。发的时候，实际上是以后发前。一定是以彼发此，后发前至。这个发要有虚实的转换。也就是说，“左重则左虚，右重则右杳”。当它发的时候，这个重在这儿，以后发前。这个时候实在后，前是虚的，这两个得是合一的状态。当发的时候，为什么能发出这么大的力呢？是因为它根在后。以左发右，是后发而前至，出现了一个转换，这是很关键的。

在劲的开合中，实际上是一蓄一发。蓄劲如张弓，关键是虚实中线的开合。要想发，就要先蓄，蓄而后发。当它蓄的时候，这个弓是张开的，发的时候它是合的。在合的过程中，它是发劲如放箭。箭放出去是这个弓相合的结果，不是用力。张弓开了，虚实一合，箭放出去了。合的过程中左是发，以右发左，这才叫合。也就是以后发前，前后这两个是合起来的。

第三部分　四动功

第十四章　四动功之理

四动功是在定步动功基础上，进入活步动桩功的学习。在活步的变化过程中，我们能不能够虽动犹静，做到“变转虚实须留意，因敌变化示神奇”，这是四动功的主旨要求。

开合动桩功分有开合桩、抱三关、四动功三个功法。学习四动功这个功法，我们同样先从明理开始。明理，离不开三个内容：第一，为什么练；第二，练什么；第三，怎么练。

一、为什么要练四动功

开合动桩功的学习，通过开合桩、抱三关进入太极内功修为的懂劲阶段。太极内功修为的核心主旨就是要由着熟而渐悟懂劲、由懂劲而阶及神明。懂劲不懂劲是太极有内功没有的一个分水岭。懂了劲、得了劲，能用这个劲解决问题，这就是太极内功修为的核心目标和主旨。

前人在《十三势歌诀》中告诉我们，太极内功懂劲神奇的地方体现在因敌变化。就是当你面对对手、面对外在所有变化，都能随机而变、随势而为。

我们要解决的问题是没有对手的时候你来变，很自然、很随意、很自由；有对手干扰的时候，你还能够做到像没有对手那样自由变化。

当你大力干扰的时候，我能做到跟没有你一样。修为的目的就是要做到在任何时候，都是完整如一的，都能独立守神。太极无敌，无敌就是有敌似无敌。当有对手的时候，我能够做到跟没有他一样，这样就得到了一个大自在的我、大自由的我、大自然的我，回到了我们本原的自然状态。圣人、真人不加修为天生就有，但是普通人都得经过后天的修为，才能够具备因敌变化示神奇的功夫。

为什么练呢？就是要因敌变化示神奇。关键问题是因敌要能变化，要能变、能化。修为的结果就是在任何时候我们都能够随意而变、随机而化。怎么才能够因敌变化呢？要通过四动功的修为和学习来做到因敌变化示神奇。为什么要练四动功，就是要能因敌变化。

具体在四动功中，练什么才能达到因敌变化示神奇这个目的呢？这就是我们要解决的第二个问题。

四动功练的是动。四动功的动有它特殊的含义。我们要想练因敌变化示神奇这个变化，就得要从动入手。杨健侯在《太极约言》中很清楚地告诉我们，要想化，把有的化无，有敌似无敌，关键在于能够变。变转虚实须留意，从我的虚实变转入手。要想化有回无，我就得有变，变则化，这是结果。

怎么能够化？《太极约言》告诉我们："轻则灵，灵则动，动则变，变则化"。核心是动。动则变，要想变必须得能动。只要能够随机而动，你就能产生虚实变转。能够虚实变转了，你就能够化有回无了。所以，练的核心主旨是动。想练这个动，前面还有轻则灵、灵则动。因此在修为过程中练轻、练灵、练动，最后得出变和化，才能因敌变化示神奇。练轻、练灵、练动，核心是动，轻和灵是动的前提和基础。杨澄甫在《太极推手》中，告诉我们手要极轻。什么是极轻？用意不用力，手要一丝力不挂、一羽不加，以轻、灵、虚极轻的手来变化。

由无极桩、浑圆桩到开合动桩功，重要的就是周身松通，用意不用力，要一羽不加、蝇虫不能落。没有、无了，手才是极轻，才能轻而灵，灵才能动。如果你拿住我的手，好像是松了，但是没有做到极轻就不能灵。只有极轻才能灵动。所以要用意不用力，要丝毫力不能有，要练轻则灵、灵则动、动则变、变则化。把握五个字：轻、灵、动、变、化！

开合动桩功都是在练动，四动功要练四动。太极桩功分两部分，一是静桩功、一是动桩功。无极桩、浑圆桩是静桩功，有形的身体在相对静而不动的情况下来体会静出动势，形不动意要动，身不动气要动。进入到动桩，要动了。动桩又分出两个部分：一是脚不动，叫定步动桩，开合桩、抱三关，包括左右开合、上下开合、前后开合，都是以不动步来体会动。二是要动步了，叫活步动桩。

四动功就是在开合桩和抱三关定步动桩功的基础上，进入活步动桩功的学习。也就是说，要迈步了、要移步了。在移步、动步、活步的过程中，我们还能不能够守住虽动犹静，做到变转虚实须留意、因敌变化示神奇，这是四动功要练的核心主旨。

四动练的是迈步。要练迈步如猫行，练猫步。在任何情况下都能够因敌变化示神奇，关键其根于脚；其根于脚，关键在步，我们要能够自由地迈步。要通过四动功练出来迈步如猫行。

《十三势行工心解》中讲:“一动无有不动，一静无有不静，牵动往来气贴背，敛入脊骨。内固精神，外示安逸，迈步如猫行，运劲如抽丝。”这个运劲，关键是能不能够迈步如猫行。蓄劲如张弓，发劲如放箭，要做到蓄发。《十三势行工心解》也告诉我们:“形如搏兔之鹘，神似捕鼠之猫。”神要像猫捕老鼠一样，步要像猫一样迈。要以猫的神跟步作为修为的一个借鉴。

要想迈步如猫行，怎么练？很多学员，长时间不能得门而入，其中一个重要的原因，是重功轻理，把明理和练功割裂开来了，以为练功就是练功。实际上，明理就是练功、练功就是明理，而且练功的首要就在于明理。这是至理名言，也是入门的关键所在。

为什么练四动？非四动不可。四动功法是少侯爷给徐师爷量身打造的独门绝技的功法，但是这个也不是一拍脑袋设计出来的，它是有道理的。

我们要练四动功才能够迈步如猫行。八卦对应的是掤捋挤按采挒肘靠，五行对应的是进退顾盼定（前进、后退、左顾、右盼、中定）。八卦五行，合起来十三势。太极拳原来叫太极十三势。

杨氏太极拳的传承通过前人的归纳和总结，把太极十三势提炼为八门五步，对应的是八卦五行。八门五步的八门是四正四隅，四正：正东、正南、正西、正北；四隅：四个斜，东南、西南、东北、西北。四隅关键在于四正，所以在修为十三势、八门五步的时候，要从四正入手。杨氏太极拳老谱《对待用工法守中土》(俗名《站桩》)，第一句话就是“定之方中足有根，先明四正进退身”。从四正入手，得了四正才有四隅。四正是四种变化的状态，前进、后退、左顾、右盼是四种表现出来的象，能够看得见摸得着的。

怎么样变化无出于前进、后退、左顾、右盼这四种表象。八门五步对应是八卦五行。“易有太极，是生两仪，两仪生四象，四象生八卦”，八卦这八种变化是由四象生来的，四象是八卦的基础。太极一；生两仪，阴阳；阴阳分合变化就出现了四象。一阴一阳谓之道，宇宙所有变化的内在根本原因，就在于一个阴一个阳。阴阳互相之间对立统一的变化，有四种组合出来的状态：少阳，老阳（也叫太阳）；少阴，老阴（也叫太阴）。这四种状态是阴阳变化的基本状态。有了这四象以后，在四象中的阴阳变化又出现了八卦。四象怎么生的八卦呢？少阳里面有阳中阳和阳中阴，太阳里面又出来了老阳的阳中阳、阳中阴；同样少阴出现了少阴的阴中阳、阴中阴，太阴又出现了老阴的阴中阳、阴中阴。宇宙万物的变化，无出这四象。前人在八卦五行学说之前，把太极阴阳学说很精辟地归纳为四象学说。在四象学说的基础上，才出现了八卦五行。八卦五行都是阴和阳变化产生的结果。四象学说确立以后，分出来两个分支，一个是八卦学说，一个是五行学说。四动功是四动，就是根据四象学说来的。

宇宙万物所有的变化离不开四动，天时分春夏秋冬四时，四时就对应着少阳、老阳、少阴、老阴四种变化。春夏秋冬，往复循环……就四种。所以天有四时，这就是四象。

四时又分出来八节，四时八节，每一个时里面又分出来两个节。春这个时，分出来立春、春分；夏分出来立夏、夏至；秋分出来立秋、秋分；冬分出来立冬、冬至。四象产生了无穷无尽的分合的变化。因此，只要抓住了这个四象，我们就抓住了所有变化的全貌。

人的一生也是四象，也像四时一样。由生开始，然后是长，由长慢慢衰老，由老到最后的死，由始到终。人一生中就生、长、老、死这四个节点。把握住了四象运转的内在规律，你就能把握住一气周流、完整如一的阴阳变化的本质。

太极内功的修为，就是分阴阳合太极。在分阴阳合太极、因敌变化示神奇的变化过程中，要牢牢地把握住四象。为更好地把握四象，我们用四动来演示和体悟阴阳相互变转的内在关系。

二、功在于步

功在于步，通过四动功，我们开始进入步法的学习和修炼。

太极内功修为，包括手、眼、身、步四个方面功法的修为。作为有形之身，一动，各个部位总须完整一气，我把它归纳为手、眼、身、步。

在四动功修为过程中，核心是步法。我们在具体功法修为之前需要先了解猫行步中“步”的内涵真义。

1. 何为步

古人对步有专门的定义。步就是双脚各迈一次，也就是左脚迈一次、右脚再迈一次，叫步。

半步曰跬，就是一只脚迈出一次。半步、跬，是步伐里面最短的距离。无极桩功，首先从脚下的平松而落、如履薄冰开始，换言之，太极内功的修为是由脚开始的。千里之行始于足下，你必须先迈出这一只脚去，开始千里之行。古人说，不积跬步无以至千里。千里之行就是一步一步迈出去的。人生如此，宇宙万物的变化都如此，因此我们不要轻视这半步。我们始于半步，以最短的距离产生出最大的效率，以最少的代价得到最大的收获，这就是太极。

形意拳前辈郭云深，最大的功夫就在于半步。他打人从来就是半步打人。他有一个绰号，叫“半步崩拳打天下”。形意拳有一个崩拳，就是半步，半步就发出这个崩拳巨大的作用。

前人也很清楚地告诉我们，徐行曰步，疾行曰趋，疾趋曰走。古人把迈步分为三种形式：一个是步，一个是趋，一个是走。步和走是两个概念，步是徐行，走是疾趋。疾趋曰走，关键是由步开始。徐行，是徐徐地、慢慢地走，慢慢地行。徐行才是步。离开了徐行，就不是四动功所言的步，因此我们要遵循徐行。

2. 步法修为四要素

在步法的修为过程中要牢牢把握住四点要素，以达到太极内功步法修为的那个步。

一要轻。轻对于太极内功来说是很重要的概念。“轻则灵，灵则动，动则变，变则化”。因敌变化示神奇这个变化是由轻开始的。不能轻就不能灵。不能够轻灵就不能够圆转自如，就没有因敌变化示神奇的功夫。对于轻来说，前辈杨澄甫在《太极推手》中告诉我们，“手要极轻”。光是轻还不行，还要极轻。要从有形的身体上去体会极轻。轻很重要。

二要慢。我所传承的太极内功的修为，一定是慢，越慢越好。杨澄甫告诉我们，“修为宜慢不宜快”，也就是动作变化哪怕是跬，迈出半步，也要慢要轻。慢才能把动作分出来更多节点，才能品味出其中内在的变化。太极内功的修为，核心的主旨是要慢下来。

三要匀。拳论告诉我们，无凸凹、无断续，就是在慢的过程中，始终如一。由起到中途轻灵的变化，再到最后的结束，始终是一。要达到始终如一，不管分出多少个节点都是一，因此它是匀的。

四要整。在整个修为过程中，不管步法怎么变化，最终要归结到总须完整一气。虽然是有上有下、有前有后、有左有右、有内有外，但是一动无有不动，总须完整一气。要把自己打造成一个上下、左右、前后动起来是完整如一的太极体。太极内功的劲，体现出一个体一个用。这个劲叫内劲。内劲是整劲。也就是说，有前就有后、有上就有下、有左就有右，它完整了，合一了。

徐行曰步，在走步的过程中，我们就要牢牢把握住轻、慢、匀、整这四点要素，缺一不可。

3. 丁八步型

要知道步法，首先得知道基本的步型。我所传承的太极内功对于步型有一个统一明确的标准。我们在四动功步法的学习过程中，首先要把握住这个步型。不管步法千变万化，步型始终就是一个，是唯一的。这个步型就是丁八步。丁八步是太极内功步法的基本步型，贯穿太极内功功法修为的始终。

丁八步，从字面上理解，是丁步和八步，是由丁和八合起来的。一横一竖相交叫丁，左右一分叫八。脚分出来了左右，既不是丁也不是八，是丁和八相合以后合出来的丁八步。在整个步法变化过程中，基本的步型始终是丁八步，不离丁八步。要把握住丁八步，就必须要遵守形法、身法的规矩要求。要沉肩、落胯、敛臀、圆裆、屈膝。只有守住了规矩，才能够合到丁八步上来。丁八步作为基本步型是分左右的，左丁八、右丁八。

杨氏太极拳把十三势对应八卦和五行，给它定义为八门五步。手八门、脚五步，一手一脚合起来，八五十三。手八门是，掤捋挤按四正手、采挒肘靠四隅手，对应着八个方位：四正位、四隅位。杨氏太极拳老谱第一篇《八门五步》就告诉我们，隅正合手，等于四正手、四隅手合起来了；以身分步，五行在意支撑八面。八门五步中的五步：进、退、顾、盼、定，对应的是五行：金、木、水、火、土。

从杨氏太极拳来说，对于“步”定义为：进退为水火步，进为火、退为水。顾盼是金木步，左顾是木，右盼是金。以中土、土位为它的枢机，也就是定之方中，以中土为中定。从步的变化来说，有五个方位，一个是前、一个是后、一个是左、一个是右、一个是中。由此，很多人把这五步作为太极内功修为的步法。这五步是步法在具体变化过程中的五个方位，前后左右中，它本身不属于步法。

八门五步的五步，不属于我所修为的步法，但是它很重要。它是步的变化的五个方位。不管怎么变，离不开前进、后退、左顾、右盼、中定这五种变化。

杨氏太极拳传承的步法有进步、退步、跟步等，归纳出来是十八种步。从我所传承的太极内功来说，基本步法归纳为三，只要掌握了这三种基本步法，就涵盖了所有的变化。

4. 三种基本步法

步法分三种，第一个是开步，第二个是碾步，第三个是蹚步，是我传承的太极内功核心的基本步法。这三种步法在四动功具体功法修为中都有体现、有应用。今后所有的功法离不开这三个步法。

（1）开步

无极桩功到浑圆桩功都有开步，由无极开始进入预备势就要先开步。这个开步是由无极到无极预备势，由步的变化产生了势的变化。这个开步，从形上来说，要立身中正、静心凝神、周身松通、呼吸自然。一个中心、三个基本点是基本的核心要素。在这个基础上我们开始要动步，形未动意先行。

进入开合动桩功修为以后，我们强调所有的变化归根结底都是中重分合的变化。因此，这个意就在中重的开合上。没开步的时候，中和重是相合而一的。这时意想下面吊着一个重锤，意守丹田。意在丹田这个位置和重锤相对是静态的，是合为上下一条线的。我们未曾动步的时候先动意，中重的开合，这个重锤是在中的。动之则分，重锤跟中要相偏而分。左腿、左脚要向左开的话，这个意、重锤先要向右摆。当右摆时重锤向右偏，右偏了以后分出来左右的虚实。重锤偏过来的这只脚现在是实，左脚虚了。动之则分，分出来一个虚实。这只脚必须得虚，因为开左脚，所以它必须是虚的。在偏随的过程中，我们起这只脚。这只脚是脚背起，被重锤的提之意起。重锤一偏以后，随着把这个重锤提起来。提重锤的过程中，这只脚和腿被提起来了。要注意，提的时候是用意提。提起来，这个步要开、要落，不是它自己落，是这个重锤要落，这只脚和腿要随重锤而落。随重锤而落的时候，它随着重锤向左。重锤向左落的时候还是偏的，偏到左了。这时重锤要回中，又一个提落，又回到中来了。开步的核心离不开中和重的开合。当然在这个过程中，无极桩功对形的要求都是一致的，都是要保持住的。

（2）碾步

碾字的内涵真义到底是什么。石碾子底下有一个石盘，上面有一个石滚子，围绕着一个轴，这个滚子可以在石盘上一边转一边滚动。不管是碾什么，有时候是人推，有时候是套驴来转。要想碾的话，必须得有两个要领：第一，它是沉的。要把东西碾碎，它得压住这个东西，在这个东西上面碾、转。为什么要用石滚子呢？因为它是沉的，它有重量，而且它是压在你要碾的这个物体上。第二，它是转的。它一边压着，一边滚动转，不但自转，还围绕着圆来转动，最终通过沉着压、转着碾，把物体碾碎了。所以，碾的时候，要沉下来，要压住，同时要转，一边压住一边碾转。

碾步是核心步法。当年我父亲说，离开碾步无动功。动功始终贯穿着碾步。我们要理解碾步的基本动作和要领。

所谓碾步，顾名思义，就是碾脚。不管左脚还是右脚，每一个脚都分有根中梢，脚跟在后、脚尖在前，一前一后，脚心是中。碾步的基本动作要领，就是碾脚后跟或者是碾脚尖。

下面演示下脚下的碾。我现在开始要转，其根于脚，所有手上的变化都源于脚，手要变化的关键在脚怎么变。所谓碾步，注意一个要求，就是脚没迈步，没有往出迈。这个时候我要变转，左脚的脚后跟要碾，脚尖指向我要变转的方向。也就是当我由左向右变转的话，我左脚的脚后跟、脚尖要转，由脚后跟向右碾，脚尖引领的方向就向右了。当左脚脚后跟向右碾的时候，右脚的脚后跟同样要碾，也要向右碾，但是左脚的脚后跟先碾，然后右脚脚后跟随之而碾，当然这两个动作是不间断的。同时右脚的脚尖和左脚的脚尖合到了一个方向上，合到了一点上。要注意回到丁八步，最后有一个动作，就是右脚的脚后跟要向回碾、向左碾。右脚的脚尖扣上了，这个时候依然还是丁八步。这是碾步的基本动作。当左右向前进和变转的时候，记住要碾脚后跟。向右转，先碾左脚的脚后跟，以左脚的脚尖领，脚后跟碾，带动了右脚的脚后跟的碾，同时当碾过来，落下的时候，有一个回碾，回碾以后扣合回到了丁八步。

这个碾步需要向右的时候，和向左的时候一样，只是相反，没有变化。

碾步不是都要碾脚后跟。作为脚来说，我们定义后为根，前为梢，后是脚跟、前是脚尖，前脚尖是梢，后脚跟是根。碾步前进的时候，是碾脚后跟，现在要后退，前后发生了一个变转，后变前、前变后，这个时候脚尖为后，碾步用脚尖碾，碾脚尖。也就是说，往前，碾脚后跟；后退的时候，以脚尖为碾，转脚后跟。脚尖碾转脚跟，就发生一个前后的变化。这个变化全在于脚下的变化，全在于碾步的变化。到底是碾脚后跟还是碾脚尖，看变化的需要。

太极内功的修为，特别是四动功和开合动桩功的修为，一直强调上下一条线、全凭两手转。手是两扇门，全靠脚打人。归根结底其根在脚。上下一条线，虚实脚下变。要注意，当碾步碾的时候，脚发生了虚实变化。当脚后跟碾的时候，前脚尖是虚的，后脚跟是实的，发生了虚实的变化，分出来了虚实。

当碾到一个位置以后，脚下平松而落，这时前脚尖和后脚跟虚实相合。原来是后实前虚，当平松而落以后虚实相合，合到中上了。哪是中？涌泉。所以脚下的虚实变化是根中梢，是虚实相济而中。所有的变化实际上都体现在脚下虚实的变化。动作的形，我们看到的是碾，实质上内在的意是虚实的变转。要从这个角度反复去体会和理解。只要变转就有碾步。

形于手指，其根于脚。《太极拳经》告诉我们，劲起于脚。手上所有的变化都在脚上，脚上的虚实变化就在这一碾上。

试手体验

我现在手要变化，其根于脚。手是形，手上的变化是表象，由脚的变化来。脚如果向这边转换的话，我脚下是碾，完全用上碾。它一碾，这一随，完全由脚发出来的，放大了。很多时候手所有的变化都源于脚。往那边去也是脚跟一转，才能够完整一气，才能够力由脊发。劲由脚起。从脚去解决，你才能体会出太极内功的因敌变化示神奇。看到的只是表象。所以说碾步是所有变化的根本步。

脚跟和脚尖之间互为其根。前为尖、后为根，不是根就是脚跟。当脚下变转的时候，脚跟为根的时候转，脚尖就为梢，脚尖为根的时候，脚跟就为梢。

（3）蹚步

蹚步是杨氏传承一个很重要的步法。蹚着水过河，这个蹚步不是迈步，是蹚着走。不管前面有水或者是什么，它有阻力，你得蹚着过去。有的时候蹚着水，有时候蹚着泥。在泥地上要想走，有很大的阻力，所以要蹚。蹚身外物。在前行过程中，人之外，身外有物，有气、有水、有泥等，正因为有阻力，我们才要蹚，不蹚你就过不去。我们所说的轻灵是厚重的轻灵。我们在练步法的时候要借假修真，运用心法，身外须有物，步前须有物，有阻力。要想迈步，就得要蹚。

蹚步的关键，我父亲告诉我，体现在蹬、拔、踹这三个字上。蹬、拔、踹是蹚步的三个动作。

现在我后脚要往前迈，首先这个地方从意上来说属于身外，脚下不是空无，是有物。我现在脚陷在了泥里面，泥到了我的小腿肚，我要想迈步，轻易迈不出来，因为有阻力。我要在泥里面迈步的话，首先要用劲。用什么劲？意。如拳论上讲的，劲发于脚跟，脚跟这时候不是用力，用力就陷下去了，而是用劲蹬。这个劲向后一蹬同时就要向上拔。这一蹬蹬出来一个拔，把这个脚和腿从泥里面拔出来，拔出来以后才能够往前迈步。迈步的时候，要有一个动作，脚后跟要踹。这一踹以后，才能够立身中正。由后向前，这两个作用相对来说平衡了。一踹，我们这个时候才落，脚跟一落，依然像碾步一样，脚尖一扣，回到了丁八。整个动作连续起来，步法要带上劲，脚下是不空的，劲由脚跟出。这个时候你就得有劲、带着劲，这个劲通过蹬、拔、踹体现出来。要用意，用心法假想，有泥，从里面把脚和腿拔出来。要想拔，先要转碾步，一转脚后跟，脚后跟就带上劲、蹬上劲了，这才有拔。在拔的过程中，也要体会难拔。我们要把内劲带出来，所以拔这个意要难拔。当拔起来以后，落的时候不是一落就完了，依然要有意。蹬、拔、踹，每一点都带上劲，落地足有声。这个声不是用力的声，是一定要有内在劲的贯穿。

整个蹚步的蹬、拔、踹首先离不开碾步。当我们从泥里拔的时候，先要劲起于脚后跟，然后碾脚后跟，随着转、随着碾、随着拔，把它拔起来。拔起来以后落，不是用力，是带劲，有踹之意。这样落地的时候是松通的，但是带着劲的，始终如一，贯穿一气，整个动作是完整合一的。

通过蹚步，我们就体会出来太极内劲为什么其根于脚，为什么主宰于腰、发于脊，最后表现在后发前至，前节有力。所发出来的那个前节有力是起于脚，起于脚是脚下有一个变化，有一个碾步加上蹬步。蹬、拔、踹这虚实的变转、变化，最后合出来周流一气，合出来一个劲、一个完整的内劲。

试手体验

我现在要发力、发劲，表现在手上，但是其根是在脚上。如果不是其根于脚，就是局部的力。我们用的是太极的内劲。内劲从哪儿来？首先周身松通以后，其根于脚，也就是意由脚起。脚起怎么起？脚下要有意，也就是说这个时候不是空的，脚后跟一转以后劲带上了，然后由脊发，节节贯穿，最后才到这儿。这是劲！如果是力的话，你堵住，用大力，力碰力，比谁力大。你还用这么大的力，想堵住我的劲的话，你堵不住。力是局部的，劲是整体的，是由内而外的，由脚而腿而腰，总须完整一气合出来的。这才是劲！意要由下而上，上下相随。你这样好一些、有一些了，但是不够完整，下面没有完全上来，被你这儿用力给堵住了。

四动功的步要动起来，所有的变化是在碾步的基础上走蹚步，或者是蹚泥步。

我们在四动功具体功法修为过程中，首先要把握基本步型和步法，因为四动功是在基本步型的基础上，运用开步、碾步、蹚步这三个基本的步法，最后通过具体的功法修为出迈步如猫行，修为出总须完整一气的内劲。

四动功有两个具体的功法：定步四动，也叫身手四动；活步四动，也叫四正四动。身手四动是通过身和手的关系寻求步的变化。活步四动，步就要迈了，有前进、后退、左顾、右盼，步的方位有了变化。定步四动，主要是通过身与手的四个动作来体现它们之间开合的内在关系。活步四动，是通过掤、捋、挤、按四正手，在四动的过程中手和步相合一，上下能够达到一气的周流，也就是动起来去体现四正手具体开合的内在关系。

问答

学员：上下一条线，虚实脚下变。这种虚实变化，我目前体会到腰，变化在腰，这个有问题吗？

李光昭：你体会的没有问题。所谓的虚实变化不只是脚下，但是离不开脚下。拳论上讲：一处一虚实，脚有脚的虚实、腰有腰的虚实、手有手的虚实，每一个部分都有它的一个虚实，都要动之则分，分出虚实。哪个都重要！虚实先要分着练，从手的虚实、身的虚实、脚的虚实上去体会它。如身的虚实重点在命门，变化在命门，主宰于腰。还有腿的虚实，变化在腿。这些在功法中都有它具体的修为。但是最终是求得一处自有一处虚实，处处总此一虚实。我们不是为了练每一个局部的虚实，而是分阴阳合太极，合出一个完整的太极虚实。最终就是一个虚实，一个虚实里面有无数个虚实。

你现在可以从脚体会，也可以从腰体会，但最终是要求得总此一个滋味，虚实的变转。

第十五章　身手四动

把整个往复循环的变化，通过身和手分出来这四动，体会出它内在的虚实变转，体会出形跟意内在的关系，体会出守中调重，体会出重的提落在这个变化过程中所起的作用。

身手四动是四动功的第一个功法。四动功为什么要练身手四动？身手四动到底练什么？要练身手四动，关键在于明白身跟手两者之间的关系。其实太极拳内功就体现在身手上。大显身手，身手矫健，都是在说功夫的表现。因此要牢牢把握住身手，通过身手之间的内在关系来体悟太极内功修为的核心主旨。

太极内功的修为从动功开始要动起来了。动的变化无非一个进退、一个往复。拳论说“进退须有转换，往复须有折叠”，所有的变化都体现在进退、往复的变化过程中。

“进退须有转换、往复须有折叠”，是怎么样在人的变化过程中体现的？进退、往复变化的过程，可分出来四个阶段，也叫四动。我们需要通过身跟手的内在关系在四动中来体会和把握住往复须有折叠、进退须有转换。

一、明确四个要旨

我们在具体功法中要明确四个要旨，围绕着这四个要旨，得出我们的真感实悟来。

第一，通过身手的四动来体会身跟手之间的关系，进一步体会和把握身跟脚的关系。我们就是通过这四动来明确身、手、脚之间密不可分的内在关系。

第二，通过四动功身手的四动来演绎进退、往复变化过程中形跟意、意跟气、气跟力的内在关系。我们要通过身跟手的四动体会出来一个是外在的关系（身手、身脚、手和脚），一个是内在的关系（形跟意，意跟气、气跟力关系）。

第三，通过身手的四动，把握和体会脚下的虚实变转。进退须有转换、往复须有折叠。在四动中真正体现出进退的转换，其实质是虚实的变转。变转虚实须留意，以分清虚实为第一义，内功的核心就在于分清虚实，而且要能够因敌而去变转虚实。我们通过四动功身手的关系，要明确和把握住上下一条线，虚实脚下变，也就是其根于脚，虚实的变化关键在脚。

第四，在身手四动中，要明确和体会到曲蓄直发、蓄而后发，以及曲蓄直发、蓄而后发这个太极内劲在自己的身手变化中，在进退、往复中真实地运用。

身手四动功法要牢牢遵循和明确这四个要旨。

二、抓住身和手的四动

具体功法，从身和手的关系上分出来四动，第一动是以身运手，第二动是以手运身，第三动是以身回手，第四动是以手回身。这四动，是在进退往复过程中分出来的。

1. 以身运手

从无极预备势立身开步，起势。这时候一定离不开重锤的提落，开步的过程中提重锤、落重锤。开步以后，从无极预备势开始做起势，形成抱球势。在起势过程中体会形跟意。起势的四动，同样离不开重锤的提落。在起势以后抱球势的基础上，开始以身运手具体功法。以左腿左脚为例，要动左步、左脚、左腿，左脚迈出。左脚迈出的时候最后要落在丁八步。迈左脚前，我们先要摆重锤，重锤向左摆，再向右摆。重锤偏向右了。这个时候分清虚实了。左脚、右脚平松而落的时候，虚实是相合的。我们在摆动以后，两个脚、两条腿分出了虚实，这个时候左脚是虚、右脚为实，因为重锤这时候向右偏移、摆动了，也就是右腿形成了支撑，左腿和脚形成了虚步。

注意，迈步之前先要调脚下的虚实。这个时候以左脚的脚后跟为轴，碾步同时要把重锤提起。因为左脚是虚的，已经形成了丁步，就要开步、迈步了。迈的时候脚后跟落地，然后提着重锤产生一个虚实的变转，也就是由后脚的实向前脚的虚产生虚实转换。这个时候的步是丁八步，但是落地以后形成的是前八后丁。

前八，前面是八，前面是脚尖，脚尖这时候是开，脚跟是合，所以它形成了一个三角。也就是一迈步形成了前八后丁。当这只脚落的时候，在抱球势的基础上开步，随着前面脚跟的平松而落，手上随落有一个变化，以手背随落而反转以后两个手的手心形成了按之势。随着落的时候重心提起来。因为提重心，这只脚在提着，才能够真正地虚，才真正能够把这个虚步落下去。当落下去的时候，手上有了变化，开始以身运手，这时候是把手跟身合在一起，手被身所运。身在运手的时候，要注意脚下是有变化的。

当以身运手的时候，原来是前八后丁，重锤是提着的。随着以身运手，脚下发生了虚实转变，由后脚支撑的实向前脚的虚进行转换，前脚的虚逐步要形成一个落实。在这个变化过程中，脚下除了前后脚虚实的转化，每只脚的虚实还要有变化。也就是说，后脚由后丁前八，随着以身运手前脚尖向内合。以身运手到这个边界的时候，还有一个动作要以后脚尖碾，蹬后脚跟，外蹬。最后当以身运手运到肘跟膝，肘不过膝，膝不过足尖，也就是肘尖、膝尖、足尖是一条线。不能过了，过了就失中了。到这儿就是微，就是边界。这个时候脚下的变化是由后丁前八转换成了前丁后八，也就是前合后开。我们落这个重锤，当脚尖碾步，后脚跟后蹬（注意不是用力），一蹬以后重锤随着提而落。第一动以身运手是通过身跟手关系体现出来它们之间的内在变化。

体会脚下的虚实变化，我们要把握住前后脚本身的虚实变化和脚本身的脚尖脚跟之间的虚实变化，同时要把握住丁八步的虚实开合变化。当前开后合的时候，提着重心，提着这个重是蓄；

当蓄而后发的时候是前合后开，重锤要落、要落重。在这个过程中要体会出它们之间的几个变化。

2. 以手运身

当我们以身运手到了这个边界的时候，进入第二动以手运身。以手运身的一个关键是手动身不动。用太极思维去理解动和不动，看似手是不动，但实际上手由不动产生了向后运身的一个动力，催着身体向后在动。这时候身体之所以动是因为手不动而产生了一个动的作用，身体被手所动。看似是身体在动，实际上身是动之不动。看似手是不动，实际上手是不动之动。我们要用意去体会出它内在的真感实悟。

手的形不动、没有变化，但是内在产生了动力的作用，关键在于形跟意两者的关系。这个时候就要用太极心法假修真。当第一动以身运手，肘不离膝、膝不过足尖，到了徼了。我们从意要感觉到以身运手运到这个时候前面有一堵墙，假借手推到墙了。这时一定要无而有、虚而实，用意的假借把这堵墙推出真实。在形的身手变化中，我们要把无形的虚的意虚而实之。练身手四动，最终是以形求意。这个时候要真实地体悟到手已经触到墙了，这个墙是无而有、虚而实的。当手触到墙以后，这只手继续向前的过程中，前面挡着的墙反而产生了一个反作用力。手向前推的是墙，但是产生一个结果是手把身体推向了相反的方向。这就是第二动以手运身。在这个过程中，我们依然是体会到两个变化：其一是脚下的虚实转换。由前丁又开始转换，脚下依然是通过碾步转换。转换以后，当手运身运到中重相合又回到了这个中的状态了。身回来了，由于是以手运身，手还在推着墙。身回到了中的状态，但是手还在前面的以身运手最后的那个状态。也就是说，第二动以手运身是手把身运回到起始守中的状态，身回中了，这个时候脚下由前丁又回到了后丁。其二是当以手运身时，重锤随之被提起。当身回到了中的时候，被提起的重锤要随之落下，至此，重锤又回落到起始的状态。

3. 以身回手

第二动完成以后，身回到了中的位置，但是手没有回来，现在要让手回来。手不自动，不是自己回来，要用身把手给拉回来。手拉到原来身手合中的起始状态。第三动是以身回手，这个时候手不动身动，以身把手拉回来。在这个过程中，同样脚下的虚实要发生变化，由后丁前八拉回来以后变成了前丁后八，同时重锤又一个提落。

4. 以手回身

现在手回到了起始中的位置，但是身已经偏中了。还要让身跟手相合，合回到中上。要以手把身拽回来，就是以手回身。这时候身之所以能够拽回来，是靠手产生了一个把它拽回来的动作。这时的手从形上看不动，但是它里面要产生一个意的动，一个内在的动力，把身拽回到原位上来。这个时候要假借手拽住的是一个实实在在的有形之物，拽着它，把身给拽回来。手虽然形不动但意要动，身被手拽回来；身看似是在动，回来了，但是这个动是不自动，是被手拽回来的。以手回身，身手又到了起始的、原来相合守中的位置。这个时候是中重相合，身手相合，合到了起始的状态。

我们是通过四动（身跟手的四个变化），来体会出身手之间开合变转的关系。通过身跟手的动和不动，体会出脚下虚实的变化，来把握在变化过程中的中和重。守中要调重，重锤随着中的开合变化而提落。这个过程是一个完整的一里面分出来四个阶段：第一个阶段以身运手，第二个阶段以手运身，第三个阶段以身回手，第四个阶段以手回身。整个往复循环的变化，通过身和手四动体会出它内在的虚实变转，体会出形跟意变转的关系，体会出守中调重、重的提落在这个变化过程中所起的作用。

我们在练习身手四动的时候要体会每一动的进退、转换、往复、变化，明确它们相互之间的关系。实际上四动是总须完整一气的。我们人为分出来四个动作，是为了更好地体会它、把握它内在的关系。

我们以左脚迈出来体会身手的四动。这个时候要想开步、迈步，要迈左脚。我们要摆重锤，一摆重锤，向右一摆，脚下的虚实发生变化了，一个实一个虚。随着提重锤，落脚跟，后脚跟往前，手有一个变化了，开始以身运手。这时候重锤在提着，脚跟在运的过程中，由一开始的后丁开始蹬脚后跟，以身向前运。运的过程中，脚要发生虚实变转，产生一个由前八后丁运到这儿后，脚尖一转变成了前丁后八，也就是前合后开。这时身运手运到了肘、膝、足尖形成一条线。再以手运身，手不动身回来，回到了中的位置上。同样脚下在这个过程中有虚实变化。身回来了，手没回来，以身再把手拉回来。以身拉手又产生了一个变化，最后手回来了，身又跑到后面了，再以手把身复原位。复原位的过程中，提落重锤，一落重锤又回到了后丁前八，回到了起始的位置。这就是四动。现在我们把它分着做，做成一个完整一体的动作。

三、掌握四个要领

我们在功法训练的过程中，体会身和手、手和脚、形和意、中和重，相互之间的关系的变转。动作中通过形上的身跟手的变化，体现出来的是内在的形、意、气、劲、中和重等的相互的作用。我们要通过四动功身手四动功法的学习和体悟，做到变转虚实须留意、因敌变化示神奇；进退须有转换、往复须有折叠；始终保持住得中用中、妙用无穷的状态。

我们在身手四动中要牢牢把握住四个要领，并通过这四个要领进一步把四个动作中核心的东西画龙点睛地总结和提炼出来。

1. 动与不动的关系

我们在做身手四动的时候，首先是手不动身动，以身运手。身跟手两个，一个动一个不动，手随身动，身动手不动，这时是手被身所运而有动。身跟手两者之间的关系是一齐动。身就像一条船，我们坐在船上被船所运，随船而动。看着是身手一齐动，但是身和手是相对静的关系。以身运手的四动是静而动，它们之间是静出来的以身运手的动。动的变化，是因身和手之间是相对的静。这时手在前、身在后，以后走这个前，以后运前。身动手不动，手不自动，手被身动。身跟手之间的关系，动之则分，分出来前后，但是它们相对是静的，静之则合，身和手合出来静的状态。这个动是静中运出来的动，如果身动手也自己动，不能合的话，就是两个，两个都动就是双重。两个合起来的动是合一，这个动是静而动，是动静合一的。在做身跟手变化的过程中，首先要搞清楚它们之间动和静、分和合的内在关系。

我们在做各种变化的时候，是手不自动。看似动，但是身手合一。在太极内功修为过程中，这个分和合、动和静的关系非常重要。王宗岳在《太极拳论》中指出，“每见数年纯功不能运化者，双重之病未悟耳”，就是两个东西不能相合，分而不合。一定是一个动一个静，动静是合一的。这是非常关键的。

试手体验

当他拿住我的两只手，我要向前，他推着我。我现在要向前，如果身跟手不合的话，身也动手也动，双重。这个时候，我手不动，把手跟身相合起来，以身运手，身跟手是合一的。它是不是动？最后的结果是动，但是它因什么动呢？因为它们两个是静的。要想动先得要回到合，静之则合，合即出，合了才能动。先要合，身手合一，两个一齐动，以身运手，手不自动。如果这时不合，各动各的，这就是双重。通过四动功以身运手第一个要领，分清动和不动两者之间的内在关系，它们的结果是动，但是其实质是相互静而有动。

以身运手，实际上是以后运前。进和退，向前为进、向后为退。你要想进、想向前，永远记住有一个不变的法则。为什么能向前？是因为后发，后发前至，也就是永远是以后发前。以身运手、以手运身，重要的是把握住后发前至。后才是动的根，前动是由后动而产生的一个结果。这是一个非常重要的法则。所以以身运手，身在后手在前，后发前至，手所产生的动作是因为后边所发出向前的动力一直在运着手向前走。

既然是这样，第二动是以手运身，手在前身在后。这个时候到底是后发前至，还是前发后至？这里有一个思维方式的转变。常态的思维，对于有形身体这样分出来前和后，但是从太极思维的角度说前后的话，其中一个重要的法则是后发前至，这是不变的。什么是后？发为后，由哪儿产生动力哪儿就是后。当我们以身运手，以身产生一个向前的推动作用，手随着身被推动，后发前至，身在后手在前。以手运身，手看似不动，产生了一个向后推动身体的力时，前面的手变成了后发，后面的身变成了前至。所以不要认为前和后、进和退是永远不变的。

从有形的身体、常态的理解来说，身和手分得很清楚，一个身一个手，但是从太极角度来说，身跟手是不分的。以手运身的时候不但发生了前后的转化，而且手就是身、身就是手。常人的理解，身和手这两个是二，从太极内功修为角度理解，身手是一，是不同而合，合出来一个一。我们有身有手，但是身手合一了以后，身就是手、手就是身。身手四动功不是练形态上的变化，而是从根本上重新建立一个崭新的太极思维，重新认识身跟手、前和后、内和外之间内在的关系。它们是分而合的。身手合一以后，太极无手，因为身手是一，身即手、手即身。也就是说，哪儿被用哪儿就是手，一个前一个后，后发前至，前至至哪儿，哪儿就是手，后发发在哪儿，哪儿就是身。从这个角度去理解，这个身跟手不是有形的身手关系，而是化为无形了。凡此皆是意，是意的身手的真实。

太极身、手两者之间动和不动的关系，既然身就是手、手就是身，那么永远是以身运手。永远是后发前至。你要想发，发到前面，前面发出的那一点就是手。哪儿发哪儿是手。

试手体验

他现在拿住我，从常人来说这是手，但是，理解身手合一的话，哪儿是前发的那个点哪儿就是手。你来拿住我，我现在要发的话，后发前至。如果不是后发，你堵住了。如果后发，由后发前，手没动，发到哪儿了？发到这儿了，这就是手，肩为手。太极无手、太极不动手，我用哪儿，哪儿就是手。发到这儿，这儿就是手，但是一定是后发前至。这两者之间的关系一定要很清楚。这儿是手，不要在这儿发。因为在这儿发，现在发不过来，你得从后发。从后发的话，这儿就是手，由后发到前，这时候你的肚子就是手。通过这个要领，太极身跟手的关系分得很清楚，分出来手跟身、后跟前。很多人在练的时候说后发前至，就是我不发，等着对方发，对方发完以后我再发，这是片面的理解。从太极内功角度分出来前和后，后发前至，是前和后之间的内在关系，而绝不是等对方发了我再发。后发前至是太极内功的一个不变的法则。要想发，就要从后发到前，像海浪一样，前面这一浪打到礁石上，不是它自己的力量，是后面的海浪涌过来的。从这个角度把握住手跟身之间的关系，实际上是分合的关系，手即身、身即手。后发前至，这是要牢牢把握住的一个法则。

2. 把握住脚下虚实

上下一条线，虚实脚下变。你所有的变化都应该其根于脚，脚的根表现在它的虚实变转，也就是虚实之间要发生转换。我们身手四动修为的一个核心要旨，进退中要有转换。在进退中要以虚实变转作为变化的核心主旨，离开了虚实的变转就不可能有进退须有转换这个结果。这个转换在脚。其根于脚，就是在说脚下的虚实变化。我们进退过程中的以身运手、以手运身，是表象，其根在于脚下的虚实变化。四动的要领，就是要把握和体会出脚下的虚实变转。

脚下虚实变转的关键，是两脚要产生虚实的变化和变转。一只脚实的时候，另一只脚就要虚；这只脚虚的时候那只脚就要实。总是在虚实变化过程中来不断地调整两只脚虚实之间的关系。

我们要运用太极思维去理解虚实之间的关系。杨澄甫在《太极拳练习谈》一文中很清楚地指出来“两脚分虚实”。我们是以分清虚实为第一义。两脚虚实不分的话，双重。两腿宜分虚实，起落犹似猫行。“体重移于左者”，体重向左移则左实，所以这个实跟虚和你的重有着密切关系。也就是说，重往哪儿移哪儿就是实。当这个重向左移的时候，左就是实。“而右脚谓之虚”，重心偏向左以后，我们右脚的感觉和状态就叫作虚。“移于右者，则右实”，当向右摆动的时候以右为实，左脚谓之虚。虚实发生了变化，要分得很清楚。这个虚实的变化说明，不是移形，而是用体重来表示地球对于我们的引力作用。就是这个重锤，看它向哪边摆、向哪边移。同时更重要的是，要明白什么才是我们要体悟的那个虚、那个实。“所谓虚者非空”，不是虚得什么都没有了，“其势未断”。这个势是内在的主宰，是内在的趋势。这个时候虽然它是虚，但是马上这个虚中能够有实，虚实在这只虚的脚中它可以产生变转。虽然是虚，但是它不是空的什么都没有，它里面有一个可以变化的大势。“所谓虚者非空，其势未断，而留有伸缩变化之余意存焉。”这只脚是虚的，它可以随时变化。它不是空的，它还是有意，伸缩变化之意一直在这个虚中，存在一个虚而真实的大势。移向左以后，左为实了。什么是实？“确实而已，非用劲过分，用力过猛之谓”。这个实，它确实有了一个真实的作用，但不是用劲用力过猛。

“故腿曲至垂直为准”，注意这句话，“逾此谓之过劲，身躯前扑，即失中正姿势。”当我们由虚向实在发生转换过程中，到了边，你再过就过去了。以哪儿为准呢？说得很清楚，腿曲至垂直。腿曲到什么程度就叫垂直，就是膝不过足尖，膝曲到跟足尖上下垂直一条线。手以肘为准，肘不过膝。过足尖了，肘过膝了，则失中。足尖、膝尖、肘尖上下一条线。上下一条线、脚下虚实变，脚下虚实变转的时候，上下这一条线一直保持着中正的状态。在这个原则上，脚下的虚实变化分了前虚后实、后虚前实，左虚右实、右虚左实。每一脚都要分虚实。

做前丁后八、前八后丁，就体现了每只脚本身的虚实变化，脚跟和脚尖的变化。后丁前八，以手运身的时候变了，变成前丁后八。脚下虚实变化，具体体现在前丁后八、后丁前八之间的虚实变转。脚下的虚实变转产生了开合的变化，当前八后丁的时候是前开后合，当后八前丁的时候是前合后开。所以当虚实变转的时候，实际上是脚下开合的变化。当我们的身跟手产生开合变化的时候，其根在于脚下虚实的变化而产生了开和合的身手变化。

3. 不离身形腰顶

我们在做身手四动时永远要保持住身形腰顶不可丢、不可无。四动功身手四动在进退往复转换变动的过程中，要始终如一地把握住身形、腰顶两者之间的关系，这是一个核心的主旨。通过身手四动体会身形和腰顶的关系，这也是杨氏太极拳内功修为很重要的一个要求。

杨氏太极拳老谱对身形腰顶专门有一章，题目就叫《身形腰顶》。第一句话就告诉我们："身形腰顶岂可无，缺一何必费功夫。"身形腰顶岂可无，就是不能丢、不能没有，它是核心的主宰。"腰顶穷研身不已，身形顺我自伸舒。"要达到顺遂、中正安舒，在任何变化中保持住身形伸舒，你必须要牢牢把腰顶把握在自己的手里。可以说所有都可以舍，舍己从人，唯独不舍腰顶。它的重要性就在这儿。

"退圈容易进圈难，不离腰顶后与前。"一个前一个后，离开了腰顶这个前后的变化就没有了根。之所以能够以手运身、以身运手，后发前至，前后产生的这种变转，很重要的一个主宰就在于腰顶。要想在变化过程中能够保持住身形的中正，让自己的身形在任何变化中都能够保持住身舒的自然状态，关键问题要穷研腰顶。腰顶和身形一个是前因一个是后果。我们就要在身手四动变化过程中，去把握腰顶的主宰作用。不管以身运手，还是以手运身，前后的变化都不能够离开腰顶的主宰。

在进退、顾盼四动过程中要定之方中，定之方中足有根。定之方中就是中定，把中定了。中定在腰顶。腰指的是命门，那个地方要中定，要定住它。定住它，由定而定出一个进和退、前和后的动的变化。所有动的变化都是在腰顶中定的主宰下所产生的。

腰顶，很多人理解是向后突腰；就是命门这个位置向后顶，这个理解是不对的。腰顶是命门这个位置定住，定住以后产生了前后的作用。如果定不住的话，就是腰顶。要从这个角度去体会腰顶的内涵真义。

你来攥住我的两只手，现在我以身运手，要向前运这只手。我没有腰顶，你用大力能堵住。有了腰顶，腰顶这个位置中定以后，由中发出来，产生了一个前后的动力。所以向前的时候，如果没有腰顶进不去。命门向后突，也进不去。只有腰顶定住以后才可以，这才是身形腰顶中腰顶的真意。身形腰顶由于腰中定以后，得中用中了，通过有形的腰（命门）这个地方，体会到中定的内涵真义。定住了，以腰为主宰，它所产生出来的不是力，它动出来的结果是劲。

我们进、退、顾、盼，关键要定之方中，要守住中定。所有的变化是在中定的主宰下来完成的。在变的过程中，要守住中、守住中定的状态。作为人之一身，这个中定体现在腰上。因此，拳经告诉我们，腰为主宰，主宰着我们所有的往复、进退的变化。腰的主宰具体体现在腰顶。腰顶体现在命门。腰顶和腰向后用力不是一个概念。腰顶的顶是定，就是那个地方要中定，要守住定。

4. 调重而守中

我们要保持在任何变化的情况下，都能守住中定的状态。守中是结果，要调。中是一种境界，是一种目标，是一种理想的状态。中是立身中正的标准，但是能够把中守住的话，关键问题不在中本身，而在于你怎么去调整它。不调的话，中是守不住的。因此，中是一种中正的平衡，这种平衡是动态，是在动中调整出一个相对平衡的状态。

调整出这个状态，关键在于调重。守中的平衡状态，要明确中和重两者之间的关系。中和重两心相合则为平，就是中定了。一动，重心要偏，一偏了以后中重发生了动之则分，这个时候中和重两者之间相合的关系产生了偏沉。偏沉只有调重才能再回到相合而平的中的状态。

在四动的过程中如何来调重守中呢？调重的关键是重锤的提落。我们在做身手四动的时候，由开步到起势，开步的时候，重是要提，要提起重锤做起势，第一动以身运手，是重锤由提再落的过程，这里面有一个提重锤和落重锤。在以身运手的过程中要体悟这个重的提落，而且这个提和落伴随着以身运手的全过程。

当以身运手到了边界的时候，重锤由提而落了，彻底落下来了，最后落下来的时候要有一个意的把握。这个提和落的变化，是曲、柔、直、刚。提的时候，曲提、柔提，落的时候要直落、刚落。拳论告诉我们，“柔行气，刚落点”。提的时候是蓄，蓄的时候曲蓄，把重和中蓄起来，落的时候是发，“曲蓄直发刚落点”，这个点要很清楚。

提，是提这个点，落，是落这个点，这是在整个四动过程中要用意去体悟和把握的。提的时候要曲，这样蓄得足；落的时候要刚，要迅雷不及掩耳，不能犹豫、不能迟疑。蓄和发，发的时候是刚落点，要非常直截了当，直奔目标。不只是在拳修中，人生所有的变化都是一个曲蓄直发的问题，都是一个柔行气、刚落点的问题，点要非常清楚，特别是落点。在四动过程中分有提和落。以手回身的时候有提，以身回手的时候有落，以手拽身的时候又提，又回到了提着重锤蓄而后发的状态。所以整个四动过程是提落、提落、提落提，中和重之间的关系是重的提落的变化。

第十六章　四正四动

步的四动是为了在四动中去体会四正手的变化，所以最终是手和步要相合。在四动的进退步过程中来体悟四正手掤捋挤按的变化。

开合动桩功四动功部分有两个具体功法，一个是身手四动、一个是四正四动。在四正四动中，身手四动中所有的要领都是始终如一的，是要贯彻保持住的。

四正四动跟身手四动都是四动，为什么在身手四动的基础上，还要修四正四动？我们在所有功法修为过程中，依然是问自己三个问题，一是为什么、二是练什么、三是怎么练。

我们通过四正四动进行内功修为，关键在于四动进退变化中始终贯彻着四正。杨氏太极拳老谱《太极四隅解》第一句话告诉我们："四正，即四方也，所谓掤捋挤按也。"四正四隅，四正手是掤捋挤按，四隅手采挒肘靠。在动起来的进退往复变化中，我们又分出进步、退步、左顾、右盼四步。所有的变化，无出一进一退、一顾一盼、一前一后、一左一右。当然，在这个进退变化过程中，我们要以中土定之方中，以中土位为基准。

在太极内功的修为中，最基本的变化是一进一退。《十三势行工心解》也讲得很清楚，"进退须有转换，往复须有折叠"，也就是变化过程中不离一进一退。其实人生中所有的变化，无非就是一进一退、一出一入、一往一复。但不管它怎么变，要"定之方中足有根"，要把中定下来。

一、四正手的内涵真义

杨氏太极拳老谱《对待用功法守中土》专门谈站桩，第一句"定之方中足有根，先明四正进退身"，即是说，无非是一进一退，修为出来"定之方中足有根"。具体修为的过程就是以四正或者叫四正手为核心、为基础，所以必须从"先明"入手。不能够"先明四正进退身"，就做不到"定之方中足有根"；离开了根，你就找不到中定了。具体的结果是“定之方中足有根”，从“先明四正进退身”入手，这是很清楚的。

为什么要先明四正进退身呢？杨氏太极拳把太极拳的基本动作归纳提炼为八门五步，八门是四正手、四隅手：掤捋挤按、采挒肘靠。《太极四隅解》说：“四正，即四方也，所谓掤捋挤按也。初不知方能始圆。方圆复始之理无己，焉能出隅之手矣。”为什么先明四正进退身，因为真正的修为是以隅找方，始于方，最后以方成圆，圆是结果。先明四正进退身就是要明方圆相生、圆始于方这个理，从求方入手。怎么求这个方呢？四正手，掤捋挤按。

在做四正四动具体功法之前，先要明确知道四正手掤捋挤按的内涵真义。

掤捋挤按，掤是核心基础。四正四隅过程中，始终不离掤。我父亲当年说处处掤，就是所有变化都不能离开掤。掤之势是十三势中基础之势，其他变化在保持住掤之势的基础上进行。捋是掤的捋，挤是掤的挤。也就是在捋、挤、按、采、挒、肘、靠过程中要始终保持着掤这个定势。掤，在做这个动作之前先要体悟到气遍周身以后有一个全体掤起来的真觉实感，就像充了气的球。这种充盈的、气遍周身的感觉要真实地体悟到。四正手掤，是在这个掤势的基础上做动作。在完成掤的动作过程中，要保持住这种掤之势内在的主宰。

捧者，掤也。在浑圆桩功的时候也讲到，在虚空处有一个真实的意，捧着无形的球，在进退过程中始终不离球，这个球既不能掉也不能瘪。所以第一个掤势，要捧着个球，然后以身运手。由下而上、由后而前进行掤。

掤的时候，有一个球，整个全身心，特别是双手臂和球要分而合一，相捧相合。在这个基础上，我们进行掤的动作变化。在起势的基础上，掤是开，是由合要开的变化动作。

掤到什么位置就要反？跟前面的身手四动一样，肘不过膝，膝不过足，这个时候就由开要反，要回来了。再不回来就过了。我们要无过不及，就要回。回来是捋。要注意，捋的动作是在掤的基础上有变化，因为它要回。如果掤体现在抱球，由双臂抱球，回的时候，捋的意在掌心，变化在手掌掌心。由掤变捋的时候，手掌相合、左右掌心相对相合，有一个相合的变化。回来的时候是以身回手，手不自动。身回到中的位置上，要有一个变化，不能过了，如果再继续就过了、偏了。这个时候捋里面分了两个动作，一个以身回手、一个以手回身。

由掤势转捋变转的时候，手上所有的变化都是形于手指，其根在脚。是由脚下的变转在命门腰顶的主宰下产生了一个变化。不是手自己动，是由脚而腿而腰，在腰的主宰下产生了一个开合的变化。其根于脚、发于腿、主宰于腰、形于手指，所有的变化都是表象，表现出来在手。捋要牢牢把握住这个过程和步骤。

在捋的基础上，挤。当捋回来，又回到了身手相合而中的状态，这时候又要变转了。我们抱着这个球要向内挤、向内合，也就是说挤压要有一个合。合了以后挤还是要开。开有两个手的变化，后手和前手，一横一竖，前手横后手竖，以后运前，以后手挤着前手进。这两只手是互相相合。挤是向一起合。以后手运前手，一横和一竖——挤。

在这个变化过程中，挤依然是肘不过膝、膝不过足。这个时候要注意，掤是定式，是处处不离掤。挤到这个位置的时候，又要回、又要反。手心相合以后捋，捋到中定的位置又一合。合好了以后，按。按是两手心向前领。按的时候手为领，其根依然是在于脚。脚下的变化表现在手的按上，这种变化主宰在腰，也就是在腰顶中定的基础上，完成了由脚的虚实变转到手的前按。这四个动作是四正之手，掤捋挤按。

二、明确四个要旨

第一，要明确认知四正手的内涵真义。在这四个动作中，要注意的是不管掤捋挤按，其中掤之势不断、处处要掤。在变转过程中以捋为变。当掤出去以后，捋回来，捋是回、是合，回以后合好了、合上了，再变挤。挤要变按的话，不是直接按，是挤以后再捋回来，在变转的时候依然还是捋，合回来以后再按。掤捋挤按，这四个动作里面两个关键，一个是掤、一个是捋。八门，四正四隅，四正手是核心基础。

第二，要明确认知，以身分步，五行在意。要体会以身分步，五行在意，从而达到支撑八面。老谱告诉我们，要做到以身分步。在四正手的变化过程中，进退步是以身分的。手的四正变化、脚的虚实变化和身的进退变化协调一致，才能保持住八面支撑。

第三，要明确认知，在四正的进退变化过程中，依然要做到不离腰顶后与前。进步是向前、退步是向后。在进步和退步做四正手的时候，做到不离腰顶。

第四，要明确认知，四正四动过程中始终做到上下相随。在做四正手掤捋挤按的时候，要做到“掤捋挤按须认真，上下相随人难进”。

我们要牢牢把握住这四个要旨。

三、抓住四个动步

四正，就是四正之手，掤捋挤按。四动指的是步，在以身分步过程中分有四个动步。既然是动步，也就有进和退。步分有左右脚，不管是先进左还是先进右，总之先要进步。

进右步，进了半步，还要再进半步，才叫进了一步。分出来了左右步的进，等于两动。我们以右脚右进步为例的话，就先要进右步，在进右步的基础上再进左步。这是进步。

在进步的基础上，我们由进而转退。先明四正进退身嘛！要退了，假如说最后是进的左步，退的时候就先退左步，再退右步。步的进退分了四动，一进二进，一退二退。步的四动是为了在四动中去体会四正手的变化，所以最终是手和步要相合。每一步的变化，都有一个四正手的动作的变化。这是四动功四正四动基本动作的形态。

第一动，右进步四正；第二动，左进步四正；第三动，左退步四正；第四动，右退步四正。

1. 右进步四正

第一动里面包含有起势，这个起势有一个和前面的起势不同的地方，就是有一个十字手。由预备势开步以后起势，原来起势就起到抱球势，现在起势以后有十字手，也就是两只手一前一后形成一个十字相合，是左右相合。这个十字手也叫合太极。下面的动作是四正之手。四正之手要动了，动之则分，分是由静而合，合太极以后才分阴阳，最后四正手的起势由合太极开始。这是和前面身手四动不一样的地方。做动作的时候这个意把球捧起来，捧到胸前，两手相合、左右相合，合太极。

这个时候要开步了，开步先要调重。当合太极的时候，不但两手合，中重也是相合的。要动步的时候，首先要摆重锤。如果要动脚的话，动右脚，右进的时候，重锤先摆过来，向右摆一下然后向它反方向摆（向左摆），随着摆提重锤。脚不离地，但是脚下有虚实变化，也就是脚跟脚尖有相互碾步的虚实变化。

脚下不用力，碾步不是用力去碾，是用意。在碾步的时候，脚下是虚空的，但是这种虚空是空而不空，即在脚和地之间是空的，不是用力踩死的。碾的时候，意在虚空的脚下和大地之间相衔接处。碾什么？碾这个空中脚和大地之间的空而不空。什么不空？意不空。当年我父亲讲，脚跟大地之间碾豆子，就是脚底下和大地之间有黄豆。不是碾地，是碾这个豆。脚下要有豆子，脚跟大地不是直接接触，空出来一个不空的豆来。这是第一。第二，脚下如何虚空？重而不滞是沉的，是不用力的，虚空也不是说空得什么都没有，是有沉、是沉厚的，沉是灵的、是不滞的。所谓沉，是很重，但是它不滞、很活。要想解放脚，关键在于不离腰顶。

这个变化过程关键是其根于脚。脚下这个时候要有虚实变化。通过碾脚跟、脚尖的虚实变化来调整中和重的关系，从而一摆以后，把这个重锤提起来了。把重锤提到中的位置上。注意，这个时候脚是完全虚空的。提着重锤，脚才能够开步，否则自立不稳脚迈不了步。这个时候关键问题是要把重提起来，然后开步。开步时，脚后跟落地，以它为轴有一个脚尖碾的相合。在这个过程中，十字手、一碾、开步以后，把两个手动之则分，跟脚下分而合。其根于脚，以脚、以身分步，这时以身运手。做身手四动，十字手变后，马上合掤。手捧着球，合，开始做掤。在掤的过程中，把球之意捧出来。掤到脚、手、膝、肘、足尖相合垂直以后，跟捋一样，合掌变捋，捋回来了。这个动作过程跟四正手是一样的。捋回来以后，再换挤，同样到三尖相垂，合掌又变捋。捋是合、是回，合、回、挤。同样挤到这个位置上，合掌，捋、合、按。这是第一动。

2. 左进步四正

同样，进左步的时候，依然有一个变化。这个变化就是：捋。捋回来后需要坐胯转腰，这时候同样要摆重锤而调重心。重锤随着摆而被提起，腿也随着重锤而被轻轻提起，提起后动作与掤的过程一样，始终在腰顶的主宰下由脚下的变化而表现在手上。需要注意的是：在掤的过程中依然有一个中重相合的问题。

掤到位后，依然有一个合掌后捋到中，两手分一横一竖相合，由捋转挤。在转挤的过程中，两手在由后向前挤的同时，前横后竖的两手之间也有一个相互挤合的变化。因此，挤的过程同时有内外两个变化要领，一个是外在的两手同时由后向前挤，一个是内在的两手向相互之间的虚实处合挤。当挤到位后，两手由一横一竖旋掌相合，由前挤再变转为后捋。……当捋到位后同样旋掌两手呈按，开始四正手之按的动作。至此，完成了第二动。请注意第一动和第二动，左右各进半步，合起来前进了一整步。

3. 左退步四正，右退步四正。

要退，分两动。要退步的时候，先要捋、回，一定是因捋而相衔接，随着捋回来重锤提起来了。重锤一提起来以后，这个脚虚了。虚领脚，捋，捋回来。这只脚退半步，退回来了。退回来以后，走掤，依然是掤、捋、挤、按……按到这个位置了，要退回，退这只脚。按出以后，依然还是一捋，回，在捋的过程中有重锤的提落。你只有提起来了，才轻灵，才能够落这个步。随着落步掤捋挤按，完成了四正动作。完成四正动作，就完成了一个进步和退步四动的四正手。

开步以后有起势，在完成退步以后要收势。要收势，一样要开，要提落重锤，一提以后一落，提起来了的脚随落，落回起势的位置。随着落，捧，合太极，收势。起势的时候是起势合太极，然后提落，掤、捋、挤、按，捋回来；掤、捋、挤、按，捋回来……再捋回来，合了，掤、捋、挤、按，回来，收势，合太极。在四动中，每一动都有一个四正手的变化。要在四动的进退步过程中来体悟四正手掤捋挤按的变化。这个功法我们叫四正四动。

在第一动里面包括起势、合太极、十字手，在第四动中含有合太极、收势，最后收回到无极预备势、无极势。起于无极，合太极，最后还要收于无极。

这四动熟练以后，你自己可以组合了。它是可以变化的，既可以进一步、退一步，也可以进两步、退两步，进三、退三，也可以进一退二，但是一定是这四正四动最基本的动作。

完成这四正四动功法，依然有具体的要领要把握。只有把握住了这些具体要领，在具体修为过程中知道练什么，最后才能达到目的，有所收获。

四、掌握四个要领

1. 动之不动

四正四动功法依然还是动和不动之间的关系。首先这是在动之不动的基础上的不动之动。四动练什么？是通过动求里面的不动。这是要牢牢把握住的。动，包括四正手、动步，当然非常关键，但是我们绝不是停留在练变化的动作，而是体会在变化和动作过程中始终有一个主宰着它的不变的不动。只有抓住了那个不动，我们再去动的话，才能真正做到了定之方中足有根。每一动都不离开这个动之根。要体悟练什么！不是练动，也不是练不动，而是练那个不动之动。动之则分，你一动就要分。分有进有退，有各种的开合变化，但是不管进还是退，开或者是合，里面有一个不变的主宰，那个主宰，就是不动，那是太极。因此通过动之则分，求出那个不动之合，合就是太极。不管阴阳的如何分合变化，要始终如一。正如太极前辈孙禄堂所说：一即太极。因此在任何变化过程中，一定有一个不变的主宰。主宰者，一也，太极也!

四正手的四动，是要动，我们先明四正进退身。在进退过程中，我们需要体会拳论上说的，“先求开展”。在变化中有一个不变，就是在开展的开的过程中有一个合。如果开为开展的话，合就为紧凑。四正手就是先求开展。

杨氏太极拳老谱《太极正功解》告诉我们，正功是一个圆一个方。我们以四正手来练正功，正功就是最基础的功。太极内功修为，是知规矩、合规矩，最后用的时候是脱规矩。

什么是规矩呢?方圆之至，就是一个方一个圆这两个，分而合，圆不离方、方不离圆。只要把握住圆不离方、方不离圆，就是知规矩了。老谱告诉我们，“圆之出入，方之进退”，进退体现在方上。“随方就圆之往来也。方为开展，圆为紧凑。方圆规矩之至，其孰能出此以外哉”。

在修为过程中，我们怎么去体悟“方为开展、圆为紧凑”

呢？《十三势行工心解》中说得非常清楚："先求开展，后求紧凑"，也就是先要方，方是开。圆和方这两个的关系，圆在方之外，方在圆之内，方是要向外开，圆是向内合。一个开一个合，一个方一个圆，圆是柔、方是刚，刚在内。老谱中很明确地说明，刚和柔两者之间，一内一外。

我们在修为四正四动过程中要遵守先求开展，在开展中最后形成一个圆的紧凑。我们要在不动中求动，这个动是不动之动。也就是在圆的变化中，里面那个方始终保持，以方来定这个圆，以方来支撑这个圆，圆不离这个方。这是第一个要领。

2. 步随身换

《十三势行工心解》也告诉我们，步和身这两者的关系，步是随身换的。怎么体现步随身换呢？身分出来手、身、脚，上、中、下。上表现在手上的四动手，下表现在脚下的虚实变化，其实主宰在身、在腰。脚下的变化是根，其根于脚。表现在手上的四正四动，归根结底是腰主宰下的变化。……身是以腰为主宰，是命门处腰顶的开合变化。步的变化，是随着身、腰顶的变化而变化，最后表现在手上的四正手的变化，掤捋挤按。这是第二个要领。

3. 逢转必沉

我们在做四正四动的时候，要守中而调重。在四动变化过程中，都有重锤的提落的变化。这个变化遵循着这样一个要领——逢转必沉。不管是四动的变化，还是动步以后的四正的变化，只要是一变就有重锤的一提一落、一开一合。转换的时候，虽然有重锤的提落变化，但这里面始终有一个不变，就是沉，必沉。也就是说，在变化过程中，提不离沉、落不离沉，转换实际上是提着沉在转。四正四动功法的修为，一定要遵循逢转必沉。转化的时候一提一落，提着这个沉、落这个沉。离开了沉，这个转化、转变就失去了根。

4. 上下相随

掤捋挤按的目的是要做到上下相随人难进。要做到“因敌变化示神奇”，就要做到“上下相随人难进”。《打手歌》告诉我们：“掤捋挤按须认真，上下相随人难进。任他巨力来打我，牵动四两拨千斤。粘连黏随不丢顶，引进落空合即出。”我们能不能够永远保持住中定的状态，关键在上下相随。做到上下相随，我们就能够做到对方巨力来打我，我牵动四两拨千斤。要从掤捋挤按须认真入手，做到上下相随。上是手，下是脚，手和脚要相随，手到脚就要到。手到脚不到，打人不为妙。手到脚也到，打人如搂草。打草、搂草，手脚齐动，手到脚就要到，脚到手就要到。这是上下相随。

如何做到手到脚就到？上下相随关键在于以身为主宰。上为手、下为脚，身为中，中体现在腰顶、命门。命门主宰着手和脚能不能做到手到脚也到、脚到手也到。上下相随人难进，关键就在命门这个地方。

开合动桩功是我所传承的太极内功的核心功法，它的特点是桩动起来了。

桩功传承里面分有动桩和静桩。静桩功是无极桩和浑圆桩，动桩功就是开合动桩和内功八法。开合动桩功里面有开合桩、抱三关、四动功三个具体功法，四动功是开合动桩功重中之重的功法。

动桩和静桩，具体到修为中，核心主旨无出一动一静、一开一合。静桩功修为的主旨是静中寓动，也就是静出一个内在的动，静出动势。动桩功的修为，主旨是动中寓静。因此，桩功无非是一个动一个静，一个是静出动势，一个是虽动犹静。

在开合动桩功的修为中，我们要牢牢地把握住它的开合、动静。形与意完全要遵循一个要旨，就是方圆相生。我们在这个过程中一定要把握住，先求开展后求紧凑。从开合桩开始到抱三关，特别是四动功，都是先求开展、后求紧凑。以内主外、以方使圆，这是太极修为一个核心的主旨。

最后，我们以《开合动桩功歌》结束。希望大家在练功修为中体会其中的内涵真义。

一动一静即为桩，
一开一合成为拳。
动静虚实桩中要，
开合刚柔拳之妙。
立如平准静寓动，
静出动势环中窍。
偏沉则随动寓静，
虽动犹静不离微。

后记

我 16 岁起跟随父亲学练太极拳。父亲离世前曾对我说：练太极拳一要功夫上身，自己受益；二要继承发展，利益他人。同时他又严肃地告诫我：要一辈子潜心研习，50 岁前不收徒，60 岁前不出书。2010 年前后我开始对外传授太极拳，正式收徒是我 63 岁生日那天。2013 年 12 月我的第一本书《以拳证道》完稿并在华夏出版社出版。2024 年华龄出版社开始正式出版《光昭太极拳道丛书》，这本《开合动桩功》是光昭太极拳道系列丛书的第六本。

打开书，合上书，我不禁感慨万千。这些书不仅仅是近百万字的文字表述，更是包含了先辈们传承下来的独门绝学，也是我几十年来以拳证道的真实体验和感悟，是我本人面对长期追随的学生进行的口传身授和耳提面命的结晶。而今，近 80 岁的我可以欣然地告慰父亲和太极先辈，我用一辈子地心血一步步践行了太极之约。

在这里，我想对已经打开这本书的太极拳爱好者说，理解和把握太极内功首先要知道它是怎么一代一代传承下来的。大家要谨记，太极内功由来有自，有独特的传承渊源和传承谱系，不是谁拍脑门想出来的东西。它饱含了一代代传承人的汗水、心血和智慧。真承希真传，真传望真承。真心希望广大读者能够从这本书中汲取营养，承上启下，开启功夫上身、智慧入心之门。

在这里，我还想对合上这本书的朋友说，拳修是最明白的修为，你自己最清楚身心开合的感受和滋味。有人问我，你讲了这么多，出了这么多书，以后会不会没的可讲了。我从不担心该讲的是不是都讲完了，我挂念的是拳修中是不是“苟日新，日日新”？一举一动是不是遵循了先意动、运气动、催形动、如不动？是不是开合鼓荡、节节贯串？面对外界各种变化时，是不是做到了泰山崩于前而色不变，麋鹿兴于左而目不瞬，猛虎趋于后而心不惊？面对强敌干扰和侵犯，能不能做到静中触动动犹静，应开则开，当合即合，因敌变化示神奇？

“入门引路须口授，功夫无息法自修”。书总有读完的时候，而太极内功是无止境的。从这个角度说，书中的很多话需要我们反复读、慢慢咀嚼、细细品味。同样的一句话，入了心，化了脑，哪怕你今天开合的滋味和昨天有一点点差别，其实都是巨大的进步。只要进步了，越往后我们的修为才越有滋味。

书稿是本人在不同时期、不同场合面对来自各地和不同领域以及拳修层次不同的学生进行面授或线上直播的录音录像资料整理而成，在内容遴选、结构编排、文稿编辑等方面，难免有不足、不妥之处。真心希望广大读者，掩卷之余能与我沟通。我们在微信上建有光昭太极拳道丛书读书交流群，大家可以在这里提出疑惑或建议，互相交流读书、练功心得。我总以为：自然最美，真实最好。真实中的欠或缺，能得大家交流评说，可谓幸矣！

最后，我要感谢所有支持和帮助我完成这本书的朋友、学生和家人。感谢为传承、传播传统太极文化做出努力的同道。感谢你们的陪伴与支持，让我能够将开合动桩功的智慧和经验分享给更多有缘人。希望这本书能够帮助更多的人了解和实践开合动桩功，让太极内功的一开一合成为日常生活中的一部分，陪伴我们走过每一个充满挑战和机遇的日子。